中 小 学 心 理 健 康

顾问 ◎ 林崇德　　　主编 ◎ 俞国良

心理健康大师

认知与评价

俞国良 ◎ 著

开明出版社

图书在版编目（CIP）数据

心理健康大师：认知与评价/俞国良著. --
北京：开明出版社，2020.11
（中小学心理健康教育书系）
ISBN 978-7-5131-4958-7

Ⅰ.①心… Ⅱ.①俞… Ⅲ.①心理学家—人物研究—
世界 Ⅳ.①K815.1

中国版本图书馆 CIP 数据核字（2019）第 070695 号

出 版 人：陈滨滨　　　　　策划编辑：王 桢　 王成凤
责任编辑：王成凤　张薇薇　　美术编辑：亓 悦　 赵墨染

XINLI JIANKANG DASHI RENZHI YU PINGJIA
心理健康大师：认知与评价
_____

发　　行：全国新华书店
出　　版：开明出版社
　　　　　（北京海淀区西三环北路 25 号　 邮编：100089）
印　　刷：山东华立印务有限公司
开　　本：889×1194　1/16
字　　数：330 千字
印　　张：21
版　　次：2020 年 11 月第 1 版
印　　次：2020 年 11 月第 1 次印刷
定　　价：64.80 元
联系电话：010-88569135
网　　址：www.kaimingpress.com

亲爱的朋友们：

心理健康，特别是中小学教师和学生的心理健康，看似是只和个体相关的私事，实则是关于家庭幸福、社会和谐，乃至国家和民族安定繁荣的大事。我们衷心地希望，每一个参与中小学教育事业的教师和家长，都积极主动地关注自我和孩子们的心理健康，树立科学的心理健康教育理念，掌握有效的心理健康教育方法，培养德智体美劳全面发展的社会主义建设者和接班人。

总　序

这是一个新时代，也是一个复杂多变的时代，中小学生在见证世界缤纷色彩的同时，也在承受巨大的心理压力。显然，我们正处在社会转型与社会心理变迁不断加速的特殊历史时期。时代发展变化，要求中小学心理健康教育不断进行自我更新。自教育部颁布《中小学心理健康教育指导纲要（2012 年修订）》（以下简称《纲要》）以来，各地中小学在制度、课程、师资队伍和心理辅导室建设等方面的成就有目共睹，已成为全面推进素质教育新的突破点和着力点，为加强和完善中小学德育工作作出了独特贡献。这里，我们着重讨论新时代我国中小学心理健康教育的现状和特点、立场与方法，以及所关注的问题、趋势与对策。旨在优化和创新中小学心理健康教育理念、思路、方法和措施，使之能更好地为中小学生乃至社会经济的可持续发展服务。

现状——据原卫生部、世界卫生组织估计，我国 17 岁以下未成年人中有各类学习、情绪、行为障碍者 3,000 多万人，而且人数在不断增加。我们编制的《中小学生心理健康量表》测查也表明，小学生有心理行为问题的占 10% 左右，初中生占 15% 左右，高中生约为 20%。可见，中小学生心理健康状况不容乐观。

为了有效把握现状，我们以中部地区两个地级市的城市和农村 11,027 名中小学生为研究对象，发放调查问卷。结果表明，我国中部地区中小学心理健康教育的普及率和教育效果有较大改善。但整体来看，农村中小学心理健康教育相对落后；中学生心理健康教育滞后于小学生，初中阶段尤甚。与五年前相比，中小学心理健康教育的发展和进步主要表现在以下几个方面：第一，教育对象开始面向全体学生，教育内容符合《纲要》的基本要求；第二，随着教育行政部门、学校领导和教师对心理健康教育的重视，家长和学生的态度也发生了积极改变，无论在城市还是农村中小学，都取得了良好的教育成效；第三，随着《纲要》的颁布和中小学校的重视，心理健康教育专职和兼职教师开始增加，心理健康教育已得到广泛普及，正在逐步走向深化和进一步规范发展。虽然发展势头很好，但还存在一些问题亟待解决：首先，城市与农村心理健康教育发展不平衡，农村中小学心理健康教育相对落后，而农村高中又是"重灾区"；其次，有的农村中小学心理健康教育内容不符合实际需要，缺乏针对性和实效性；再次，初中、高中阶段的心理健康教育相对薄弱，从调查数据看，城市中学心理健康教育与小学存在差距，农村更甚；最后，中小学心理健康教师专业化程度有待提高。

为了有效掌握中小学心理健康教育师资队伍的现状，我们课题组也进行了专题调研。我们采取分层随机抽样的方法，选取了山西、河南两省某地级市发放中小学心理健康专兼职教师有效问卷 584 份，学校管理者有效问卷 209 份，结果如下。第一，心理健康教育已得到大多数中小学校的重视。90% 以上学校开展了卓有成效的心理健康教育工作，大多数中小学心理健康教育专兼职教师，都能感受到学校领导对他们工作的支持。第二，中小学心理健康教育师资队伍的人员构成复杂，专业化水平有待提高。大部分专职教师有担任其他课程的经历，兼职教师中德育课教师和班主任居多。教师们对自己的工作效果感到满意的同时，也表现出强烈的求知欲，希望参加专业培训、提高专业技能。第三，学校管理者在选择心理健康教师时非常重视他们的专业背景、学历学位、相关资格认证、授课技能、从业时间与经验及人格等因素，他们对本校心理健康教育专兼职教师和心理健康教育工作表示满意。

特点——中小学心理健康教育的特点可以从不同角度进行梳理，仁者见仁、智者见智。

从心理健康教育的目标与主要内容看，已明确把目标定位在提高全体学生的心理健康水平，促进他们的积极心理品质等方面，内容重点包括认识自我、学会学习、人际交往、情绪调适、生活和社会适应等。同时，根据不同年龄阶段学生的身心发展特点，设置了小学、初中和高中分阶段的具体教育内容。这样的设置操作性强，不仅符合中小学生的成长与发展实际，同时也体现了从心理健康教育向心理健康服务转变，从问题导向向积极心理促进的世界心理健康发展潮流。从心理健康教育的途径和方法看，各地中小学正在将心理健康教育贯穿于教育教学全过程、开展多种形式的专题教育、建立心理辅导室、密切联系家长共同实施心理健康教育，以及充分利用校外资源等。目前，在中小学具体教育实践中，心理健康课程与专题讲座是心理健康教育最常用的方式；心理辅导室作为心理健康教育的重要环节，承载着开展心理辅导、筛查与转介、课程咨询、家校整合等功能；在日常教育教学与班主任工作、社会实践活动以及家庭教育中，开始全面渗透心理健康教育。从心理健康教育的组织实施看，从管理、教师、教材、研究几个层面，已构建了我国中小学心理健康教育的组织实施体系；从目前学校教育管理和实践效果看，政策与立法已成为我国政府推动和规范中小学心理健康教育发展的主要手段，而心理健康教育教师队伍建设，则成为中小学心理健康教育有效实施的重要保障。

立场——新时代中小学心理健康教育一定要提高站位，即站在时代的制高点上。社会转型，即经由传统型社会向现代型社会快速转变就是新时代的重要特征，就是时代的制高点。目前，人们快节奏的生活方式，大强度的竞争压力，高目标的成就动机，使个体心理健康问题及其引发的社会矛盾、冲突日益突显，导致个体心理、社会心理处于一种无序状态。当下人民的需要从物质文化转变为美好生活，而美好生活需要自尊自信、理性平和、积极向上的社会心态。社会心态成为社会矛盾的"晴雨表和指示器"，而心理健康则是人民"美好生活"的社会心理面向。因此，在社会心理服务大框架下讨论与实践心理健康教育、心理健康服务，这是中小学心理健康教育应持的基本立场；心理健康教育是心理健康服务的基础，心理健康服务是社会心理服务的核心，这是中小学心理健康教育的方法论基础。

从中小学心理健康教育与服务的对象看，其重点是个体与群体，与社会心理服务的对象重合；从中小学心理健康教育与服务的目标看，旨在提高全体中小学生的心理素质与心理健康水平，与社会心理服务的目标有异曲同工之妙。即根据中小学生身心特点开展心理健康教育活动，关注和满足他们的心理发展需要，提升其心理调适能力和社会适应能力，培养其积极乐观、健康向上的心理品质和自尊、自信、自强、自立的个性特征，尤其关注留守、流动儿童心理健康，为经受校园欺凌和校园暴力、家庭暴力和性侵犯的中小学生提供及时的心理创伤干预，促进其身心可持续发展。这充分体现了由心理健康服务向社会心理服务延伸，使心理健康服务成为为社会心理服务打基础、夯地基的"基础工程"。

方法与措施——新时代以社会心理服务建设为背景，中小学心理健康教育工作在组织实施、机制建设、领导管理等方面必须进行调整和改变。

从心理健康教育的类型与途径看，心理健康服务是社会心理服务的具体化，这决定了中小学心理健康教育工作在组织实施中要有全局观、整体观。无论是全面开展心理健康促进与教育，还是积极推动心理辅导和心理咨询服务，重视心理危机干预和心理援助工作，都可以视为社会心理服务的组成部分，都是为了在中小学生中倡导健康生活方式，使他们有意识地培养积极心态、学会调适心理困扰和心理压力、提升心理健康素养，进而培育良好社会心态，营造健康向上的社会心理氛围。

从心理健康教育的方式、方法看，心理健康服务是社会心理服务的"压舱石"，这决定了中小学心理健康教育工作在机制建设中要有体系观、系统观。各地中小学要建立健全地区、学校、年级、班级、小组等各级心理健康服务体系，加强心理健康师资队伍建设，拓展心理健康服务领域和范围，为社会心理危机干预和疏导机制"劈山开路"，为进一步开展社会心理服务工作奠定基础。

从社会心理服务的途径、方法看，社会心理服务包括微环境、中环境和宏环境系统，对应着个体、人际、群体层面的社会心理服务，这决定了中小学心理健康教育工作在领导管理中要有生活观、生态观。教育即生活，生活即环境。微环境是学生直接接触到的生活环境，健全的社会心理服务能够帮助学生在面临这些微环境系统中出现的问题时，舒缓负性情绪发展积极情绪，并提供专业的帮助与辅导；中环境系统是两个或多个环境之间的相互作用与联系，它对学生来说，就是家校互动，为人际层面的社会心态培育扫清障碍；宏环境系统包括特定的文化、亚文化或其他更广泛的社会背景，社会心理服务体现在扶助和引导处境不良学生、低社会经济地位学生群体，对不良生活事件进行预警、疏导等。这些都能够有效调整相应学生群体的社会心态，为培养目标群体的良好社会心理打下坚实基础。

一句话，全面推进和深化中小学心理健康教育工作，必须树立"大心理健康教育观"。其实质就是新时代中国特色的心理健康教育体制观，即对符合中国国情与富有中国特色的心理健康教育体制的认识、理解和判断。其方向是坚持心理健康教育是德育与思想政治教育工作的重要组成部分，任务是提高全体师生的心理健康意识，理念是全面强化心理健康教育向心理健康服务的转变、问题导向向积极心理品质促进的转变，方法是大胆探索心理健康教育的新路径和新方式。

趋势与对策——我国中小学心理健康教育的未来发展应重点关注以下问题：第一，从心理健康教育向心理健康教育与服务并重，着力提供优质心理健康服务；第二，由侧重于中小学生心理行为问题的矫正，向重视全体学生心理健康的促进与心理行为问题的预防转变；第三，着力构建中小学生健康成长的生态系统；第四，加强中小学心理健康教师队伍的建设，强调以实证为基础的教育干预，重视教育效果的评估与反馈。

目前，中小学心理健康正从教育模式向服务模式转变，这种转变是历史的必然，也是学校心理健康教育发展的必然。近年来，随着积极心理学的悄然兴起和蓬勃发展，学校心理服务的对象逐渐扩展到全体学生，强调面向健康的大多数学生进行心理健康教育，提高全体学生的心理健康素质，以预防和促进发展为导向。服务模式相对于教育模式，主要强调的是视角不同。教育模式有一个内隐假设，即教育者根据预设的内容和目标，有计划有步骤地对教育对象实施影响，有"强人所难""居高临下"之嫌；服务模式则重视以学生自身的发展性需要为出发点，充分发挥学生的主动性和积极性，根据他们的心理发展规律和成长需要，提供相应的心理健康服务，即强调提供适合学生发展需要的心理健康教育。目前，我国学校心理健康教育正处在从教育模式逐渐向服务模式转变的过程中。

特别需要指出的是，中小学心理健康教育工作开展得如何，很大程度上取决于是否拥有一支素质精良的教师队伍。一方面，在今后的工作中，教育行政部门应规范心理健康教育教师的职称评聘、岗位设置、工作量计算等相关制度，制定有针对性的绩效考核方案，并明确薪酬与绩效考核的关系以及职称晋升的途径，激发心理健康教育专兼职教师的工作热情。另一方面，国家教师教育政策应向心理健康教育专业倾斜，通过诸如减免学费、提供奖学金等手段，鼓励青年才俊投身该专业。为此，我们郑重呼吁：有关部门应确定中小学心理健康教育教师的职责，以及从事该项工作的基本条件和资质；确定专兼职教师的能力标准，包括教师心理健康的标准和教师心理健康的教育能力标准；确定专兼职教师的工作标准，包括工作内容、工作流程和工作途径方法等；对资格认证进行试点工作，确定认证标准、认证机构和认证方式；编制中小学心理健康教育基础培训和提高培训方案，对无专业背景的心理健康教育教师进行基础培训，对有专业背景的心理健康教育教师进行提高培训；定期对培训效果进行质量评估；定期开展对心理健康教育师资队伍建设的调查。

对于未来中小学心理健康教育而言，加强现代学校心理辅导制度建设是核心，编制具有中国本土特色的中小学生心理健康素质指标是基础，从实施心理健康教育走向心理健康服务并建立服务体系是途径，提供适合中小学生发展需要的心理辅导与心理健康服务是关键。

2019 年 4 月 18 日

前　言

对吾辈学人来说，不忘初心，就是不忘历史，就是阅读经典，铭记大师，感恩大师！站在巨人的肩膀上，乘风破浪，面向未来！

1879 年，"心理学之父"冯特在德国莱比锡大学建立了世界上第一个心理学实验室，标志着科学心理学的诞生。当下，我们不禁要回首煌煌百年间心理学的发展历程，看看哪些心理学家做出了重要贡献，哪些留下了具有持久影响力的名篇鸿著。故而，我们从"20 世纪最杰出的 100 名心理学家"中，精心选择了十位心理健康大师予以重点推介。大家可能对前五位耳熟能详，对后五位略为生疏，本书一并对他们的生平事迹以及在心理健康领域的耕耘历程与巅峰之作进行了解读与评析，希望能对"人类灵魂的工程师"——光荣的人民教师有所启迪与示范！

"心理学有着漫长的过去，但只有短暂的历史"，这个判断同样适用于心理健康研究领域。其中的一些佼佼者毕其生于一役——破解人类的心理健康问题，如 20 世纪伟大的思想家弗洛伊德（排名第三位），以及被心理健康工作者奉为圣者的罗杰斯（排名第六位）。另外一些心理学家涉猎稍广，但其在心理健康领域的贡献同样功不可没。例如，人格心理学家埃里克森（排名第 12 位）和卡特尔（排名第 16 位），新精神分析学派的领军人物荣格（排名第 23 位），以及英国精神分析学家鲍尔比（排名第 49 位）、美国行为治疗心理学家沃尔普（排名第 53 位）、英国发展变态心理学家路特（排名第 68 位）、美国社会心理学家詹尼斯（排名第 79 位）和美国情绪心理学家拉扎鲁斯（排名第 80 位）。

我们首先从大师们的趣闻轶事方面来破题，对他们的生平事迹进行简要的介绍，然后选译了其在心理健康领域的经典论文或重要著作的章节，对其有关心理健康的思想或理论产生的社会文化背景和主要观点进行阐述，再对其心理学思想或理论进行了评价，最后论及他们对心理健康相关研究领域的独特贡献与启示。掩卷冥思，在生命与心灵的深处与大师相遇、神交。

现在，我们业已站在巨人的肩膀上破浪前行，该如何让自己更好地面向未来，为建设教育强国、服务教师教育贡献一己之力？显然，我们正处于一个特殊的历史发展时期，社会结构经由传统型向现代型快速转变，这一过程会对社会发展和人们的心理健康带来巨大的影响。

由此可见，开展心理健康教育，不仅是时代和社会发展的需要，也是促进学生全面发展、创造性发展和可持续发展，深入贯彻落实"立德树人，育人为本"的必然要求。知识经济、信息社会和互联网时代的人才，首先应该是心理健康的。现代生理学家和脑科学家一致认为，从事创造性学习和创造性活动，要以个人的心理正常或心理健康作为基本条件。当今学生所面临的心理冲突、行为适应问题也是前所未有的，而这些心理行为问题仅依靠传统的说教式、单一化和程式化的德育或思想政治教育已无法解决，这时就需要广大教师"学当为师，行堪为范"，充分发挥身心健康的表率作用。只有不断强化全体教师的心理健康教育，才能很好地解决学生所面临的种种心理行为问题，达到春风化雨、润物无声的既治标又治本的目的。如此，我心悦矣，我愿足矣。

需要指出的是，本书是专门为中小学教师，特别是德育与心理健康教育教师"量身打造"的。在保证内容的科学性、知识性的前提下，主要考虑的是简明扼要以及行文的流畅性和可读性。当然，此书也可作为大学生和研究生的学习参考书。因此，有兴趣和学有余力者若想了解更为详尽的关于心理健康大师的生平事迹、经典著作和思想等，可以进一步阅读我的相关著译作品（参见附录）；或者，也可以阅读我2017年为商务印书馆撰著的《20世纪最具影响的心理健康大师：从弗洛伊德到塞利格曼》。

我不敢稍有懈怠，力求精益求精，最后甚至是站着完成了全书的修改与润色，一方面是出于对"大师"的崇敬，一方面也是"腰伤"所致。此外，由于时间仓促，未能联系上部分原著的译者，祈请他们原谅并与我们联系。同时对书中的不足、纰漏和错误之处，恳望专家学者和教师朋友们批评指正。

俞国良

于北京西海探微斋

2019年4月18日

目　录

第 1 章

弗洛伊德：

有时雪茄就只是雪茄

众所周知，弗洛伊德嗜烟如命。一天，在他抽着一支最喜欢的牌子的雪茄时，有学生提醒他，像他这种由自己造成的失调，也就是经常需要含东西在嘴里的这种行为，也许是"口欲滞留"。对此，弗洛伊德有一句非常有名的回答："有时雪茄就只是雪茄。"然而，我们认为，如果弗洛伊德的"口欲滞留"理论是正确的，那他肯定得了"口欲滞留"，并且或多或少有些幼稚性退化症状。其实，弗洛伊德长期在与癌症做斗争，主要原因是他经常吸烟，一般情况下，他每天都会抽掉20支烟，因此患上了严重的口腔癌。作为一代心理学大师，弗洛伊德最终也没能摆脱吸烟的坏习惯，而吸烟也成了他的标志性"pose"（姿势）。

这里我们首先介绍了弗洛伊德的生平、受教育过程和工作经历，以及他对精神分析理论创立和发展所发挥的巨大作用；接着译介了弗洛伊德的代表作《精神分析引论》中的"分析疗法"一节，旨在使人们通过原著研读，对弗洛伊德的精神分析理论与心理健康的关系有一个初步认识；最后，从精神分析理论产生的社会背景、思想文化背景和科学背景出发，详细阐述了精神分析理论中心理健康思想的理论基础和方法基础，特别是弗洛伊德的潜意识和本能学说、心理性欲的发展阶段理论，精神分析或心理治疗中的自由联想法、梦的解析法和日常生活中的自我防卫机制法等。同时，我们对弗洛伊德精神分析理论中的心理健康思想进行了恰如其分的评价，充分肯定了其理论对心理健康和心理治疗的重要贡献，以及精神分析在心理健康领域的广泛应用，也指出了其理论的缺陷与不足。

西格蒙德·弗洛伊德的生平事迹

西格蒙德·弗洛伊德（Sigmund Freud，1856~1939）是一名奥地利精神病学家，精神分析学派的创始人。

1856年5月6日，他出生在奥匈帝国的摩拉维亚省弗赖堡镇（今捷克共和国普日博尔市）的一个犹太商人家里。他父亲雅各布不但是个不得志的羊毛商，而且是一个极其专横武断的人。弗洛伊德出生时，他已41岁，其妻21岁。作为长子，弗洛伊德与其母亲有着一种强有力的亲密关系，他一生都体会到这种亲密关系对他的持久影响。四岁时，他和父母一起移居维也纳。尽管他在维也纳生活了78年，但他并不钟情于这个地方，因为反犹太主义的盛行，使得犹太人在维也纳同样受到歧视和侮辱，这样的氛围对弗洛伊德的性格和思想影响甚大。

少年时期，弗洛伊德就显示出非凡的智力，一直是一个聪颖勤奋的学生。他九岁进中学，17岁时以第一名的成绩完成中学学业。1873年，弗洛伊德考入维也纳大学，一面学习医学，一面在布吕克（E. Brücke）生理研究所工作，而且工作了六年之久。由于他兴趣广泛，对海洋生物学、哲学、心理学、声学与语言生理学等都有所研究，所以他花了近八年时间才学完四年的医学和科学研究课程。1881年，他获得医学博士学位。第二年，他与伯莱斯（M. Bernays）订婚，但是直到1886年才最后完婚。在订婚后的五年间，弗洛伊德给未婚妻写了400多封信。他们婚后生有三男三女，白头偕老。弗洛伊德最爱的小女儿安娜·弗洛伊德（A. Freud）后来成为一名著名的心理学家。

1882年，他与精神病学家布洛伊尔（J. Breuer）合作，用催眠术来研究并抑制癔症，感觉到身心关系的微妙，由此产生了他的第一例精神分析病例——安娜·欧的案例。其后三年，他在维也纳综合医院任住院医生，在外科、内科、皮肤科、眼科方面都积累了不少经验，并从事脑解剖学和病理学研究。1885年到1886年间，他在沙可（J-M. Charcot）的巴黎诊所工作了几个月时间。后来他又赴南锡观察利贝尔特（A-A. Liébeault）和伯恩海姆（H. Bernheim）的催眠疗法，深信心理治疗对神经症是奏效的。1887 年，他尝试用催眠术给患者治病，而且从此以后，他对癔症和催眠产生了浓厚的兴趣，于是回维也纳创办了一家私人诊所，开始治疗精神疾病。但到 1892 年左右，他才发现催眠的疗法不能持久，于是改用自己独创的精神分析疗法，借以挖掘忘却了的观念或欲望。

1897 年，弗洛伊德创立了具有深远影响的自我分析方法，认为心理障碍是由于性紧张积累而引起的。进行自我分析的主要方法是对自己的梦进行解析。之后十年，弗洛伊德进行了大量的精神病临床治疗和研究，创造了"精神分析"（psychoanalysis）这个名称，并于 1899 年（书上印刷时间为 1900 年）出版了《梦的解析》一书。这本书的出版，被认为是精神分析学或精神分析理论正式形成的标志，成为弗洛伊德最著名的著作。尽管现在人们对此书的评价和认可都很高，但在出版初期，却引发了一片批评和反对之声，尤其是维也纳的某些医学人士，更是言辞激烈，导致此书出版后的八年间仅售出 600 册，而弗洛伊德从中只获得了相当于 209 美元的稿费。

1909 年，弗洛伊德应美国克拉克大学校长、著名心理学家霍尔（G. S. Hall）的邀请，与荣格（C. G. Jung）等赴美国参加该校 20 周年校庆，在这里，他见到了美国著名心理学家詹姆斯（W. James）、铁钦纳（E. B. Titchener）和卡特尔（R. B. Cattell）等人，并发表了以精神分析为主题的演讲，被授予名誉博士学位，声名远播。他在大会庆典上感言："我们的努力首次获得了官方认可。"这表明精神分析终于从之前被大多数人所唾弃，发展到被人认可。1910 年，在第二届国际精神分析大会上，国际精神分析协会宣告成立，这表明精神分析学派的正式建立。然而，与此同时，他的追随者阿德勒（A. Adler）、荣格和兰克（O. Rank）由于反对他的泛性论，先后离他而去，自立门户。

随后，第一次世界大战爆发，弗洛伊德提出了自恋、生和死的本能，以及本我、自我、超我的人格三分结构论等重要理论，至 20 世纪 30 年代，他的理论达到了登峰造极的水平，精神分析逐渐成为了解全人类动机和人格的方法。1930 年，弗洛伊德获得了歌德文学奖。1936 年，他 80 岁，当选英国皇家学会外籍会员。在他人生的最后 16 年里，弗洛伊德一边与口腔癌做斗争，一边仍旧坚持工作。其间，他接受了 33 次手术，虽然非常痛苦，但由于他拒绝使用止痛药，因此头脑仍然十分清醒，并一直工作到生命停止。1938 年，在纳粹分子的胁迫下，他被迫离开维也纳去伦敦，于 1939 年 9 月 23 日在伦敦因口腔癌逝世，享年 83 岁。

链接：生平重大事件

1856 年 5 月 6 日　出生于奥匈帝国摩拉维亚省弗赖堡镇。

1873 年　以优异的成绩毕业于施佩尔中学，考进维也纳大学医学院。

1886 年　与伯莱斯结婚。

1895 年　与布洛伊尔合著的《癔症的研究》出版。

1899 年　《梦的解析》问世。

1908 年　第一届国际精神分析大会在萨尔茨堡召开。

1909 年　应美国马萨诸塞州伍斯特市克拉克大学校长霍尔的邀请访问美国。

1916 年　《精神分析引论》出版。

1923 年　上颚发现肿瘤，做首次手术。发表《自我与本我》，提出人格理论。

1930 年　荣获歌德文学奖。

1936 年　当选为英国皇家学会外籍会员。

1938 年　逃往英国伦敦。

1939 年 9 月 23 日　因癌症不幸在伦敦去世。

　　弗洛伊德一生著述颇丰，论文、著作多达 300 多篇（部），全集共有 23 卷，另有一卷作为索引及参考书目。他的主要著作有《梦的解析》（1899）、《日常生活心理病理学》（1904）、《性学三论》（1905）、《图腾与禁忌》（1913）、《精神分析引论》（1916）、《自我与本我》（1923）、《文明与缺憾》（1930）、《精神分析引论新编》（1933）和《弗洛伊德自传》（1935）等。此外，即使他工作繁忙，也仍会抽出时间来陪伴妻子和孩子。

所有这一切，都奠定了弗洛伊德作为一名伟大的心理学家和精神分析学家的重要历史地位。

在1982年由美国心理学史学家评选的1600年后对世界影响最大的已故1040名心理学家中，他排名第一位；在2002年由世界心理学界最负盛名的《普通心理学评论》杂志评选的"20世纪最杰出的100名心理学家"中，他排名第三位。

《精神分析引论》：第二十八讲 分析疗法①

今天要讨论些什么，那是你们知道的。当我承认精神分析疗法的效力主要有赖于移情或暗示的时候，你们曾质问我为什么不利用直接的暗示，从而又引起下面的这个怀疑：就是，我们既承认暗示占如此重要的地位，那还能担保心理学发现的客观性吗？我曾允诺你们对此事做一完满的答复。

直接的暗示乃是直接授以抗拒症候的暗示，是你的权威与病的动机之间的一种斗争。在这种斗争中，你忽略这些动机，只让病人压抑它们在症候中的表示。大概地说，你是否置病人于催眠之下，那是毫无区别的。伯恩海姆以他敏锐的眼光，一再以为暗示乃是催眠的实质，而催眠本身则是暗示的结果，是一种受暗示的情境；他喜用醒时的暗示，这种暗示和催眠的暗示可达到同样的结果。

我现在究竟先讲经验的结果，还是先做理论的探讨呢？

请允许我们先讲经验。1889年，我前往南锡拜访伯恩海姆，成为了他的一个学生，之后将他的关于暗示的书译成德文。好多年来，我都在用暗示的治疗，先用"禁止的暗示"（prohibitory suggestions），后来则与布洛伊尔"探问病人生活"的方法结合使用；因此，我就可以根据各方面的经验来推论暗示或催眠疗法的结论了。据古人对医学的见解，一个理想的疗法，必须收效迅速，结果可靠，而又不为病人所厌恶；伯恩海姆的方法符

---

① 选自高觉敷译本，略有删改。

合其中的两种要求。此法收效较分析法迅速，且不使病人有不快之感。但由医生看来，终嫌单调；因为它对任何人总是用同样的方式，以阻遏各种不同症候的出现，但不能了解症候的意义和重要性。这种工作是机械的而不是科学的，有江湖术士的意味，但是为病人计，倒也不必计较。就理想疗法的第三个条件而言，催眠法可绝对失败了，因为它的结果并不可靠。有些病可用此法，有些病则不能；有些病用此法大有成效，有些病用此法则收效甚微，至其原因，则不可知。更可憾的是治疗的结果不能持久，过了些时候之后，你若再和病人谈及，又会旧症复发，或易以他症。那时或可再施行催眠，然而背后有经验者会警告病人，劝他不要因屡受催眠而失去自己的独立性，反而嗜此成癖，好像服用麻醉药似的。反过来说，催眠法施行之后，有时也能符合医生的期望，即用最少的劳力能收到完全治疗之效，但收效的条件仍未能理解。有一次，我用短时间催眠的治疗方法，完全医好一病，病人是一个妇女，她忽然无缘无故地对我愤恨，结果病又复发；后来，我与她和解了，医好了她的病，可是她又对我恨之入骨。还有一次，我有过下面的一个经验：病人也是一个妇女，她的病非常顽固，我曾再三解除了她的神经症的症候，当我正在施诊的时候，她忽然伸臂环抱我的颈项。无论你喜欢与否，既发生了这种事件，我们便不能不研究关于暗示性权威的性质和起源了。

关于经验方面已略如上述，可见丢掉直接的暗示，未必不能代以他种方法。现在根据这些事实稍加诠释。暗示法的治疗要求医生的努力要多些，而要求病人的努力则少些。这种方法和大多数医生一致承认的对神经症的疗法不相违背。医生对神经过敏者说："你没有什么病，只是患上了神经过敏，所以我在五分钟内说几句话，就可使你的一切病痛完全消除。"然而一个最低限度的努力，不用什么适当方法的帮助，就能治好一个重症，这与我们关于一般能力的信仰未免太不相容了。假使各种病的情境可以互相比较，那么由经验看来，这种暗示法绝对不能治好神经症。但我也知道这个论点并非无懈可击，世上忽然成功这一类事情也是有的。

根据精神分析的经验，催眠的暗示和精神分析的暗示有略如下述的区别：催眠术的疗法想要将心中的隐事加以粉饰，而分析法则重在通过暴露隐事而加以消除。前者在求姑息，后者在求彻底。前者用暗示来抵抗症候，它只增加压抑作用的势力，并不改变症候形成的一切历程。后者则在引起症候的矛盾中，求病源之所在，并引用暗示，以改变这些矛盾的后果。催眠疗法让病人处于无所活动和无所改变的状态，因此，一遇到发病的新诱因，他便无法抵抗了。分析疗法则要病人也像医生那样努力，以消灭内心的抗拒。抗力若被克服，病人的心理生活就会有持久的改变，有较高级的发展，而且有抵御旧症复发的能力了。克服抗力就是分析法的主要成就，病人必须有此本领，医生则用一种有教育意味的暗示，作为病人的帮助。所以我们可以说，精神分析疗法乃是一种再教育。

我希望现在已能使你们知道分析法之用暗示与催眠法之用暗示的不同了：前者以暗示辅助治疗，后者则专靠暗示。因为我们已将暗示的影响追溯到移情作用，所以你们更可知催眠治疗的结果何以如此不可靠，而分析治疗的结果又何以较为持久了。催眠术的成功与否，全看病人的移情作用的条件而定，但是这个条件是不能受我们影响的。一个受催眠的病人的移情作用也许是消极的，最普通的也是两极性的，或许也应采取特殊的态度以防止他的移情作用，但我们对于这些都无把握。至于精神分析则直接着眼于移情作用，使它能自由发展成为治疗的援助。因此，我们尽量利用暗示力，而加以控制；病人于是不再能随心所欲地支配自己的暗示感受性，假使他有受暗示影响的可能，我们便对他的暗示感受性加以利导。

现在你们或许会认为：分析背后的推动力无论是移情还是暗示，但是我们对于病人的影响使我们的发现在客观上的正确性是可以令人怀疑的。治疗之利可成为研究之害，这是反对精神分析时提得最多的话，尽管这些话没有理由，但我们也不能以无理由而置之不理。假使它果有理由，那么精神分析将不过是暗示治疗术的特别变式而有效的一种；而其所有关于病人过去生活的经验、心理的动力及潜意识等的结论，都不必重视了。反对我们的人的确是这样想的，他们以为我们是先由自己设想出所谓性的经验，然后将这些经验的意义（假使不是这些经验的本身），"注入病人的心灵之内"。这些罪状，用经验的证据来反驳，要比用理论的帮助会更加令人满意。任何施行过精神分析的人，都深知我们不能用此法暗示病人。我们原不难使病人成为某一学说的信徒，使他相信医生的错误信仰，他的行为也和其他人一样，像个弟子似的。然而我们用这个方法只能影响他的理智，而不能影响他的病症。只是当我们告诉他，说他在自己内心寻求之事，的确相当于他自己心内所实际存在之事的时候，他才能解决矛盾而克服抗力。医生推想的错误，在分析进行时将会逐渐消灭，而较正确的意见乃取而代之。我们的目的是要用一种很慎重的技术，来防止由暗示而起的暂时的成功，但是即使有此成功，也无大碍，因为我们并不以第一个疗效为满足。我们以为，假使疾病的疑难未得到解释，记忆的缺失未能补填起来，压抑的原因未被挖掘出来，则分析的研究就不算完成。假使时机没有成熟之前，先有了结果，我们就要把这些结果看作分析工作的障碍，而不看成分析工作的进步，因而我们一定要继续揭露这些由结果所产生的移情作用，而将已得的疗效予以否认。这个最后的基本特点，就足以使分析疗法不同于纯粹的暗示疗法，而使分析所得的疗效异于暗示所得的疗效。在其他任何的暗示疗法内，移情作用都被细心地保存无恙；至在分析法内，移情作用本身就是治疗的对象，常不断就其种种形式而加以剖析和研究。分析的结果，则移情作用本身必因此而消灭；假使那时伴有成功而又持久，则这种成功一定不是基于暗示，而是由于病人内心已发生的变化，因为病人的内心抗力已借暗示之助而被克服了。

防止治疗时的暗示所产生的片面影响就是不断地反对抗力的斗争，而这些抗力则把它们自己化装为反面的（敌对的）移情。还有一个论证，我们也须加以注意：就是，分析有许多结果，虽可被疑为起于暗示，实则可用旁的可靠材料证明其不是这样。譬如痴呆症者和妄想狂者，绝没有可受暗示影响的嫌疑。然而这些病人所诉说的侵入意识内的幻念及象征的转化等，都和我们研究移情神经症患者的潜意识的结果一致，可见我们的解释虽常为人所怀疑，但确有客观的证据。我想你们如在这些方面信赖分析，必不至于有多大的错误。

我们现在要用里比多说来完成对于治疗作用的叙述了。神经症患者既没有享乐的能力，也没有成事的能力——前者是因为他的里比多本来就不附着于实物，后者则因为他所可支配的能力既用来维持里比多于压抑作用之下，便没有余力来表现自己了。假使他的里比多和他的自我不再有矛盾，他的自我又能控制里比多，他就不再有病了。所以治疗的工作便在于解放里比多，使其摆脱先前的迷恋物（这些迷恋物是自我所接触不到的）而重新服务于自我。那么，一个神经症患者的里比多究竟在哪里呢？很容易找到：它依附于症候之上，而症候则给它以代替的满足，使能满足现状下的一切要求。因此，我们必须控制病人的症候而加以解除——这正是病人所求于我们的工作。但要消灭症候，必须先追溯到症候的出发点，诊察它们以前发生的矛盾，然后借过去没有用过的推动力的帮助，把矛盾引导到一个新的解决方向。要对压抑作用做此种考察，必须利用引起压抑作用的记忆线索，才可收到部分的效果。特别重要的是在病人与医生的关系或移情作用中，使那些早年的矛盾重复发作，病人尽力做出与以前相同的行为，于是我们乃能使他征发自己心灵中所有可用的力，去求得另一解决。因此，移情作用乃是一切竞争力量互相会合的决斗场。

凡属里比多及与里比多相反抗的力量都无不集中于一点，即与医生的关系。因此，症候必须被剥夺去它们的里比多。于是病人似乎就用这种人工获得的移情作用或移情的错乱，来代替原来的疾病，而他的里比多也似乎以医生这个"幻想的"对象来代替各种其他的非实在的对象。因此由这个对象而起的新斗争，便借分析家暗示的帮助，而升到表面或较高级的心理平面之上，结果化成一种常态的精神矛盾。因为此时避免了新的压抑作用，自我与里比多的反抗便从此结束，病人心内便恢复了统一。里比多既摆脱了暂时的对象（即医生）的时候，就不能回到以前的对象之上，因而现在便为自我所用了。治疗时，我们在这个斗争中所遇到的反抗力，一方面是由于自我对于里比多倾向的厌恶，从而表示为压抑的倾向；另一方面则由于里比多的坚持性，不愿离开它以前所依恋的对象。

因此，治疗的工作乃可分为两个方面：第一，迫使里比多离开症候，而集中于移情作用；第二，极力进攻移情作用而恢复里比多的自由。我们要使这个新矛盾有一成功的结局，必须排除压抑作用，里比多才不再逃入潜意识而脱离了自我。而此事之所以可能，又是由于病人的自我因分析家暗示的帮助而已有了改变。解释的工作既将潜意识的材料引入意识，于是自我乃因潜意识的消逝而逐渐扩大其范围；又因教育而与里比多取得和解，于是自我也愿给里比多以某种限度的满足；自我既能使少量里比多为升华之用，于是对于里比多要求的畏惧也渐渐减弱了。治疗的经过愈接近这一理想的叙述，则精神分析治疗的效果也愈大。如果有障碍，那就是：（1）里比多缺乏灵活性，不愿离开客体；（2）病人自恋的严格性，不允许有某种程度的客体移情（object transference）的发展。治愈过程的动力学或可更清楚地略如下述：就是，我们既以移情作用吸引了一部分里比多到我们身上，乃得征集已脱离了自我控制的里比多的全部力量了。

这里我们要知道，因分析而引起的里比多的分配，并不能使我们直接推想到从前患病时的里比多倾向的性质。假定一个病人因为把对待父亲的情感移到医生身上，而病又治好了，我们可不能以为他之所以患病乃是由于他对父亲有一种潜意识的里比多的依恋。父亲移情（the father transference）只作为一个决斗场，我们在此制服病人的里比多而已，至其来源则别有所在。决斗场不必即为敌人的最重要壁垒之一，而敌人保卫首都，也不必即作战于城门之前。只是移情作用再被解体之后，我们才可在想象中推知疾病背后的里比多的倾向。

现在可再用里比多说来讲梦。一个神经症患者的梦与他的过失及自由联想一样，都可以使我们求得症候的意义而发现里比多的倾向。从欲望满足在这些倾向中所采取的形式可以看出，遭受压抑的是何种欲望冲动，而里比多在离开了自我以后，又依附于何种客体。所以梦的解释，在精神分析的治疗中占有重要的地位，而就多数的实例而言，它又是长期分析的最重要的工具。我们知道睡眠本身已可使压抑作用略为松弛。压抑的沉重压力既略减弱，于是被压抑的欲望在梦内，要比在白天症候中有更明白的表示。所以梦的研究是研究被压抑的潜意识的最便利的方法，而被压抑的潜意识即为脱离了自我的里比多的寄托之处。

但是神经症患者的梦，实质上与正常人的梦并无不同，二者之间简直无法区别。我们要说对神经症患者的梦的解释，不能用来说明正常人的梦，那就未免不合逻辑了。因此，我们不得不断定神经症与健康的区别只是就白天说的，就梦的生活而言，这种区别则不能成立。因此，我们又不得不将关于神经症患者的梦和症候之间所得的那些结论移用于健康人。我们必须承认健康的人在精神生活中也有那些形成梦或症候的因素；我们必须更以为健康人也可以构成压抑，而且要花费一定能力来维持压抑的力量，他们的潜意识的心灵也储藏着富有能力的被压抑的冲动，而且其中的里比多也有一部分不受自我的支配。所以一个健康的人，在实质上，也可算是一个神经症患者，但他似能加以发展的症候则只有梦而已。其实，假使你们对于他醒时的生活加以批判的研究，也可发现与此一结论互相抵触的事实，因为这个似乎健康的生命也有许多琐碎而不重要的症候。

因此，神经质的健康和神经质的病态（即神经症）的差异可缩小到一个实际的区别，而且可由实际的结果加以决定——譬如这个人究竟能享乐而活动到何种程度。这个差异或许可以追溯到自由支配的能力与困于压抑的能力之间的一个比例，这就是说，它是一种量的差异，而不是质的差异。不言而喻，这个观点给我们下面的信念提供了一个理论的根据：这就是神经症虽然建立在体质的倾向之上，实质上也是有治疗可能的。

因此，我们乃可由神经症患者和健康人的梦的一致，而推知健康的属性。但就梦的本身而言，我们还可做出下面的推论：（1）梦不能与神经症的症候脱离关系；（2）我们不相信梦的重要性可压缩为“将思想译为古代的表现形式”这样一个公式（参阅第二编）而无遗；（3）我们不得不以梦来暴露里比多的倾向，以及当时实际活动着的欲望的对象。

我们的演讲现在已快要结束了。你们也许会失望，因为我以精神分析疗法为题，结果只谈理论，而不提治疗时的情形和疗效。但是我也有理由：之所以没有提到治疗的情形，是因为我从来没有想要你们受实际的训练以施行分析法的意图；而之所以没有提及治疗的效果，则因为有着几个动机。在演讲开始时，我曾再三声明，我们在适当的情境下所收获的疗效，不会亚于其他方面的医学治疗术上最光辉的成绩，我也许还可以说这些成绩是他种方法不能得到的。我在此以外如果还要夸大，那就不免有人怀疑我自登广告，借以抵消反对者的贬斥。医学界的朋友们，即在公共集会之中，也对精神分析常常施加恐吓，宣称如果将分析的失败和有害的结果公布于世，便可使受害的公众明白此种疗法是毫无价值的。姑且抛开这种办法的恶意，就讲失败材料的收集也未必是一种有效的证据，好用来对分析的结果做正确的估计。你们知道，分析疗法还很年轻，还需要许多年的经验才可改善它的技术。由于教授这种疗法有种种困难，所以初学的人要比其他专家更得设法发展自己的能力，他的早年所得的结果决不能用来衡量分析疗法的充分成就。

在精神分析的开始，有许多治疗的企图都不免于失败，这是因为那时分析家对于不适宜采用分析疗法的种种病症也要加以治疗，至于我们现在则便因见有某种特征而将这些病除外了。特征也只可由探索而得。我们最初并未知道妄想狂和早发性痴呆到了充分发展的时候，分析法就不能奏效；我们当然可用此法治疗各种错乱的现象。但是早年的失败也不是由于医生的过失，或选择病症的不慎，而是由于外界情形的不利所致。我只讲过病人内心所不能避免而可以克服的抗力。在病人的环境中所有反对精神分析的外界的抗力，虽少学术上的兴趣，但在实际上却很重要。精神分析的治疗与外科的手术相同，须施行于最适宜的情形之内，才可有成功的希望。你们知道外科医生在施手术之前，必先有种种布置——例如适宜的房间、充分的光线、熟练的助手以及病人亲友的回避等。试问外科的手术若都施行于病人全家面前，家人都围绕而观，见割便叫，那还能有多少次可以收效呢？就精神分析而言，亲友们的干涉实为一积极的危险，我们正不知道如何应付。病人内心的抗力，我们认为非引起不可，应当严加防备，然而这些外界的抗力，我们又能如何防御呢？那些亲友们既非任何种类的解释所可说服，我们又不能劝他们站开不管，更不能引为心腹，告以实话，因为这样做，便不免让病人失去对我们的信仰，那时病人将要求——这当然是正当的——我们，以为我们既信托他的亲友，就不必以他为治疗的对象了。凡是知道家庭分裂内幕的人，作为一个分析家，必不惊怪病人的亲人常不愿病人恢复健康，而宁愿他的病情不要好转。假使神经症起于家庭的冲突，那么家中健康的人就会视自己的利益比病人健康的恢复更为重要。做丈夫的既以为妻子受治疗时，必将暴露自己的罪恶，无怪他对于这种治疗毫无好感；丈夫的抗力加在病妻的抗力之上，则我们努力的失败和中断自无内疚可言，因为我们那时要做的，事实上是一件不可能成功的工作。

我不想多举例，现在只举一个病例，在这个病例内，为了职业道德，我也不得不逆来顺受。多年前，我对一个少女做分析的治疗。她久因有所畏惧，既不敢走出家门口，也不敢独居家内。经过很久的迟疑之后，她才承认她曾偶然看见母亲和一富人表示情感，其后便深以此事为忧。她很不老练地——或很巧妙地——将分析时的讨论向她的母亲做出暗示，而暗示的方法是：（1）改变自己对母亲的行为；（2）自称除了母亲之外，没有人能解除她独居时的恐惧；（3）当母亲要出去时，便坚不开门。她的母亲本患过神经过敏症，到水疗院参观之后，已痊愈多年了——或者，说清楚些，她在院内和一男人认识，其后过从甚密，顿觉快慰。她因女儿的热烈暗示而引起猜疑，后来忽然理解到女儿恐惧的本意了。意思在于将母亲软禁起来，而剥夺她和情人往来的自由。于是她的母亲便下一决心结束这一对自己有害的治疗。她把女儿送入一接收神经症患者的房子内，许多年来，一直指她是一个"精神分析的不幸牺牲品"，我也因此为人所诋毁。我所以不声辩，是因为被职业道德所束缚，不能宣布这个秘密。几年后，我有一个同事去访问这个患空间恐惧症的女子，告诉我说她的母亲和那富人的深交已成公开的秘密，她的丈夫和父亲也默许而不禁。然而对她女儿的治疗却已为此"秘密"而牺牲了。

在大战的前几年，各国的病人纷纷前来求诊，使我不管别人对我故乡的毁誉。我于是定一规则，凡属在生活的重要关系上，未达法定年龄不能独立的人，就不代为诊治。精神分析家原不必都能做此规定。你们因为我关于病人的亲戚发出警告，也许以为我为了分析起见，要使病人离开家族，也许以为只有离家别友的人们才可受治疗。但是这话也未必对，病人——至少不是疲惫不堪的人——在治疗时，如果仍须反抗平常生活所加于他的要求，则绝非有益于治疗。至于病人的亲戚也须应当注意自己的行为，以免损害这种有利的条件，更不应当对于医生在职业上的努力妄加诋毁。然而我们又如何才能使这些非我们的影响所可及的人们有此态度呢？你们自然也以为病人直接环境的社会气氛和修养程度对于治疗的希望有很大的影响。

尽管我们的失败可释以这些外界干涉的因素，但也已经使精神分析治疗法的疗效减色不少了！拥护分析疗法的人们曾劝我们将分析法的成绩做一统计以抵消我们的失败。我却不能同意。其理由是：因为相比的单元若相差太远，而受治的病症又多不相同，则统计也将无价值可言。而且可供统计研究的时间又太短暂，不足以证明疗效是否持久，就多数病例而言，简直无做记录的可能。因为病人对于他们的病及治疗严守秘密，而且健康恢复后也不愿轻易告人。反对精神分析的，最重大的理由是，人类在治疗的问题上最无理性，难望受合理论证的影响。新式治疗有时引起热烈的崇拜，例如科克初次刊布结核菌的研究成果；有时也引起根本的怀疑，例如杰纳的种痘术，实际上是天降的福音，然仍为人所反对。反对精神分析的偏见，莫过于下面的例子。我们治愈一个很难奏效的病之后，便有人说："这算不了什么，经过这么久的时间，病人自己也会好起来的。"假使病人已经过四次抑郁和躁狂的交叠，在抑郁症之后的一个时期内到我这里求治，过了三个星期，躁狂症又发作了，于是他的亲族及其所请来的名医，都以为此躁狂症必定只是分析治疗的结果。反对偏见，实在无法可施，你们不见大战中，无论何种集团国都有偏见，厌恨其他集团国吗？此时最聪明的办法是暂时忍耐着，等这些偏见逐渐随时间而消灭于无形。也许有一天，这些人会用不同于前的眼光来评断同一事件；至于他们从前为什么有不同的想法，仍然是一个不可知的秘密。

也许反对精神分析疗法的偏见现在已开始缓和了。分析学说的不断传播，许多国家中采用分析治疗的医生日益增加等，都可引以为证。当我年轻的时候，催眠暗示的治疗法正引起医学界的怒视，其激烈的程度和现在"头脑清醒"的人对精神分析的驳斥完全相同。催眠术作为治疗的工具，确实未能尽如我们的期望；我们精神分析家或可自称为它合法的继承人，不应当忘记它对我们的鼓励和理论的启发。人们所报告的精神分析的有害结果，基本上限于病人矛盾转剧后的暂时病象，而矛盾的转剧或由于分析的太呆板，或由于分析的忽告停止。你们已知道我们处理病人的方法，我们的努力是否使他们永受其害，你们必能做出自己的判断。分析的误用可有数种，特别是在荒唐的医生手里，移情作用是一种危险的工具。但是医术治疗总难免有人误用的，刀不能割，外科医生还要用它吗？

　　我的讲演现在可以结束了。我要说自己因这些讲演缺点太多而深感惭愧，那决不仅是礼节上的客套。尤其抱歉的，是我偶然提及一个问题，往往答应在他处再行详讲，可是后来又没有实践前约的机会。我所讲的问题，现在尚未终结，而是正在发展，所以我的简要叙述，也欠完全。有许多地方，我预备要做结论了，但又未归纳。然而我的目的不想使你们成为精神分析的专家，我只愿使你们有所了解，而引起你们的兴趣罢了。

链接：《精神分析引论》简介

　　该书是弗洛伊德系统表述精神分析理论的重要代表作。其内容来源于 1915～1917 年两个冬季他在维也纳大学讲授精神分析理论的三部分讲稿，全书分成"过失心理学""梦"和"神经症通论"三部分，内容几乎涵盖了精神分析理论所关切与探讨的各个层面，特别是精神分析的三大基本理论：潜意识论、梦论以及性欲论。第一部分主要是根据一般正常人在日常生活中的失误动作来分析表面行为下的深层含意，这可视作是某种预兆或讯号；第二部分阐述作者对梦的假说以及释梦的技术，试图由释梦的技术去探索梦的显意与隐意，并推演出梦的作用；第三部分是结合前两篇对失误动作与梦的分析，以确证支配神经症患者的症状与其经历相关，并探索精神分析的治疗方法。前两部分，弗洛伊德假定听者没有精神分析学的知识，因而从入门讲起，到第三部分时，弗洛伊德认为听众通过研究和阅读，已经不再是初学者，因而开始大胆地讨论一些更专业和复杂的问题，阐述神经症心理治疗的原理，即神经症的精神分析和治疗。

链接：《梦的解析》简介

　　该书运用自由联想法，详细阐述和论证了梦的理论，分析了梦的工作方式、梦的隐意等内容，描述了俄狄浦斯情结，解析了梦是愿望的达成的原理，还说明了幼儿生活对成人心理的不可避免的影响。书中包括梦的材料、来源、本质、功能、表现方法、表现力、象征性、程序、解析方法以及梦的工作方式等内容。这本书是弗洛伊德精神分析理论体系形成初期的一个重要标志。

精神分析理论的奠基者和心理健康思想的启蒙者

一、精神分析思想与理论产生的背景

一般而言，精神分析这一术语包含三层意思：一是表达一组有关人类心理性质的观点；二是描述一种对心理失调予以治疗的干预技术；三是意指一种研究方法。所有这三个方面都源于19世纪末弗洛伊德的精神分析理论。精神分析理论是现代西方心理学的一个重要流派，不仅对医学、心理学，而且对哲学、神学、社会学、伦理学、美学和文化艺术等都有非常深远的影响，它在临床治疗上的应用还为人类的心理健康做出了很大的贡献。弗洛伊德作为精神分析学派的创始人，其个人经历和所处的社会文化历史背景与该理论学派的产生和发展有着千丝万缕的联系。

首先，精神分析理论的形成与发展有其特殊的社会背景。19世纪末，奥地利正处于资本主义由自由竞争向垄断过渡的阶段。特别是在维也纳，社会贫富分化十分严重，各种阶级矛盾日益尖锐，工作和职业竞争异常激烈，人们的精神压力很大，焦虑和恐惧情绪不断增长，神经症和精神病的发病率越来越高。同时，维多利亚时代的伪善道德观，以及犹太人家长制性道德的压抑，导致整个社会对性的禁忌十分苛刻，人们把"性"看成是一种罪恶，性本能受到严重压抑，人们正常的欲望得不到满足。在本能欲望的驱动下，产生了心理上的扭曲和变态，遭到精神与心理折磨的创伤者越来越多，以致犹太家庭中神经症和精神病的发病率日益增大。因而，寻找精神病的发病原因及相应的治疗方法，是当时医学和心理学面临的重要课题。此外，第一次世界大战的爆发引起的人们对战争的恐惧，也极大地震动了精神分析学界及整个医学界。可以说，精神分析是弗洛伊德为解决资本主义国家的社会病态现象所做的努力。

弗洛伊德在医学院的经历，使他对社会中的种种病态现象有直接的认识和了解。他与精神病学家布洛伊尔的合作，让他对典型的精神病患者有第一手资料和记录。但是，最初他的精神分析治疗方法并没有得到主流精神病学家的认可，甚至遭到了抗议和反对。他也曾喟然感叹："时至今日，

我还是不能预见后世的人对精神分析学之于精神病学、心理学，乃至一般与心智有关的科学有何价值，会做怎样的判断。"直到 1909 年，他受到美国克拉克大学校长、著名心理学家霍尔的邀请，发表了专题演讲，才慢慢开始受到别人的肯定和追随。精神分析的人格结构论、本能论、泛性论和社会文化观等，为当时受到压抑的人们提供了自我解释的途径，并通过"自由联想""梦的解析"等方法，使其内心的情感等得到宣泄，从而有效地调节了情绪和行为，恢复到正常的心理健康水平。

其次，精神分析理论的形成与发展有重要的哲学思想背景。弗洛伊德对哲学有深入的研究，柏拉图的性本能和"灵魂三部说"，莱布尼茨的"微觉"，黑格尔的"无意识精神"，叔本华的"无意识""性欲"和"双本能同一"思想，以及尼采的深层心理分析和赫尔巴特的"意识阈"概念等，都对弗洛伊德的精神分析思想有很深的影响。在柏拉图看来，爱的过程是从肉体到灵魂的提升，"一切生物的产生和生长所依靠的这种创造性力量就是爱的能力"，弗洛伊德对柏拉图的思想加以继承和发展。他认为，人的本能决定了其心理过程的方向，身体对某种物质或精神的欠缺，是人类心理和行为的根本动力，促使人通过各种方式来寻求满足。另外，他的"本我-自我-超我"的心理结构与柏拉图的三位一体说非常相似。莱布尼茨是近代第一个肯定无意识心理现象的人，他用微觉来阐述无意识，认为微觉是未被意识到的无意识，人们可以按无限小数的计算形式来解释心理活动，这为弗洛伊德对潜意识的研究提供了很大的启发。黑格尔与叔本华的无意识精神，则将人们意识深处的潜意识更加形象化，通过人的生活经验，证明无意识或者潜意识是一种非理性的东西，冲动、奋进、渴望和本能都是属于潜意识范畴的。

在这些研究的基础上，弗洛伊德将无意识分为前意识和潜意识，将那些能够进入意识中的经验当作前意识，将那些根本不能进入或很难进入意识中的经验当作潜意识。意识、前意识和潜意识三者共同作用在人身上，推动人的行为和思想。而且，无意识对人的影响比意识对人的影响更大更重要，这一点，与传统心理学强调意识的重要性相矛盾。而尼采对梦和深层心理结构的解释使弗洛伊德对自己产生了更加深刻的认识。他和尼采有一致的看法，认为无意识是人心理深层的基础，本我是人的人格中最黑暗、最难以接近的一部分，我们需要对无意识领域有更加广泛和深入的了解，才能够对冲动、本能等不受意识控制的部分有更全面和根本的理解。赫尔巴特在莱布尼茨微觉论的基础上提出了"意识阈"概念，认为占据意识中心的观念只容许同它自己和谐的观念出现在意识中，而将那些与它不和谐的观念压抑下去，即降到无意识状态。受此影响，弗洛伊德将无意识提高到前所未有的高度，并对其规律性进行分析。总之，这些哲学史和思想史上的伟人，对弗洛伊德精神分析思想的产生和发展提供了启发和帮助，思想的火花总是在不断撞击中产生。当人们陷入自我的精神困扰和神经病症中，就可以通过已有的认识进行合理的归因，找到病症的根源，从而进行最终的治疗而恢复健康。

最后，精神分析理论的形成与发展有特定的科学背景。19世纪初到中叶是人类科学史上的重要阶段。特别是自然科学的三大发现——能量守恒定律、进化论、细胞学说等科学思想，以及弗洛伊德的医学背景，为精神分析的发展及其在临床领域的应用提供了重要的前提条件。弗洛伊德受过长期的专业训练，他把一切生命现象，包括心理现象都视为能被还原为物理学原理的东西。换言之，弗洛伊德的研究与思维方式超越了仅仅限制在意识形态中哲学层面的发现和认识，而是往自然科学的方向发展，他甚至把精神状态模拟成自然界中的能量，认为人的心理能量也可以从一种状态转化成另一种状态。这种认识使他相信，通过自由联想和释梦的方法，让心理疾病患者将内心的力量表达出来，转移出去，其精神病症就能够得到治疗，心理也可以得到康复。再加上达尔文的进化论学说促进了弗洛伊德生物决定论的观点、有机体有规律发展的观点和泛性论的思想的确立，这些观点或思想结合弗洛伊德的医学和精神病学背景，特别是当时心理病理学的研究成果与发展，使他对精神病症有了更深的认识和理解。

毋庸置疑，人类对心理疾病的病因及治疗方法的认识经历了一个发展过程。最初的神学和宗教用巫术、刑罚来驱赶人内心的"恶魔"，到19世纪，形成了"生理病因说"和"心理病因说"这两种相互对立的理论。其中，心理病因说是弗洛伊德所主张的，这主要源于他在巴黎和南锡受到的影响。在这两地，他学习用催眠术对精神疾病进行治疗，坚信神经症并非是器质性病变，而是因为精神活动力创伤引起的功能性疾病，并非常认同"性"在神经症致病中的重要作用。之后，受到布洛伊尔的启发，弗洛伊德改用宣泄法，即将困扰的记忆和意识表达出来，来清理内心垃圾。但最终，他认识到无论是催眠术还是宣泄法都在很多方面有局限性。比如在治疗过程中，他发现患者常有抗拒现象，并不能够很好地将自我意识表达出来。弗洛伊德认为，这是患者的欲望被压抑的证据。于是，他继而创造了以潜意识为基本内容的精神分析理论。该理论通过自我分析法、自由联想法和释梦等挖掘患者遗忘了的记忆，特别是童年的观念和欲望，从而来治疗精神病症，收效甚佳。

所有的上述事实（社会背景、思想背景和科学背景），为弗洛伊德精神分析思想和理论的产生、发展提供了基础，使得精神分析在历经一百多年的历史考验之后，仍得到人们的关注和青睐，为提高人类心理健康水平提供了一个新的视角和有效的服务。

二、精神分析理论中心理健康思想的要素

弗洛伊德的心理健康思想或观点，主要反映在精神分析理论中。

诚如前述，精神分析是弗洛伊德创造的治疗神经症的一种方法，也是弗洛伊德及其后继者在精神病医疗实践中逐步建立积累的一组心理学理论。该理论的核心概念是潜意识。弗洛伊德在治疗精神病症的过程中，先后采用了电击法、催眠法和宣泄法，最后发展到自由联想和梦的解析。他认为，精神分析研究的是人的潜意识，通过对潜意识的认识和了解，找到精神病症的根源，从而取得治疗的效果，维护人的心理健康。弗洛伊德紧紧围绕日常生活的心理病理学、梦及精神病这三个专题展开了论述。具体内容反映在其《精神分析引论》一书中。在该书中，弗洛伊德称治疗的主要目标是让人"在心理生活收复的失地中自己做主"。在《精神分析引论新编》一书中，弗洛伊德称精神分析的目标就是"让自我更加强大，使它能更独立于超我，拓宽其认知领域，扩展其结构组织，这样它就能占有本我的新兴部分：自我对本我如影随形"。也就是说，通过精神分析，个体

可以控制自己的情绪和行为，而不受到一些本能欲望与外界权威的影响，能够很好地享受工作和生活，积极乐观地面对人生中的任何遭遇和经历。这也是心理健康医师所孜孜追求的目标。

（一）精神分析中心理健康的理论基础

精神分析的理论基础一般是指弗洛伊德在 1920 年以前的精神分析理论。在 1920 年以后，为了使其理论更加系统化，借以解释第一次世界大战后的社会变化，弗洛伊德对他的理论做了一些比较大的修订。但潜意识作为精神分析的核心概念，这是弗洛伊德的理论基础，不管修正的程度如何，这一部分自然"岿然不动"。

1. 潜意识和本能

弗洛伊德认为，人的心理包括意识现象和无意识现象，无意识现象又可以分为前意识和潜意识。潜意识中的本能冲动和欲望，总是会在人的前意识无法知觉的情况下出现，进入意识中，支配人的情绪和行为。可以说，意识和前意识只占人内心想法的很小一部分，占主体的是潜意识。潜意识包括个人的原始冲动和各种本能，以及出生后和本能相关的欲望，它们不容于社会文化而被压抑到意识阈限以下，但是它们并没有消失，而是不自觉地积极活动，追求满足。在这个意义上，也可以把意识、前意识和潜意识分别与人格结构中超我、自我和本我相对应。他认为本我是人类最原始、与生俱来的潜意识结构，是完全非理性的，遵循快乐原则；自我是人的成长过程中，与现实进行过交流之后产生的人格结构，是理性的，遵循现实原则；而超我是从自我中分化出来，对自我进行监控，引导自我向更完善和道德方向发展的人格结构，是完全理性的，遵循至善原则。事实上，意识、前意识和潜意识的划分是弗洛伊德最初对人的心理的认识，到了后期则发展成为超我、自我和本我的人格结构划分。所以说，两者之间并不能够绝对对等。本我完全包括在潜意识之中，而自我与超我的一部分也包括在潜意识中。换句话说，潜意识并不因为没有受到理智的控制，而完全失去道德的约束，往不善的方向发展。我们不应该对潜意识进行好与坏的价值判断。

基督教中有"原罪"一说，认为人从出生开始就是带有"罪"的，这个"罪"来自于人类的始祖亚当和夏娃在伊甸园中受蛇的诱惑偷吃了禁果，即来自于人的本能。弗洛伊德认为，这种本能"是心理和生理交界领域的未知部分，是生理刺激到达心理的心理表现，是生理对心理的要求度量"。它是人类一切行为的动机和基础。这个本能包括自我本能和性本能。后来，他进一步把本能发展为"生本能"和"死本能"。本能的根源是身体的状态或需要，是身体对某种物质或精神的欠缺。本能的目的是寻求满足，消除身体的欠缺状态。在他看来，如果说人的原罪是因为脱离了上帝的控制，有了自我意识，并产生了性的意识，开始繁衍后代，那么人的潜意识就应该是对性和自我的追求。然而，人之所以为人，是因为人类社会创造了文明，有伦理道德与社会规范进行约束。在文明发展过程中，人的本能受到这些道德和规范的抑制，不能够完全实现，于是就产生了心理矛盾，引发了心理失衡，从而导致精神疾病。

2. 心理性欲的发展

弗洛伊德认为，人类的一切行为动机，都有性的色彩，都受性本能冲动的支配。精神症的产生，就是性本能冲动受到压抑而得不到满足的结果。他进一步指出，在性的后面有一种潜力，即去追求快感，这种潜力就是"里比多"。个体人格的发展也是"里比多"驱力的结果。在心理性欲发展阶段理论的基础上，弗洛伊德把人格发展划分为五个阶段。他认为在成人之后出现的人格特征是源于这些阶段产生的固着作用。

第一阶段：口唇期（0~1 岁）。以口唇区域为快感的中心。这个阶段的人的活动主要以口唇为主，摄入、撕咬、含住、吐出和紧闭是五种主要的口腔活动模式。如果在这个阶段的摄入没有得到满足，那么，在成人后就会对摄入产生固着。这种具有口唇期人格的成年人往往会倾向于依赖、悲观、被动、猜疑和退缩等消极人格，对烟、酒、零食等能够放入嘴里的东西有超过常人的依恋，而得到摄入满足的人在成年后则倾向于乐观、慷慨、开放和活跃等积极人格。

第二阶段：肛门期（1~3 岁）。以肛门区域为快感的中心。这个阶段的人会接受排便训练，第一次受到外部纪律约束，与规范产生第一次冲突。在这个阶段受到过于严格训练的人，在成年后倾向于洁癖、固执和强迫等过度控制的人格，而没有得到足够训练的人则会在成年后倾向于邋遢、浪费、凶暴，甚至反社会等人格特征。

第三阶段：性器期（3~5岁）。以生殖器为快感的中心。这个阶段的人开始对性别有认识，会因为性别的差异而对异性产生爱恋，对同性产生仇恨。一般，我们把这种情结统称为俄狄浦斯情结（恋母情结）。人们在这个阶段开始发展超我，用来压抑内心对异性父母的欲望。如果这个超我发展得好，儿童会采纳父母的价值观和标准，逐渐形成正常的人格特征。但如果没有得到正确的发展，就会陷入本我的混乱中，之后的成长会一直伴随仇恨、自卑、嫉妒等消极心理。

第四阶段：潜伏期（5~12岁）。仍以生殖器为快感的中心。这个阶段的人由于脱离了家庭的环境而进入学校，就会将家庭中对父母性别的认同和回避延伸到同伴身上。他们倾向于回避异性。

第五阶段：生殖期（12岁之后）。随着个体的性发育，生殖器依旧是快感的中心。所不同的是，由于里比多压抑的解除，口唇期和肛门期时的性欲会集中到生殖器。如果早期的发展得到满足，并没有太多固着，那么，这个阶段就能具备正常的人格发展；如果早期没有得到满足，里比多的释放会引发更多的欲望，甚至产生人格的扭曲。

弗洛伊德认为，人类心理疾病的产生原因在于人格发展过程中遇到的"固着"和"倒退"两种情况。在人格发展的不同阶段，满足的过多和缺失都会使里比多停留在那个阶段，从而使人在成年后形成那个阶段的人格特质。即使成年之后发展了比较正常的人格，也会因为突发性事件或者挫折而导致人格的"倒退"，即从高级阶段返回到低级阶段，从而产生低级阶段的人格特质。要维护人的心理健康，就要在人格发展的各个阶段注意适度的满足。但人的一生难免会遇到各种挫折，引发人的里比多的失衡，引起心理问题，此时，则要了解低级阶段的特征，找到根源问题，通过各种方法加以满足和调节，再次恢复心理健康。

（二）精神分析或心理治疗的方法

弗洛伊德认为，神经症患者在婴幼儿时期性心理发展过程中未能满足的欲望，如恋母情结、恋父情结等，被压抑到无意识中形成症结。这种违反伦理道德观念的症结仍会要求在意识中表现，与自我构成心理冲突，经过心理防御机制的加工，最后以不带明显内容的神经症症状表现出来。如果能使病人无意识的观念意识化，病人在他人的帮助下，知道了症状的真意，即领悟，症状就会失去存在的意义而消失。在这个过程中，自由联想法、梦的解析、自我防卫机制等都是精神分析的有效方法，也是增进心理健康的有效方法。

1. 自由联想法

自由联想法（free association）是指患者在治疗过程中将意识领域中的所思所想，毫无保留地报告出来，这是精神分析治疗中最基本的方法。人的思想总是杂乱无章的，常常不受人的理智的控制。那些零乱、不合逻辑、令人难以启齿、让人觉得尴尬甚至痛苦、不愿意和别人提及的想法，在弗洛伊德看来，都是具有价值的心理特质。因为正是这些障碍，躲避了有意识的理智的监控，得不到合理的调节，从而使情绪和心理失去平衡，最终引发了各种精神病症。通过自由联想，精神分析师根据患者所描述的事件、感受和想象，推论出其中的内部联系，帮助患者把潜意识中的冲动和痛苦记忆召回到意识中来，找到令患者逃避的真实根源，从而进行宣泄和重新认知，打开心结，消除障碍，恢复健康的心理状态。

弗洛伊德认为，个体的潜意识心理就像是一间储物室，里面储藏着早期生活中被压抑的材料及其强大的驱力。这些材料和驱力会受到人的两重阻力影响。第一重阻力使患者不愿意赤裸裸地进行自我表达，才有了精神分析的基本原则。假若患者愿意进行表达，那么，就产生第二重阻力，即非直接展现，而是通过象征、润饰、伪装等形式表现出来，而且阻力越大，患者所报告的情况与事实之间的差别也就越大。

2. 梦的解析法

弗洛伊德认为，梦是一种潜意识现象，是潜意识愿望经过伪装后的象征性满足。在《弗洛伊德自传》中，他把梦看作"是一种未经解说的精神技能症状，或狂妄、虚幻的念头，暂时忽略它明显的内涵，而通过其个别的成分定向，去做自由联想，则精神分析可以获得一个迥然不同的结论。"这种看法是鉴于他之前的世俗观点，不把梦看作是一种心理活动，仅作为

"精神透过符号方式所感知的肉体的活动过程"。因此，弗洛伊德认为，经由自由联想的方法达到精神分析的效果，可以"证明梦是有意义的"。

对弗洛伊德来说，梦是一种愿望的实现，代表个体期望的财富、权力与事件，是一种清醒状态精神活动的延续。这种观点当然遭到许多人的反对，显然，梦里痛苦不堪的内容比愿望达成的内容多得多，梦魇的出现也对愿望达成的说法进行了抨击。然而，弗洛伊德针对上述异议，把梦的意义分成了显意和隐意。那些明确表现愿望达成的梦属于显意，并不需要我们进行过多的解释；而那些痛苦不堪的梦，甚至梦魇，我们需要解释的并不是它们的显意，而是需要揭示它们的隐意。如果说人清醒时的状态可以分为意识和无意识，那么，梦的状态作为清醒状态精神活动的延续，也可以分为意识和无意识。如此一来，隐意的梦就可以被视为一种无意识甚至潜意识状态。这样，将这些梦境中出现的潜意识进行报告，便是对人更深层次心理活动的描述。

在清醒状态下，我们的潜意识由于受到意识的阻碍无法完全表达心理，需要借助自由联想的方法。同样，在梦的状态下，我们的潜意识也会受到自我稽查机制的压抑，不能进入意识领域，也需要自由联想予以揭露。自由联想的优点就在于，人们可以将梦中所想所见完全倾诉出来，而不进行价值判断。需要注意的是，不同于清醒状态下的自由联想，分析师直接根据患者的描述进行分析；对梦的自由联想，必须结合患者的生活经历、兴趣爱好以及日常琐事。弗洛伊德曾在《梦的解析》一书中提到很多临床案例，其中有一个从表面上看似与愿望达成相反的例子。那是个年轻的女子，在对梦的自由联想式报告中说，梦见她最挚爱的姐姐的小儿子逝世了，她出现在葬礼中。她很伤心，不断地自责，认为自己在潜意识中诅咒姐姐的儿子，但事实是她非常爱她姐姐的儿子。于是，弗洛伊德对她的生活经历及日常琐事进行了了解，最后发现，这个妹妹曾经有个深爱的人，因为姐姐的无理反对两人分手了，但分手之后，她仍旧追寻他的踪迹。而之所以出现葬礼场景，是因为他们之前的最后一次见面，是在她姐姐的大儿子的葬礼上。于是，在妹妹的潜意识中，那种希望再次见到她所爱之人的愿望和最后一次见到他的场景相重叠，构成了她的梦境。

自由联想在梦的解析中的应用，更多的是起一种描述梦境的作用。至于解释梦境，弗洛伊德用了大量复杂的象征。例如，用房子代表人体，父母被伪装成国王和女王，小动物代表儿童，出生与水有关，火车、旅行象征死去，衣服代表裸体，诸如此类。而且，弗洛伊德对梦的表征物的解释多是从性的角度加以阐释，就是说他总是从性的角度去解释人们在梦中表达的愿望。换言之，他认为人们在梦中遭遇的痛苦和快乐，是对性的满足的追求。对于这一点，我们认为，在精神分析的过程中过分强调性的作用，有可能引起患者某些不必要的心理阴影，从而影响其心理健康。

3. 自我防卫机制法

自由联想和梦的解析，是针对心理疾病患者的变异现象，设法找到心理能量失衡的原因，从而恢复心理健康的过程。自由联想过程中出现的抗拒，对于正常人而言在遇到应激性刺激时也会出现，弗洛伊德把这种在没有发生心理失衡的精神病症情况下出现的，用来处理正常心智刺激中的诸多抗拒称为"自我防卫机制"，该机制的目的是减少或避免焦虑。在弗洛伊德看来，自我防卫机制是精神分析发展的新领域，诸如"冲动的抑制，代用品的形成，妥协的形成，或把意识和潜意识划分成若干心理系统"等抗拒，可以使精神分析不再仅属于精神病理学领域中的一个分支，而是成为认识"正常与不正常心理状况所必需的科学基础"，这样可以使精神分析学更上一层楼，成为阐释心理现象、精神现象和社会现象的一门学问。

根据弗洛伊德的理解，自我防卫机制是指自我用来应付本我和超我压力的防卫机制。当自我受到本我和超我的威胁而引起强烈的焦虑、内疚感和罪恶感时，焦虑将潜意识地激活一系列防卫机制，以某种歪曲现实的方式来保护自我，缓和或消除焦虑、痛苦，以求得心理安宁。自我防卫机制在成为习惯之后，当事人在意识上未必能够自觉，因此，最后成为潜意识行为。这种行为常见于正常人，它不是病理性的，对维护个体日常的心理健康很有价值。弗洛伊德认为，日常生活中的自我防卫机制包括以下几种。

第一，压抑（repression）。压抑是指将引起焦虑的思想观念和欲望冲动排除在意识之外。例如，忘记自己经历过的痛苦事情。这个概念包含两层含义：一是压抑意味着一种主动遗忘的过程，需要自我持续地消耗能量；二是被压抑的思想观念并没有消失，而是隐藏在潜意识中，一旦条件成熟，就会进入意识。压抑是人最基本、最重要的防卫机制，其他的自我防卫机制都是以此为前提条件的。

第二，升华（sublimation）。升华是将可怕的无意识冲动转移到社会许可的对象上。例如，将对某人的愤怒、仇恨转移到体育运动中，以体育运动的方式排解内心的攻击冲动。弗洛伊德将人类在科学、艺术和文化等领域上的工作成就，都归结为无意识的本能冲动转移的结果。

第三，替代（displacement）。替代是指当个体的无意识冲动无法在该对象上得到满足时，就会转移到其他对象上。例如，将对某人的愤怒、仇恨转到另一个人身上，或者宠物等不会对自己造成威胁的对象身上。与升华不同的是，升华转移的对象是得到社会允许的，而替代的对象仍没有得到社会允许，只是对个体不足以造成足够大的威胁和伤害。

第四，拒绝（denial）。拒绝是指个体否认引起自己痛苦和焦虑事件的存在。这是自我防卫机制的一种极端表现。拒绝得越多，与现实的交流就越少，个体心理机能的运作就越困难。

第五，反向作用（reaction formation）。反向作用是指个体会按照与无意识本能和欲望相反的方式行动。例如，将对某人的嫉妒藏在心底，反而对其表现出热情和友善的态度。

第六，投射（projection）。投射是指将自己内心不为社会所接受的本能冲动和欲望归咎于他人。例如，个体会拒绝承认自己是多疑、好讲谎话的，但却相信别人会有欺骗行为。弗洛伊德认为社会偏见现象就来自于投射作用。

第七，倒退（regression）。倒退是指个体遇到挫折时，会以早期发展阶段的行为来应付现实，目的是获得他人的同情，减轻焦虑。例如，大学生在学业上不能获得成就感，就迷恋儿童的游戏和娱乐节目；成年人在工作上得不到成就感，就出现"装嫩"等幼稚行为。

三、对弗洛伊德心理健康思想的评价

弗洛伊德是大器晚成的，在他的精神分析理论真正得到国际心理学界认可的时候，他已经 53 岁了。在后来的一百多年间，精神分析理论对东西方心理学、医学、法学、文化、艺术、教育、哲学、人类学、社会学、历史学、神话学、宗教学、政治学、伦理学、语言学等各个领域都产生了巨大的影响，这远远超出了精神医学和心理学的范畴，几乎成为一种世界观，弗洛伊德也成为心理学史上被引用论文最为频繁的心理学家，其主要成就是：开辟潜意识研究的新纪元；开拓动力心理学、人格心理学、变态心理学的新领域；为现代生理–心理–社会的医学模式奠定了基础（车文博等，1998）。

但后人对他的成就褒贬不一，这可能是一个"仁者见仁，智者见智"的问题。赞成的人主要肯定了他对人类行为和人格进行了综合性研究，开拓了心理学研究的新领域，并为建立心理治疗体系做出了杰出的贡献；他提出的许多独特见解，激发了后继研究者为之探索。而批评的人则主要针对他的理论在科学性上的缺乏，以及实验测试上的偏差，即个案资料的代表性问题；特别是他是从治疗非正常人的事例中构建其理论，其理论的片面性和臆测容易授人以柄。这里仅就弗洛伊德对心理健康领域的贡献和局限做一剖析。

首先，我们肯定弗洛伊德对心理治疗的贡献，以及心理治疗在心理健康领域的广泛应用。不能否认，弗洛伊德用潜意识理论对变态心理和行为的形成原因以及有效的治疗方法进行了全新且系统的研究，确立了心理治疗的历史地位，促进了心理治疗职业的发展。至今，精神分析还是心理治疗的基本范式。自由联想、梦的解析等精神分析方法对现代人的影响仍很大。在实践中，人们会自觉或不自觉地应用弗洛伊德对梦的解释来发掘自我意识，现代一些有经验的心理咨询师也常常采用弗洛伊德的方法了解患

者的内心想法，帮助患者找到心理或思想的根源。日常生活中，一些稍微异常的行为，如口误、遗忘、逆反心理等也可以从弗洛伊德的理论中找到相应的解释，从而使我们对自己有更好的认识。在理论上，人们原来对心理疾病的治疗主要采用医学和生物学的方法技术，认为人的心理疾病是由人的生理病变引起的，而弗洛伊德用精神分析理论去分析和治疗心理疾病时，认为人的心理疾病是由内在的心理冲突引起的，必须采用消除压抑和抵抗等缓解心理冲突的方法来治疗心理疾病，这是一种纯粹的心理学方法，奠定了心理疾病的"生理–心理–社会"的治疗模式，理论上功不可没。

其次，弗洛伊德的潜意识学说、性发展阶段理论与人格发展理论，对更好地理解与指导个体的心理健康是有帮助的。弗洛伊德认为，采用自由联想、梦的解析、移情方法等帮助患者摆脱无意识的控制，使其正确认识自我并接纳自我，在日常学习生活和工作中恢复自我，从而有助于患者正确面对心理压抑和心理冲突，实现心理健康。他认为，有强大的自我，才有健康的人格。现实的个体要同时受到来自本我、自我和超我的三部分压力，这三者若能保持动态平衡，个体就能保持心理健康；反之，就可能产生心理冲突或心理异常。这是有一定道理的，对儿童青少年心理健康教育具有现实指导意义。

但由于精神分析在文化艺术领域的解释和广泛应用，这些意识形态上的事物又反过来影响人们，使得精神分析的作用和贡献被神化了。特别是精神分析对心理健康领域的贡献有所夸大。这方面，现代人格心理学家对弗洛伊德的批评尤其多。在他们看来，人格固然受到本能的影响，但是社会环境也会作用于人格的发展。个体在关注内心需求的同时，也需要关注外界的影响，用性驱力或性动力以外的因素同样可以解释人类的行为和动机。此外，人格具有一定的遗传性，诸如外向性和内向性、敏感性和神经质等人格特质，在人出生的时候就存在某些差异。至于心理性欲发展过程中发生的变化，也是根源于本身的差别。特别是在人本主义心理学家看来，人对本能的满足只是低级的满足，在本能得到满足之后，会有更高层次的需要出现，这是一种对"自我实现"的满足，也是一种积极的心理追求，自我实现者达到了心理健康的最高境界。由于精神分析源于病态人格的分析，精神分析的理论和方法都是建立在弗洛伊德对精神病患者的医疗基础之上，因此，他对人的了解有可能存在较大的偏见。精神病患者和正常人之间的差异会导致二者行为和心理上的不同，他们在维护心理健康上的方法也会不同，不仅仅是应对方式的差异，更是人格特征上的差异。显然，弗洛伊德把变态与常态一视同仁，企图用变态心理规律去说明常态心理的发展，这实质上是使用特殊代替或否定一般的形而上学的片面观点。

最后，他对由自由联想、梦的解析等方法得出的结果的解释也缺乏科学性。尤其是在梦的解析中，例如，将帽子解释为男性的象征，将被车碾过解释为性交，将梯子和柱子解释为男性生殖器，将风景解释为女性生殖器。诸如里比多、恋母情结、自恋现象、死亡本能、初级过程等大量术语也很难下操作性定义。尤其是弗洛伊德对患者释梦做了深入研究，而对梦的自我分析则避重就轻，浅尝辄止。这些问题使得弗洛伊德的精神分析法在应用的过程中，无法实现科学实验要求的客观性、准确性和可重复性。弗洛伊德的后继者们为了避免上述缺陷，同时缩短疗程，提高疗效，在精神分析的方法上做了一些修改。例如，不用自由联想而改为面对面的交谈，不培养移情只要求良好的合作关系，少分析梦或不分析梦等。但治疗原理没有改变，理论支撑也没有改变。这些后继者就被研究者称为"新精神分析学派"。新精神分析学派的所作所为，对推动现代心理健康教育的发展发挥了重要作用。

此外，精神分析的基本方法个案法，且不说整个治疗过程昂贵而费时，单是在取样上，就缺乏代表性。弗洛伊德要求分析师在治疗过程中不能进行记录，以防止对患者产生干扰，这使得治疗的过程具有不可重复性，也缺乏准确性，甚至有可能为了解释的需要，分析师会对记录过程进行删选，把结果往自己希望的一个方面引导，从而影响心理治疗的效果。

弗洛伊德在他的自传中，对精神分析的评价是"在高水准下进行的一项庄严的科学工作"。确实，弗洛伊德的精神分析强调研究本能、潜意识、性驱力、梦和焦虑等与我们日常生活密切相关的问题，对提高个体的生活质量、过有尊严的生活大有裨益，这是一项"庄严"的工作。但是，我们必须看到，作为心理分析的一种手段，无论对心理变异现象还是正常现象，精神分析都需要得到进一步扩展和提升。从方法论上说，这是将人自然化，将社会心理学化，将心理生物学化，从而陷入心理主义、神秘主义和非理性主义的倾向。这种倾向在心理健康教育中应该避免。特别需要注意的一个问题是，用生理的里比多（性力）来解释心理的本质及其发生机制，将潜意识作为人的主导力量等都是值得商榷的。过分重视里比多和潜意识只会导致人们在维护心理健康时，无力逃避本能和欲望的控制，陷入消极的应对方式中。积极心理学和主观幸福感研究领域允许人存在某些消极的心理问题，重点是将注意力转移到追求积极乐观的事物上来，这对调节人的心理健康有很大的作用。

第 2 章

罗杰斯：

世界上最大最好的工作

人本主义心理学家罗杰斯早年想要成为一名农学家，后来改变志向，想做"世界上最大最好的工作"，即做一名优秀的基督教牧师。但读大学时，父亲只付给他一半的生活费，于是他便做起了生意，因为曾经到过中国，他便订了很多中国的珠宝和工艺品出售，并赚了一笔钱，解决了经济问题。到研二的时候，他接触了一些心理学课程，觉得助人是件好事，并认为在特定的教条环境下工作（即当基督教牧师）并不适合自己，于是决定从当时在读的神学院横穿大街到对面的哥伦比亚大学转学心理学。后来，罗杰斯成为一位举世闻名的心理学家，并且是一位杰出的心理治疗师和促进世界和平的工作者，真正做了"世界上最大最好的工作"。他最为世人所知的是他创立的当事人为中心治疗法，开创了心理治疗的新天地。

本章选译了罗杰斯的《当事人为中心治疗法之要义》一文，反映了罗杰斯在早期对该方法与众不同的特点的概括，其中涉及治疗过程的特点、当事人能力的发现、当事人为中心的本质，以及该方法可以扩展的领域。最后，本章对罗杰斯的心理健康思想进行了介绍，评述了当事人为中心治疗法的理论基础和基本特点，以及该方法延伸扩展后在教育领域推动的以学生为中心的教育、为解决团体冲突和国家民族冲突做出的贡献。

卡尔·罗杰斯的生平事迹

卡尔·罗杰斯（Carl Rogers，1902~1987）是一位有影响力的美国心理学家，是人本主义心理学的创始人之一。罗杰斯最为世人所知的，是他在心理治疗研究领域的贡献，并因其开创性的研究于 1956 年获得美国心理学会（American Psychological Association，APA）授予的"杰出科学贡献奖"（Award for Distinguished Scientific Contributions），后因其卓越的专业工作而于 1972 年被美国心理学会颁授"心理学杰出专业贡献奖"（Award for Distinguished Professional Contributions to Psychology）。罗杰斯被认为是 20 世纪最著名的心理学家之一，排名第六位；在临床心理学家中排名第二位，仅次于弗洛伊德。

1902 年 1 月 8 日，罗杰斯生于美国伊利诺伊州芝加哥郊外的一个基督教家庭中。他的父亲沃尔特·罗杰斯（W. Rogers）在威斯康星大学受过高等教育，是一位土木工程师；他的母亲喀辛（J. Cushing）是家庭妇女，也在威斯康星大学受过两年的高等教育。罗杰斯在六个孩子中排行第四。

罗杰斯家里的宗教气氛比较浓厚，父母都是虔诚的教徒，热心地方的宗教事务。罗杰斯很小的时候就接触了圣经故事。他非常聪明，在上幼儿园之前便能够很好地阅读，所以他直接读了二年级。因罗杰斯在严格的牧师住宿区接受教育，并担任祭坛侍童，这使得他成为一个相当孤僻、独立而守纪律的人。在罗杰斯 12 岁那年，全家搬迁到芝加哥西部的农村，经营农场的生意。罗杰斯喜欢农场的生活，因此在中学阶段，他便对农业科学产生了兴趣。高中毕业后，他考取了威斯康星大学麦迪逊分校，攻读农学，后来因兴趣的改变，又陆续选了历史和宗教专业。

1922 年，罗杰斯 20 岁，上大学三年级，他到中国北京参加一个国际基督教会议。这一为期六个月的经历，使他开始怀疑自己的宗教信仰。他自认为这是自己第一次在思想和性格上达到自主自立。毕业以后，他结了婚，搬到纽约居住。

本来，到纽约之后，罗杰斯的人生道路应该是完成在神学院的学业，然后成为一名关心个人自由和幸福的牧师。然而，在那里，为了搞清楚自己的职业选择，他参加了一个名为"我为什么要做牧师"的研讨会，在这个研讨会中，罗杰斯对生活哲学的探索渐渐地超越了宗教。另一方面，罗杰斯在这期间做实习牧师时，发现自己很难完成超过 20 分钟的布道，他感到这种工作乏味至极。他觉得思考人生意义，以及探索改善个人生活的途径等，是更加令人感兴趣的事。正好神学院的对面就是哥伦比亚大学的师范学院，罗杰斯到那边选修了一些教育学和心理学的课程。在那以后，他决定改变自己的职业，并开始正式攻读临床心理学和教育心理学学位。在今天看来，这是宗教之失，却是心理学之得。

罗杰斯离开那个研讨会之后两年，就上了哥伦比亚大学的师范学院（Teachers College, Columbia University），并于 1928 年获得硕士学位，于1931 年获得博士学位。在完成博士学业的过程中，他开始了儿童研究。1930 年，罗杰斯担任位于纽约罗切斯特的"预防儿童虐待协会"（Society for the Prevention of Cruelty to Children）的主任。从 1935 年到 1940 年，他在罗切斯特大学任教，并撰写了《问题儿童的临床治疗》（*The Clinical Treatment of the Problem Child*）（1939），其基础是他治疗问题儿童的经验。罗杰斯在建构自己的当事人为中心治疗法时，受到兰克的后弗洛伊德心理治疗方法的重要影响。1940 年，罗杰斯成为俄亥俄州立大学的临床心理学教授，在那里他撰写了自己的第二部著作《心理咨询与心理治疗》（*Counseling and Psychotherapy*）（1942）。在这部书里，罗杰斯提出，当事人通过与治疗者建立一种理解、接受的关系，就能够解决问题，并获得对重构自己的生活而言所必需的东西的深入认识。

1945 年，罗杰斯应邀到芝加哥大学任教。在芝加哥大学担任心理学教授期间（1945~1957），罗杰斯帮助建立了芝加哥大学的心理咨询中心，并在那里对自己的方法的有效性进行了研究。他的研究发现及理论可见于《当事人为中心治疗法》（*Client-centered Therapy*）（1951）以及《心理治疗与人格转变》（*Psychotherapy and Personality Change*）（1954）中。他在芝加哥大学培养的一个研究生戈登（T. Gordon）发起了"父母有效性训练"（Parent Effectiveness Training）运动。1956 年，罗杰斯成为美国心理治疗家学会的第一任主席。他返回母校威斯康星大学麦迪逊分校教授心理学期间（1957～1963），写了其最著名的著作之一《个人形成论》（*On Becoming a Person*）（1961）。罗杰斯在威斯康星大学一直执教到 1963 年，然后定居于加利福尼亚州的拉霍亚市。1968 年，罗杰斯离开"西方行为科学研究所"（Western Behavioral Sciences Institute），协助建立"人类研究中心"（Center for Studies of the Person）。他后期的著作包括《卡尔·罗杰斯论个人权力》（*Carl Rogers on Personal Power*）（1977）以及《80 年代的学习自由》（*Freedom to Learn for the 80's*）（1983）。罗杰斯在拉霍亚市度过余生，他做治疗、做演讲、搞写作。1987 年，罗杰斯摔了一跤，导致盆骨骨折。虽然手术成功，但是次日晚其胰腺衰竭，几天之后就与世长辞了，那天是 1987 年 2 月 4 日。

链接：生平重大事件

1902 年 1 月 8 日　出生于美国伊利诺伊州。

1924 年　获威斯康星大学学士学位。

1924 年　与埃利奥特（H. Elliot）结婚。

1931 年　获得哥伦比亚大学师范学院的哲学博士学位。

1940 年　受聘为俄亥俄州立大学心理学教授。同年 12 月第一次提出"当事人为中心治疗法"。

1944 年　创立美国应用心理学会并担任第一任主席。

1951 年　《当事人为中心治疗法》一书出版。

1956 年　成为美国心理治疗家学会第一任主席。荣获美国心理学会颁授的"杰出科学贡献奖"。

1969 年　《学习的自由》（*Freedom to Learn：A View of What Education Might Become*）一书出版。

1987 年　获诺贝尔和平奖提名。

1987 年 2 月 4 日　逝世于美国加利福尼亚州的拉霍亚市，享年 85 岁。

　　罗杰斯独创了"当事人为中心治疗法"来解读人格以及人类关系，这一方法在很多领域有着广泛的运用。比如，心理治疗和心理咨询（当事人为中心治疗法）、教育（学生为中心的学习）、组织以及其他团体情境中。罗杰斯晚年致力于把自己的理论运用到国家的社会冲突领域，他周游世界，亲力亲为。在北爱尔兰的贝尔法斯特，他让有影响的新教徒和基督教徒走到了一起；在南非，他让黑人和白人走到了一起；在美国，他让健康领域的消费者和服务提供者走到了一起。他 85 岁时，进行了最后一次到苏联的旅行，在那里，他发表演说，缓和工场中的紧张，促进了沟通。他对有如此众多的苏联人了解他的工作而感到惊讶。罗杰斯因为其在解决南非及北爱尔兰的国家团体冲突中的工作，而被提名诺贝尔和平奖。

《当事人为中心治疗法之要义》①

一、当事人为中心治疗法之可预见的过程

　　我想让你们注意到的当事人为中心治疗法的三个独特成分，首先是这一方法在治疗过程中的可预见性。我们在临床和统计期间都发现，治疗过程有一个可预见的模式。我们最近对此感到确信无疑，是源于我在研究生的实习课中做第一次有记录的访谈时，在记录完毕之后，立刻指出了典型的一些方面，并同意为他们做以后的访谈，以便让他们看到咨询过程的后续阶段。后续的模式在其发生之前，我就非常确信它会是什么样，这一事实只是在我思考这件事时有一点印象。在临床上我们都习惯了这种可预见的特点，我们已经认为它是理所当然的。或许，对这一治疗过程做一个简要的概括性描述可以让那些我们觉得确定无疑的成分一目了然。

　　可以说，我们现在已经知道如何开始对适应不良的个体展开一系列复杂而可预见的事件，这一系列事件是具有治疗作用的，在大多数五花八门的问题情境中都是行之有效的。这一可预见的事件序列可以在心理咨询中通过语言来表现，可以在游戏治疗中通过象征性的语言来表现，也可以在

---

　　① 译者为各节标题添加了序号，有删改。

戏剧治疗或玩偶治疗中通过伪装的语言来表现。它在个人情境中是行之有效的，在小团体情境中同样屡试不爽。

为了展开和贯彻这种具有释放作用的治疗经验，可能有必要在此阐述一下必须满足的一些条件。下面简单列举了看起来应该具备的条件，以及这些条件发生时的治疗效果。

如果下面的条件出现，大多数情况下个人身上这种释放成长力量的经验将会接踵而至。

1. 如果咨询师的操作原则是：个人基本上能够对自己负责的，并且个人愿意保持那种责任感。

2. 如果咨询师的操作原则是：当事人有着强烈的动机要变得成熟、社会适应良好、独立、富有成效，并且依靠这种动力来寻求治疗变化，而不是依靠自己的权力。

3. 如果咨询师创造了一种温馨而宽容的气氛，使得个人能够自由地表达其可能拥有的任何态度和感受，而不管这些东西多么古怪、荒唐，或自相矛盾。当事人也可以随意收回自己说过的一切。

4. 如果有什么限制的话，也仅仅是对行为的限制，而不是对态度的限制。这一点主要用于儿童。儿童可能被禁止打破玻璃或离开房间，但是在感觉打破了玻璃上是自由的，并且这种感受也会完全被接受。成年当事人可能被禁止每次面谈超过一小时，但是其希望时间长一点的愿望也会完全被接受。

5. 如果治疗师在面谈中使用的程序和技术，仅仅是表明自己对当事人表现的情绪化的态度的深切理解和接受，这种理解可能最好是通过一种敏感的沉思和对当事人态度的澄清来表现。咨询师的接受既不代表同意，也不代表反对。

6. 如果咨询师克制与上述原则冲突的任何表达或活动，这意味着不提问、不追究、不责备、不解释、不建议、不提示、不劝说、不安慰。

如果这些条件都得以满足，那么可以肯定地说，在绝大多数情况下，会出现下面的结果。

1. 当事人会表达深层的具有动机作用的态度。

2. 当事人会比之前更为充分地探索自己的态度和反应，并最终意识到这些态度中自己之前否认的那些方面。

3. 当事人会更加清晰地意识到自己具有动机作用的态度，并更为彻底地接受自己。这种认识和这种接受性会包括之前被否认的态度。至于当事人是否会以语言来表达对自身及其行为的更为清晰的有意识的理解，则不一定。

4. 当事人基于其对自己的更为清晰的知觉，可能会自发地、负责任地选择新的更令人满意的目标，而取代适应不良的目标。

5. 当事人会选择一种不同的行为方式来实现这些目标，而这种新的行为会指向更大的心理成长和成熟。它也会是更为自发和放松的，与他人的社会需要更为和谐，它会表现出一种更为现实和更加舒适的对生活的适应。它将比当事人过去的行为更为整合，它会是个人生活向前迈进的一步。

对这一过程最好的科学描述，可见于施耐德（Snyder, 1945）的论述。施耐德通过分析大量的以严格客观的研究技术处理的个案，发现这些个案的发展变化大同小异，情绪宣泄是最初的阶段，而取而代之的阶段中，领悟是其最重要的成分，接下来的阶段则以积极选择和行动的增加为特征。

在临床上，我们知道，这一过程有时候相对比较表面化，主要包含了对某个当前的问题新的重新定向，而在其他情况下，就较为深入，涉及人格的彻底重新定向。在下面的情形中可以辨识相同的过程：一个在宿舍生活的女孩郁郁不乐，通过三次面谈可能就会看到反映其幼稚和依赖的东西，并且她会采取步骤走向成熟；一个处于精神分裂边缘的小伙子，通过三十次面谈才能够对自己希望父亲去死的愿望、对其想要占有母亲的乱伦冲动有深入的领悟，在这一过程中，他不仅会采取新的步骤，也会重建自己的整个人格。无论深浅，这一过程基本上是相同的。

我们现在明确地认识了这一过程中每个阶段的特征。我们知道，情绪宣泄包含了情绪化态度渐进的、更为完整的表达。我们知道，谈话的过程很典型地由表面化的问题和态度走向更为深入的问题和态度。我们知道，这一探索过程会逐渐揭示曾在意识层面被否认的那些相关态度。

我们也认识到，获得领悟的过程可能涉及更为恰当地面对现实（包括自己的内心以及外部世界）；涉及把相关的问题彼此相连（对行为模式的知觉）；涉及对自我中迄今被否认的那些成分的接受，以及自我概念的重构；涉及新的蓝图的制定。

在最后一个阶段，我们知道，对新的行为方式的选择将会与重新组织的自我概念协调一致；把这些计划付诸实践的最初步骤虽然微不足道，却有象征意义；当事人只会感受到最低程度的信心，使其能够把自己的计划付诸实施；稍后的步骤会越来越彻底地建构起新的自我概念，并且，这一过程在治疗面谈结束以后仍然会持续不断。

如果这些阐述太过自信，听起来"好得难以置信"，那么，我只能说，这当中很多方面我们都有研究支持，并且我们正在尽快地通过自己的研究来让这一过程的各个阶段都可以得到客观的验证。在临床工作中，使用当事人为中心治疗法的人都认为这种可预见性是一种确定的特征，尽管我们认识到还有必要做更多的研究来让这一图景更加丰满完美。

正是这种可预见性的意义让人感到惊讶。无论何时，在科学上，一个可预见的过程一旦被发现，那么它就可能成为一系列新发现的起点。我们认为，就治疗中的这一可预见的过程而言，这不仅仅是完全可能的，而且是不可避免的。因此，我们认为非指导性治疗法的这种有秩序的、可预见的本质，是其与其他方法最明显的不同和最重要的区别之一。其重要性不仅仅在于它的与众不同，而且在于它指出了一个截然迥异的未来——对这一清晰无误的事件链的科学探索将会带来很多的新发现、发展和应用。

二、当事人能力的发现

自然而然产生的问题是，在治疗师只是起到一种催化功能的治疗程序中，为什么会有这种可预见性呢？基本上，产生治疗过程的可预见性的原因在于发现（对这个词的使用我是有意为之）驻留在当事人内心中的建构力量，而其强度和一致性要么是完全没得到认识，要么是被大大低估了。看来恰恰是治疗师对当事人心中那些力量清晰明了而训练有素的信任，导致了治疗过程的有序性，以及其在不同当事人之间的一致性。

　　我说过，我认为这是一个发现。我愿意对此详加阐述。几个世纪以来，我们都知道，情绪宣泄和情绪释放对人的心理健康是有帮助的。很多新的方法已经并正在被开发出来，以引导这种释放，但是，其基本原则未见新意。同样，我们也知道自弗洛伊德时代以来，领悟（如果被当事人接受并同化）是有治疗作用的。这一原则是老生常谈。同时，我们也认识到，修正过的活动模式（即新的行为方式）可能是领悟的一种结果。这一原则也是陈词滥调。

　　但是，我们并不清楚或未认识到，大多数人内心存在着成长的力量（即自我实现的趋向），它可能是寻求治疗的唯一动机。我们并未认识到，在适当的心理条件下，这些力量会在最有利于当事人的领域以最有利于当事人的节律带来情绪的释放。这些力量会驱动当事人去探索自己的态度及其与现实的关系，并且是行之有效地探索这些领域。我们仍未认识到，当事人有能力以一种并不会引起痛苦的节律去探索自己的态度和感受，直抵对恰当的适应而言所必需的深度。当事人有能力真正地、自发地发现和知觉到自己种种态度之间的交互关系，以及自己与现实之间的关系。当事人有能力和力量去设计相应的步骤，而不是在他人指导下，这些步骤可以引导其走向更加成熟和舒适的与现实的关系。当事人为中心治疗法对个人内心这些能力的认识，是一个逐渐增长的过程，我认为，可以用"发现"一词冠之。如果有合适的心理气氛，我所讨论的所有这些能力都会由当事人释放出来。

　　当然，当事人为这种力量需付口舌之劳，并需要利用其内心存在的追求独立的强烈欲望。精神病学家、心理分析家以及处理个案的社会工作者都已经强调了这一点。然而，从人们所唠叨的，甚至是从被引用的个案材料中可以清楚地看到，这种信心是极其有限的信心。正是这种信心使得当事人能够在专家的指导下，相信自己能够同化最初由专家点拨的领悟，在关键时刻得到指导的话，就能够做出决策。简而言之，它与母亲对青少年的态度是同一类型的，即如果母亲看到孩子走上了她所认可的轨道，她会相信孩子有能力自己做决定，并把握自己的生活。

　　这在亚历山大和福伦奇（Alexander & French, 1946）关于精神分析的最新著作中可以轻易地找到。尽管精神分析过去的很多观点和治疗法已经被遗弃，并且其程序与非指导性治疗法几乎如出一辙，但毫无疑问，仍然是由治疗师掌控一切。他会给出领悟，他也随时会在关键时刻指点迷津。因此，尽管作者声称治疗师的目的是要让患者自由地发展自己的能力，是要提升他们以自己和社会都接受的方式来满足其需要的能力，并且，尽管他们认为竞争与合作之间的基本冲突是个人必须自己解决的，认为对新的透彻领悟的整合是自我（ego）的基本功能，然而，正是在他们谈论自己对其毫无信心的程序时，当事人却表现出摆平所有这一切的能力。因为在实践中，"只要治疗师扮演我们所倡导的积极角色，系统性的规划就变得不可或缺。除了一开始要针对不同的个案确定治疗中准备使用的特定策略，我们也推荐有意识地灵活使用各种技术，转变策略以迎合当时的特定需要。在这些对标准技术的修正中，不仅仅是使用了自由联想法，也使用了更具有指导性质的面谈，操控了面谈的频率，对患者的日常生活进行了指导，在准备结束治疗时使用了或长或短的打断，调控了移情关系以满足个案的特定需要，并且把真实生活的经验用作了治疗的一个整合部分"。至少这让治疗过程到底是当事人的时刻还是治疗师的时刻的问题毫无悬念了，显然是后者。当事人要发展的能力显然不是在治疗时段内来完成的。

当事人为中心治疗法中治疗师则是站在相反的一极，其理论和实践均如此。他已经了解，当事人内心的建构力量是可以信任的，并且，对此越是倚重，其释放就越是彻底。他最后确立的程序是基于这样的假设（它们很快就成了事实）：当事人知道其准备探索的重点领域；当事人对最适合的面谈频率能做最好的评判；当事人能够比治疗师更加有效地深入所关注的领域；当事人可以通过终止对使其变得痛苦的领域的探索，来保护自己；当事人为了建立起一种舒适的适应，能够并且会揭开所有必要的被压抑的成分；当事人自己能够获得更为敏感和准确的领悟，并不逊于他人给予的点拨；当事人能够把这些领悟转化为建构行为，会现实地权衡自己的需要、愿望与社会的要求；当事人会知道什么时候结束治疗，并做好准备独自面对生活。对所有这些或将释放的力量而言，只有一个条件是必要的，那就是在当事人与治疗师之间有适当的心理气氛。

我们的个案记录和日积月累的研究都支持这些观点。有人可能认为，人们会对此发现有一种一般性的赞许反应，因为它事实上相当于打开了几乎未使用过的、巨大的能量池。然而，在专业团体中，看法却恰恰相反。当事人为中心治疗法与这种强劲的能量发作风马牛不相及。看来，对很多专业人士而言，令人烦扰的想法是，在他们把专业技能运用于其身上的当事人，实际上对自己内在心理自我的认识可能比治疗师知道的还多，并且，当事人拥有的建构力量使得治疗师所付出的努力相比之下显得微不足道。愿意完全接受当事人具有这种力量，以及它所蕴含的治疗程序的重新定向，是当事人为中心治疗法与大多数其他治疗法最泾渭分明的方面之一。

三、治疗关系之当事人为中心本质

这种治疗法的第三个明显特征是治疗师与当事人之间关系的特点。与其他治疗法中治疗师的技能会对当事人发挥作用不同，在这种方法中，治疗师的技能聚焦于创造一种使当事人能够发挥作用的心理气氛。如果咨询师能够创建一种气氛，充满温馨、理解、安全（不会受到任何即使是微不足道的攻击），以及对当事人本身有基本的接受，那么，当事人就会解除其先天的防御，并利用这一情境。在我们对一种成功的治疗关系的特征感到一头雾水之时，我们终于感受到沟通的意义至关重要。如果当事人觉得实际上是在与自己现在的态度（它们可能肤浅、迷惑或冲突）进行沟通，并且其沟通是被理解而不是被以任何方式评价，那么他就会放松地进行更为深入的沟通。当事人在其中感到自己正在沟通的一种关系，几乎肯定是能够结出累累硕果的。

所有这些都意味着治疗师的思维要大破大立，尤其是治疗师之前使用的是其他方法。他渐渐地会了解到，时间应该是"当事人的时间"这一论断的恰如其分的意味，并且，他最大的任务就是让这一点越来越落实到位。

也许这种关系的特征的某些东西可以通过一位年轻的学员所撰写的论文节选来说明，这位学员花了几个月的时间来学习当事人为中心咨询程序：

"因为当事人为中心的、非指导性的心理咨询方法已经有了精心的界定和清晰的阐述，所以，它会造成'简单性的错觉'。这种技术让人误以为可以信手拈来。然后，你就开始付诸实践。一字之误，错漏百出。你并没有仔细思考感受，取而代之的是内容，面对问题时这将难以奏效。你试图进行解释：看起来无伤大雅，之后的做法不必调整。也许你正陷入扮演两个角色的麻烦——一个是学员，另一个是咨询师。这个问题在课堂上提出来，然后似乎又被轻而易举地解决了。但是，这些明显反映的是一些错误，并且某种反应粗鲁的人似乎极其固执。

"渐渐地才会明白，如果这种技术确定无疑，那么它是要求有一种温馨的感受的。你开始觉得，态度才是决定一切的。如果你对当事人有正确的接受和宽容的态度，任何言语就都不重要了。所以，你会把重点放在宽容和接受上。打死你，你也要宽容地接受你的当事人！

"但是，你仍然会有一些来自当事人的麻烦问题。他根本不知道下一步做什么。他要你给他一点暗示，一些可能性，毕竟你期望知道些东西，还有为什么他会在这儿。作为学员，你应该确信人们应该相信的一些东西，确信他们应该有的行为方式。作为咨询师，你应该对消除这种障碍有所认识——你应该有类似于外科医生手术刀一样的东西，并运用自如。然后，你会感到惊讶。这种技术不错，但是，……这样就足够了吗？它真的能够在当事人身上起作用吗？在你可以给当事人指点出路时，却让他孤立无助的做法对吗？

"因此，对我而言似乎到了关键时刻。'狭窄之处才是门'，接下来的路充满荆棘。没有任何人会给你满意的答案，即使导师们也显得束手无策，因为他们在你特定的个案中似乎也难有作为。因为此处所要求于你的是任何他人无法做的，或为你指出的——对你自己以及你对他人的态度进行严厉的细致审视。你相信所有的人真的都具有创造的潜力吗？每一个人都是与众不同的个体，他能独自磨砺出自己的个性吗？或者，你真的相信某些人'一钱不值'，另一些人软弱无能，必须由'智者'或'强者'来领导和教导吗？

"你开始看到，这种心理咨询的方法并非支离破碎的。它不仅仅是心理咨询，因为它需要最彻底、敏锐和综合的一致性。在其他方法中，你可能会形成一些工具，在需要的时候随时取用。但是，当真正的宽容和接受成为你的工具时，它仅仅是要求一个完整的人格，除此之外，别无他求。自我的成长才是当务之急。"他进而讨论了咨询师必须有所克制及"自我否认"的概念。他的结论是，这是一个错误的概念。

"当事人为中心的心理咨询在这种情况下并不是对咨询师的人格一无所求，相反，在某些方面，它要求得更多。它要求的是纪律，而不是克制。它呼吁最大限度的以及受到规范和纪律约束的敏感性（欣赏意识）。它要求咨询师把自己拥有的所有宝贵品质都投入到这一情境中，但是是以一种有纪律的、精炼的方式。唯一的克制是，咨询师不会在特定的领域内表现自我，即使其在其他领域可以这样。

"然而，这一点有些让人迷惑不解。与其说在任何领域都不需要克制，还不如说它是专注而敏感化的个人能量和人格，其方向是一种欣赏性和理解性的态度。"

随着时间推移，我们现在更加强调这种关系的"当事人为中心性"，因为，如果它越有效，咨询师就能越彻底地集中注意力于尝试把当事人理解为"当事人看到的自己"。在我回溯我们早期发表的一些个案时——我的著作中布莱恩的个案或者施耐德的 M 先生个案，我认识到，我们已经逐渐地减少了细微的指导性的痕迹，而这在其他的个案中是显而易见的。我们已经认识到，如果我们能够对此时此刻当事人看待自己的方式给予理解，那么剩下的事情他就能够自行解决了。治疗师必须把自己对诊断的专注以及自己对诊断的敏锐置之脑后，必须抛弃进行专业评价的倾向，必须停止对精确的预后进行构想的努力，必须放弃对当事人稍加指点的诱惑，必须把注意力集中在唯一的目的上——在当事人一步步探索步入其意识一直否认的危险区域的时候，对当事人此时此刻意识到的态度给予深深的理解和接受。

我相信这些描述可以让我们明白，只要咨询师能够深深地、真诚地接受这些态度，那么这种类型的关系就能够存在。当事人为中心的心理咨询虽然可能有效，但不能是一种技巧或工具。尽管它看似让当事人进行自我指导，但它并不是一种指导方式。要想有效，它就必须是真诚的。我认为，正是治疗关系中的专注敏感而真诚的"当事人为中心性"，恰恰是非指导性治疗法的第三个特征，使得它与其他方法截然迥异。

四、某些弦外之音

尽管当事人为中心治疗法的缘起纯粹是在心理临床的范围内，但是它却对形形色色的领域产生启发意义。我想提出目前已经清楚的以及潜在的几方面。

在心理治疗领域内，它得出的结论似乎是异端邪说。很明显，治疗中的训练和实践可能应该是先于诊断领域的训练。诊断知识和技能对于好的治疗而言并非必要，对很多人来说这一论断听起来像亵渎神明一样，并且，如果专业工作者，无论是精神病学家、心理学家或是个案工作者，都首先接受治疗中的训练，那么他就会以真正的动力学的学习方式学习心理动力学，并获得一种专业的、向自己的当事人学习的谦卑和意愿，这在今天已经是寥寥无几了。

这种观点似乎对医学有所启示。让我着迷的是，我看到当一位著名的过敏症专科医生开始学习使用当事人为中心治疗法来治疗非特定的过敏症时，他发现，不仅治疗效果非常好，而且这种经验开始影响其整个的医疗实践。渐渐地，他的工作程序也发生了重组。他对自己的护士进行一种新的训练，以理解病人。他决定以受过非指导性技术训练的非医学背景的人的角度，梳理所有的医学记录，目的是真正把握病人对自身及其健康的感受和态度，这些东西在医生处理这些记录并无意中由于自己不成熟的判断而扭曲了事实时，曾被几乎不可避免的偏见和诊断评价所清理。他发现以往医生从这些记录中获取的帮助仅仅是九牛一毛。

当事人为中心的观点已经证明，其在调查访谈以及对公众意见的研究领域有着重要的启示。李克特（Likert）、拉扎斯菲尔德（Lazarsfeld）以及其他人对这种技术的使用，也就意味着这类研究中的偏见因素已经被清除得所剩无几了。

我们相信，这种方法也对社会及团体冲突的处理有着深远的启示，我在另一篇文章中已经谈到。我们把当事人为中心观点运用于团体治疗情境中的工作，尽管仍处于初始阶段，却让我们感到建设性地解决团体中的人际摩擦及文化摩擦，仿佛已经可以手到擒来。这些程序正被广泛运用于职员团体、跨种族团体以及有人际问题和紧张的团体。

在教育领域，当事人为中心的方法也找到其重要的用武之地。坎特（Cantor，1946）的工作（详细的描述即将出版）就是这方面的突出代表，但是，大量的教师正发现，这些为治疗而设计的方法产生了一种新型的教育过程，它是一种非常令人满意的独立学习，甚至是一种个人定向的重建，它与个体治疗或团体治疗中的结果如出一辙。

甚至在哲学的王国里，当事人为中心的方法也有其深刻的启示。我想简单地引述一篇旧文的内容来说明这一点。

在我们检验和试图评价自己基于当事人为中心治疗法的临床经验时，个体对其态度的重组和对其行为的重新定向的现象，显示了越来越突出的重要性。这一现象似乎发现了决定论中的不当解释，而决定论是大多数心理学工作的主导哲学背景。个体重组自己的态度和行为的能力，其方式既非外部因素决定，也非自己经验中先前的因素决定，而是由自己对这些因素的领悟所决定，这让人印象深刻。它涉及了一种基本的自发性，而我们在科学思维中一直对此不屑一顾。

临床经验可以总结为，人类有机体的行为可以由其所接触的影响因素决定，但是，也可以由对有机体自身具有创新性的、整合性的领悟所决定。当事人从对其产生影响的力量中发现新的意义的能力，从一直控制着他的过去经验中发现新的意义的能力，以及在这种新的意义的指引下有意识地改变其行为的能力，对我们一直未得以充分认识的思维有着深刻的重要意义。我们需要修正我们工作的哲学基础，转而承认个体内心存在着种种力量，其对基于先验的影响和条件所无法预测的行为，能够产生自发的、重要的影响。这些通过治疗的催化过程而释放的力量，难以通过对个体的先前条件的认识来好好解释，除非我们认定有机体内心中存在着一股自发的力量，它具备整合与重新定向的能力。这种对意志控制的能力，是我们在任何心理方程中都必须考虑的。

所以，我们发现的方法一开始仅仅是解决人类适应不良的问题，最终却迫使我们对基本的哲学概念进行重新评估。

五、总结

我希望通过这篇文章我已经把自己所信仰的东西传达了，也希望我们现在对当事人为中心的方法所知道的东西，或我们认为自己知道的东西，仅仅是一个开始，仅仅是打开了一扇门，它可以让我们看到一些非常具有挑战性的道路，看到一些充满机遇的领域。它就是我们的临床经验和研究经验的事实，一直指引着我们进入崭新的、令人兴奋的可能性。然而，无论未来怎样，已经清楚的是，我们正在谈论的是一些崭新的、重要的东西，它要求我们解放思想、全力以赴。如果我们现在对那些事实的概括准确无误，那么我们会说，一些重要的成分已经引人注目；我们会说，某些基本的态度和技能能够创造出一种心理气氛，让当事人内心的深层力量得到释放与利用；我们会说，这些力量与能力之敏感、坚毅，超乎人们所能具有的想象。并且，我们会说，它们以一种有序的、可预见的过程释放出来，这可以证明社会科学中的一个基本事实的重要性，就如同物理科学中的定律和可预见的过程一样。

链接：《当事人为中心治疗法》简介

　　这是当事人为中心治疗法创始人罗杰斯对临床心理学界最具影响力的著作。该书分为 11 章，从三个部分描述了当事人为中心治疗法，即当事人为中心治疗法的实践与理论、当事人为中心治疗法的运用、心理学理论的启示，详细介绍了该疗法的产生、发展和前景，并通过案例记录的重现向读者展示了该理论运用的特点及原则，直观易懂。同时，书中对该疗法在社会生活如教育、公司管理中的运用的实例分析也颇具现实意义，如在游戏治疗、以集体为中心的治疗、以集体为中心的领导及管理、以学生为中心的教学等领域的应用。除了配有大量丰富的案例以外，专业水准高也是该书特色之一。该疗法最鲜明的特点是在治疗过程中要依靠当事人自己，从而使当事人实现更加有效的人格调整。

链接：《学习的自由》简介

　　这是人本主义心理学家罗杰斯的一部对全球教育具有积极意义的经典著作。全书分六部分共 18 章，第一版成书于 1969 年。作者在书中全面阐述了人本主义心理学"以学生为中心"的教育思想、教育实践和研究成果，强调教育改革的重要性，认为将心理治疗中的态度与技巧运用在教育领域可以促进学生的个人成长及有意义的学习。作者从师生关系、教师角色、学习途径、教学设计、教育政策、教育管理、教育目标、教育资源和教育改革等方面，运用翔实的案例、研究的结论和诠释的理论，论述了教师成为学习的促进者以及实施自由学习的可行性和有效性，带领读者分享了不同学科、不同年龄、不同对象、不同职位、不同区域、不同国家的教育工作者的成功案例和感人故事。书中所倡导的教育思想、实践及成果，时至今日仍对全球教育领域有着积极的现实意义，尤其对我国当前的教育改革和素质教育发展具有借鉴意义。

人本主义心理学家对心理健康思想的贡献

从罗杰斯的生平中我们可以看到，他早期开始涉足的心理学工作是临床心理学，后来提出了颇具创新性的心理治疗方法——当事人为中心治疗法。这一方法提出的理论基础是罗杰斯与众不同的对人的看法，这也使得它显得独树一帜。再往后，罗杰斯又把当事人为中心治疗法的理论观点进一步扩展延伸，认为它也适用于解决其他领域的问题，这一方面的工作最具代表性和影响力的是在教育领域的应用——以学生为中心的教育思想。进而，罗杰斯还试图用这一理论来促进人际冲突的解决，促进种族和解，促进人类和平。

一、当事人为中心治疗法的理论基础

（一）对人的基本看法

1. 人的主观性

罗杰斯认为，人基本上是生活在个人的主观世界之中的，即使他在科学领域或其他相似的领域中具有最客观的机能，这也是他的主观目的和主观选择的结果。在这里，他强调了人的主观性，这是在咨询与治疗过程中要注意的一个基本特性。人所得到的感觉是他自身对真实世界感知、翻译的结果。当事人作为一个人也有自己的主观的目的和选择，这也是当事人为中心一词出现的原因。

罗杰斯认为当一个人发怒的时候，总是有所怒而发，绝不是受到肾上腺素的影响；当他爱的时候，也总是有所爱而爱，并非盲目地趋向某一客体。一个人总是朝着自我选择的方向行进，因为他是能思考、能感觉、能体验的一个人，他总是要实现自己的需要。

由于罗杰斯相信每个人都有其对现实的独特的主观认识，所以他进一步认为人们的内心是反对那种认为只能以单一的方式看待真实世界的观点的。因此，当事人为中心治疗法强调了人的主观性的特性，为每个当事人保存了他们的主观世界存在的余地。

2. 人的实现的倾向

实现的倾向是一种基本的动机性驱动力，它的实现是一个积极主动的过程，不但在人身上，而且在一切有机体上都表现出先天的、发展自己各种能力的倾向性。在这一过程中，有机体不但要维持自己，而且要不断地增长和繁衍自己。这种实现的倾向操纵着一切有机体，并可以作为区分一个有机体是有生命的还是无生命的鉴别标准。

实现的倾向被看作是一种积极的倾向，它假定人具有引导、调整、控制自己的能力。当事人为中心治疗法有一种不变的诊断，即认为所有心理问题及困扰均是由于这种实现的倾向的阻滞所造成的。因此，咨询或治疗就是要排除这种障碍以重新确立起良好的动机驱力。

3. 对人的其他看法

罗杰斯认为，人基本上是诚实善良、可以信赖的。这些特性与生俱来，而某些"恶"的特性则是由于防御的结果而并非出自本性。而且，他认为每个人都可以做出自己的决定，每个人都有着实现的倾向。如果能够有一个适宜的环境，一个人将有能力指导并调整自己的行为，控制自己的行动，从而达到良好的主观选择与适应。这也是当事人为中心治疗法对人的看法的要点之一。

(二) 人的主观世界——现象场

在罗杰斯看来，与其说个体生活在一个客观现实的环境中，不如说他生活在自己的主观经验世界之中。这个主观的经验世界称为"现象场"。一个人在现实世界中如何观察，观察到什么，有什么感受，因人而异。因此，每个人的现象场都是独一无二的。而这个主观的经验世界才是这个人的真正的现实，因为他的行为、思想、感受直接由这个主观世界来决定。正是由于这个原因，才使得不同的人对同样的刺激、同样的事件会做出不同的反应。

现象场理论使罗杰斯做出了一个重要推论，而这个推论又成为他的治疗理论的指导原则之一。这个推论是：只有个人自己才能真正、完善地了解自己的经验世界，旁人（包括治疗者）永远不可能像当事人自己那样更好地了解当事人。这就是为什么治疗过程要由当事人来主导。

（三）自我

罗杰斯的自我理论是其人格理论的核心，因此罗杰斯的人格理论常被称为人格的自我理论。自我理论又是他关于心理失调理论的基础。

1. 自我的结构和内容

自我是个人现象场中分化出来的一部分，在一个人的现象场中具有核心意义。在罗杰斯看来，自我不等于自我意识，而是自我知觉（或意识）与自我评价的统一体。它的构成主要包括以下三个方面。

（1）个人对自己的知觉及与之相关的评价。

（2）个人对自己与他人关系的知觉和评价。

（3）个人对环境各方面的知觉及自己与环境关系的评价。

2. 自我的形成

在儿童最初的经验世界——现象场中，一切事件都是混沌一片的，孩子并没有"我"的概念。随着儿童与环境、他人的相互作用，他开始慢慢地把自己与"非自己"区分开来。有关自己的种种经验就在现象场中分化出来，形成了他的最初的自我。

在儿童开始有了初步的自我概念后，人的实现趋向开始转变为自我的实现趋向。孩子在自我实现这种基本动力的驱动下，在环境中进行各种活动，与他人发生相互作用。在这种活动和相互作用过程中，孩子会产生大量的经验。通过机体评估过程的自动作用，有些经验使孩子感到满足、愉快；有些经验使孩子体验到不满足、不愉快。孩子逐渐便在意识中赋予那些感到好受的经验以积极的评价，赋予那些感到难受的经验以消极评价。由于有了这种有意识评价的指导，孩子就在今后的活动中倾向于寻找、保持那些积极经验，回避那些消极经验。应该说，这样的发展是最理想的发展，因为孩子寻找的那些经验恰恰是有助于自我实现的经验。但是，有些特殊的情况会使得这种理想的发展受到干扰。

3. 价值条件和自我的异化

在孩子寻求的积极经验中，有一种是受到他人的关怀而产生的体验，还有一种是受到他人尊重而产生的体验。换句话说，孩子有了关怀和尊重的需要。不幸的是，这些需要的满足取决于他人。大多数父母总是根据孩子的表现，即孩子的行为是否符合自己的价值标准、行为标准，来决定是否给予孩子关怀和尊重。父母的关怀和尊重是有条件的，这些条件体现着父母和社会的价值观。罗杰斯称这种条件为价值条件。

儿童反复地从自己的行为后果体验这些价值条件，迟早会懂得什么是好行为，什么是不好的行为，怎样想、怎样做是好孩子，怎样想、怎样做是坏孩子。孩子会把这些价值观念内化，将它们变成自我构成的一部分。当这种内化了的价值观念和行为标准形成后，儿童人格发展中的一个重大事件就发生了：儿童的行为不再受机体评估过程的指导，而是受到内化了的社会价值规范的指导。或者更准确地说，儿童被迫逐渐放弃按机体评估过程去评价经验，而是依据自我中内化了的社会价值规范去评价经验。这意味着儿童的自我和经验之间发生了异化。

（四）心理失调和心理适应问题

当一个人的自我和经验之间出现了不一致的异化时，会发生什么事情呢？在罗杰斯看来，只要经验与自我之间存在不一致和冲突，只要个体否认和歪曲经验，这个人就存在心理失调。因此，几乎一切人都会体验到失调，只是程度轻重有差别罢了。失调程度较轻的人对经验较为开放，否认、歪曲经验的比重较小，客观、准确地知觉经验的比重较大。失调严重的人则相反。在当事人为中心治疗理念看来，所有障碍的根源都源于自我概念与经验之间的不一致或失调。内部紊乱最严重的达到精神崩溃，紊乱程度较轻的则表现为焦虑、恐怖和抑郁等情绪反应。总之，心理适应障碍的共同的基本特征就是这个人不再能像一个正常人那样有效地发挥其心理机能。

二、当事人为中心治疗法及其特点

罗杰斯创立的当事人为中心治疗法有其独到之处，这可以体现在其追求的目标、治疗的条件及治疗的基本过程等方面。

（一）治疗的基本目标

当事人为中心治疗法的基本目标可以说是"去伪存真"。"伪"就是一个人身上由其价值条件化了的自我概念及其衍生出来的生活方式、思想、行动和体验的方式。"真"就是一个人身上那些代表着他的本性，属于他的真正自我的思想、情感和行动方式。罗杰斯常用"变成自己"或"从面具后面走出来"这样的话来表达当事人为中心的治疗目标。

在当事人为中心理论中，治疗的目标主要是要与当事人建立一个适当的关系，来协助对方成为一个完全能自主的人。一旦去伪存真的工作得以完成，当事人似乎变成了新人，一个"充分发挥机能的人"，也就是说，当事人通常出现下列各种改变。

1. 对自己有较实际的看法。

2. 比较自信，有能力自主。

3. 能够对自己和本身的感受有较大的接纳。

4. 对自己有较积极的看法和评价。

5. 较少压抑自己的经验。

6. 行为上表现得较成熟，社会化良好，适应力较强。

7. 压力对自己的影响程度较低，较易克服压力和挫败。

8. 性格得到良性改变，自我统合能力也有所提高。

9. 对他人有较大的接纳。

总的来说，当一个人逐步走向自我实现时，罗杰斯认为他们会开放自己、信任自己，懂得按照自己内在的标准来对事物做评估。同时，也认识到人生其实是一个过程，我们应在这一过程中不断成长。

（二）治疗的基本条件

罗杰斯认为，在治疗过程中治疗者必须要创造一个良好的人际关系，提供足够的、高层次的基本条件，包括真挚、无条件的绝对尊重和正确的共情等，以便当事人善加利用自己所拥有的资源，产生建设性的性格改变。

1. 真挚

在当事人为中心的治疗理论中，真挚是三个基本条件中最重要的一个。治疗者应以真正的自己和当事人相处，不虚伪地保卫自己，也不扮演角色，而是让当事人体验到自己的真挚，在治疗过程中愿意和当事人分享个人的感受，甚至一旦对当事人产生某种独特的感受时，也能坦诚地告诉当事人。

2. 无条件的绝对尊重

无条件的绝对尊重是指治疗者要在对当事人没有任何要求和企图的心态中，向对方表示温情和接纳。它包含两个重要因素，其一是治疗者很珍视当事人，在过程中不停传达给对方一种温情和关心。其二是无条件的接纳和无占有欲的重视。实际上，治疗者在治疗过程中往往会发现当事人身上的不少问题是明知故犯、咎由自取的，因此会对当事人产生不满或否定的情绪，而这样一来治疗过程会马上中断。防止这种情况出现的基本条件是我们要明确，我们所接纳和尊重的是当事人这个人，并非他的行为。而且，对当事人的尊重并不等于批准和赞同当事人的不良甚至反社会行为与思想。对当事人的尊重是直接指向当事人本人，并非他的某些特殊行为。

3. 正确的共情

共情是整个治疗关系中最重要的成分。要达到正确的共情，治疗者首先要放下自己主观的参照标准，设身处地去从当事人的参照标准来看待事物和感受事物，从当事人的角度去看世界，和当事人站在同等的地位，体会当事人的内心世界。为此，治疗者应有如下表现。

（1）有能力和当事人全面地沟通。

（2）所做的回应经常切合当事人想要表达的意念。

（3）对当事人有平等的感受。

（4）能够了解当事人的感受。

（5）设法谋求了解当事人的感受。

（6）摸清当事人的思路。

（7）在语调上能反映出自己完全体会当事人的感受。

（三）治疗的基本过程与特点

罗杰斯在其工作的早期，曾就治疗过程提出过 12 个步骤。但他强调说，这些步骤并非截然分开，而是有机地结合在一起的。这些步骤归结起来就是：当事人前来求助，治疗者向当事人说明咨询或治疗的情况，鼓励当事人情感的自由表现，治疗者要能够接受、认识、澄清对方的消极情感；当事人成长萌动，治疗者对当事人的积极的情感要加以接受和认识；

当事人开始接受真实的自我，治疗者帮助当事人澄清可能的决定及应采取的行动；疗效产生，进一步扩大疗效；当事人全面成长，治疗结束。

当事人为中心治疗法的特点，可以概括为以下几方面。

1. 基本理念具有人本主义色彩

当事人为中心治疗的所有特点可以归纳为一点，即强烈的人本主义倾向。它相信人本质上是好的，有"善根"；相信人有向好的、强的、完善的方向发展的强大潜力；相信人能够自我信赖，自主自立；强调恢复和提高人的价值和尊严。

2. 重视当事人的主观经验世界

罗杰斯认为，一个人的主观经验世界是他的真正的现实。他从何处来，要往何处去，为什么痛苦悲伤，这一切都只有进入他的现象世界才能理解。所以，当事人为中心治疗法反对用一些外在的指标、标准来衡量、评估当事人。其理由除了认为这种诊断或评估容易使治疗者见"病"不见人，容易产生一种自大自负的治疗态度外，最主要的就是认为这种"从看台上观察当事人"的做法根本无法了解当事人独一无二的主观现象世界。

3. 反对教育的、行为控制的治疗倾向

当事人为中心治疗法的基本假设之一，就是当事人有能力自己发现价值，发现自己的问题，并有潜在的个人资源来获得价值，解决自己的问题。所以这种疗法反对治疗者耳提面命式的教导，摒弃由治疗者告诉当事人什么好或什么不好。同理，当事人为中心治疗法也不主张采用奖励、惩罚等行为控制手段来"治疗"当事人。总之，它反对一切对当事人施加影响的做法。

4. 由当事人主导治疗过程

由于治疗者总是不如当事人更了解他自己，所以，会谈的主题和方向应交给当事人掌握，由当事人选择。治疗者信任当事人有能力主导治疗进程，并且相信没有治疗者的指导性的干预，当事人能够更自由地进行自我探索，从而获得对自己最有价值的收益。

5. 治疗者做当事人的朋友或伙伴

在当事人为中心的治疗者看来，治疗者在会谈中能做的最好工作是创造一种气氛，一种能够让当事人（也包括治疗者自己）不感到有威胁和限制，能够自由地感受情感、探索自我的氛围。要做到这一点，首要的条件是建立、发展和维系双方之间的情感联系。因此，双方应该做摆脱角色面具的朋友，像一对到个人内心世界进行探险的伙伴。

在技巧方面，当事人为中心治疗法的主要技巧就是倾听，包括开放式咨询、释意、情感反应、鼓励、自我揭示等。当事人为中心治疗法很少用影响性技巧。实际上，当事人为中心的治疗者经常会遇到当事人要求给予指导、解释的压力，尤其在开始阶段当事人还不习惯这种无指导、不引路的咨询方式的时候。面对压力，治疗者一方面表示理解对方的不满，另一方面又"顽固地"不予指导。直到最后，当事人终于领悟到别人的指导不起多大作用，或者不再对获得指导抱希望，而端正态度靠自己，自己对探索负责。到了这个时候，会谈就比较有效率了。

三、当事人为中心治疗法的扩展——以学生为中心的教育

罗杰斯认为，当事人为中心治疗法可以应用到教育中。尤其是那些能够促进当事人发生积极人格和行为变化的条件，在教育中可以用来促进有意义的学习。

（一）对传统教育的批判

罗杰斯在对教育问题进行思考时，对传统教育提出了严厉批判，涉及教学过程、教育体制、政治等方面。他对传统教育的特点进行了综合概括（Rogers，1983；参见：江光荣，2000；方展画，1990）。

1. 教师是知识的持有者，学生被看成是知识的接受者。教的人和学的人在地位上有一道尊卑有别的鸿沟。

2. 讲授、根据教科书照本宣科以及其他一些言语性的教导方法被当成传授知识的主要手段，考试则是检查学生接受情况的手段。学校教育的方方面面几乎都围绕着考试运转。

3. 控制是学校政治的基本方面。在学校里，教师是拥有权力的人，学生的义务是服从；而学校的主管又是更大权力的拥有者，教师和学生都是服从者。

4. 课堂管理的基本策略是倚仗权威。新入职的教师听到的忠告往往是，上第一节课就要给学生一个下马威。

5. 信任被压抑到最低程度。教师极不信任学生，不相信他们会在自己支配的时间内主动学习，不相信学生在没有监管的情况下会表现良好。学生也不信任教师，对教师的动机、诚意、公平和公正及教师的能力都不信任。

6. 学生作为教育的主体时常处于恐惧中。虽然体罚减少了，但是挖苦嘲弄，甚至是言语侮辱造成的失败感，仍然笼罩着学校。

7. 在实际的学习和学校生活中，民主精神和价值被忽视。学生没法对教学目标、课程及学习方式发表意见，教师也无权决定校长的人选，而对政府的教育政策更是无法干预。

8. 偏重智能，废弃全面发展。比如，在小学阶段，学生强烈的好奇心一开始就被扼制，越往后越被磨灭殆尽；中学阶段应该要学习如何处理情绪问题，学习与异性的交往，但也都同样被忽视了。

(二) 以学生为中心的教育模式

1. 以学生为中心的教育的特点

罗杰斯认为，教育的目标是要帮助学生成为独立的人，所以，具体而言就是要培养能够从事自发的活动，并对这些活动负责的人；能够理智地选择和自我定向的人；成为批判性的学习者，能够评价他人所做贡献的人；获得能够解决问题的知识的人；更在意的是，能够灵活而理智地适应新的问题情境的人；在自由而有创造性地运用所有有关经验时，能融会贯通处理问题的方式的人；能够在各种活动中有效地与他人合作的人；不是为他人的赞许，而是按照他们自己的社会化目标工作的人。

因此，罗杰斯认为，与传统教育模式相比，以学生为中心的教育表现出以下特点。

第一，这种教育模式中有一个领导者（通常是教师），他对自己有足够的安全感和自信，从而使得他能够对学生有充分的信任，相信他们的自立、自律、向上、成长的能力。教师主要是起促进者的作用。

第二，教师和学生（有时也包括家长和社区人员）共同对学习进程负责。包括所有的相关事务，比如，确定课程进度、课堂规范以及班级管理措施等。其核心是分担责任。

第三，学习资料由促进者提供。学习资料可能是他个人的感受和经验，也可能是来自书刊文献或社区事件。他也可以鼓励学生提供自己的学习资料，以供全体学习者使用。

第四，学生根据自己的情况，比如兴趣、目的、基础等，独自或在别人的帮助下确定自己的学习计划。学生对自己的学习计划负责。

第五，教师带头或由他做出最初的努力，慢慢地在班级里培养一种能够促进学习的气氛。这种气氛的基本要素是真诚、关注和理解性的倾听。

第六，教学的关注点在于学生的学习过程，而不是教学的内容。也就是说，教师评价学习进度或效果时，主要是看学生在"学会学习"上取得的进步，而不是看该学的东西是否都全部学完了。

第七，纪律是为学生实现自己的学习目标而确定的，因而，它们实际上属于"自律"。外部规定的纪律被这样的纪律取而代之。

第八，学习的程度和价值首先是由学习者自己来评价，教师的评价只不过是给学生提供一个不同的参考。

罗杰斯认为，以学生为中心的教育所具有的这样一种"有利于成长"的气氛，可以使得学习进程加快，学习对个人的影响更为广泛，不仅仅是增长知识，而且在态度、情感等方面也会发生积极变化。

2. 以学生为中心的教育中的师生关系

如前所述，罗杰斯认为教学的目标并非知识甚至是技能的掌握，而在于过程，在于让学生保持和产生好奇心，让他们凭着兴趣去探索。而这就要求有新的教学方法，要求教师能够创造出一种让学生自由学习的气氛，这种气氛的实质则是师生关系。以学生为中心的教育中，师生关系表现出以下几方面的特点。

一是真诚。首先，教师是一个真实的个人，而不是"教师"（角色），会表现自己的喜怒哀乐，能够接受自己的各种体验，而且无论这些体验是积极的还是消极的，都不能强加到学生身上。教师可以喜欢或不喜欢学生的行为、功课，或者其他方面，甚至可以把这些感受告诉学生，但是，教师会让学生感受到，这种不喜欢并非针对学生本人，而只是针对其行为或功课。

二是珍视、接受与信任。这种特点所要表现的是无条件的积极关注。它意味着教师要对学生有发自内心的、无条件的珍爱和关怀，而且这种珍爱和关怀体现着对学生独立性的尊重。这样的教师既可以接受学生成功时的喜悦，也能够接受学生面对问题时的彷徨和害怕；既能够接受学生的自律自觉，也能够接受他们偶尔的分心；既能够接受学生有益于学习和成长的感受，也能够接受他们不利于学习和成长的感受。

三是共情理解。罗杰斯认为，共情理解往往是一般教师所缺乏的，即使这些教师对学生有关爱和尊重的态度。这要求教师以学生的眼睛来看世界和自己，不带评判的色彩，不把学生的表现与自己的好恶联系在一起。

对于上述三个特点，罗杰斯认为真诚是最为重要的，而这些态度都有赖于教师是否具有一种对人的基本信念：每个人都有一种向积极的、善的、强大的、建设性的方面发展的潜在能力。

此外，罗杰斯认为，教师除了应具备上述三种最基本的态度之外，从一个传统的教师转变为学习的促进者，还需要在以下几方面有新的认识和转变：教学过程不是"教"而是"促"，教师的注意力应该放在创造使学生感到自由和安全的学习气氛上；要明白有意义的学习对于学生而言是怎么回事，感到学习有兴趣、或很重要、或有价值、或有切身关系的学生，其学习过程是全副身心投入的；要重视学生的个别性，允许学生选择自己喜欢的题目和学习方式；要重视好奇心和创造力，教师对此要好好珍视，把保持和释放学生的好奇心作为重点。

四、当事人为中心治疗法的扩展——以人为中心的人类关系

罗杰斯认为，当事人为中心治疗法中的基本要素不局限于心理治疗领域，也适用于更为广泛的人与人之间的关系。在其生命的后期，他的注意力和视野跳出了心理治疗领域，进入了更为广阔的天地，包括教育、医疗、商业、社会工作以及管理，更进一步，他甚至涉足了种族、政治以及国与国之间冲突的解决。

（一）会心团体

第二次世界大战结束之际，大批军人退役回国，罗杰斯接受官方委托，要培训大批退役军人辅导员。形势所迫，罗杰斯决定以强化的团体经验方式来达到培训目的，要求学员每天做数小时的团体聚会，以增进自我了解，学习可能有助于与当事人相处的交往方式。这种做法获得了巨大成功。在 20 世纪 60 年代后，随着团体运动的发展，罗杰斯的这种团体经验得以广泛推广，以此方式开展的团体活动被称为"会心团体"（encounter groups）。

会心团体的规模从三四人到十几人不等，更大规模的团体则较少，每个团体都有一两位辅导员，罗杰斯称之为"促成员"（facilitator）。会心团体的聚会次数和私密程度也各有不同，几次至十几次的比较多。参加会心团体的人在一种慢慢培养出来的信任、关爱、自由和安全的气氛中进行自我探索、体验、表达、反馈，最后达到扫除个人成长和发展中的障碍，以及促进个人成长的目的。

罗杰斯于 1970 年出版了专著《卡尔·罗杰斯论会心团体》（*Carl Rogers on Encounter Groups*），他认为，会心团体的理念和实践与当事人为中心治疗法是一致的。概括而言，会心团体大体上有以下几方面的特点。

第一，信任团体和团体过程本身的力量。罗杰斯对会心团体的信任如同信任个人有成长、自我实现的趋向一样，会心团体组成之时，这些趋向就已经存在，随着团体过程的进行，这种力量会逐渐变成现实，逐渐发挥作用，引领团体的方向。

第二，让团体自己发展出它的目标和方向。罗杰斯认为，团体促成员的任务并非协助团体和团体成员建立团体的目标及个人的目标。相反，如果促成员把在团体内创造一种安全、信任的气氛作为关注点，那么团体就会慢慢地发现自己的目标和方向。

第三，会心团体活动过程的无结构性。罗杰斯主张极端无结构的团体活动。团体活动时，他只是以一两句话开头，绝不做长篇的介绍、指导，也不宣布任何的活动规则。随后的一切全看团体自己的发展，以及团体成员的互动情况。慢慢地，气氛会变得热烈，最终形成一种弥漫着信任、温情、关爱、安全和民主的气氛。

第四，真诚地面对小组和小组成员。在团体中间和与个别当事人面谈的时候一样，辅导员或治疗者都应该是真诚的。开始阶段，促成员可以多表达一些自己心里对别人的关注和接纳，以及促进别人成长的感受。小组发展得较为成熟以后，可以多表达一些属于自己的以及与自己成长有关的感受。

第五，共情理解。在会心团体中，罗杰斯最关心和用心去做的事，就是共情理解。罗杰斯在团体过程中非常关心的是，自己是否能够体会到团体成员的感受，他认为只要做到共情理解，就会对当事人有帮助，对团体有帮助。

（二）人类和平

罗杰斯认为，当事人为中心治疗法的基本理念和实践可以用于解决不同文化和民族之间的矛盾，帮助个人完全且充分地表达内心的想法、感受和情绪的实践，同样能够导致社会团体、族群、文化乃至国家之间关系的建设性改变。在20世纪70年代至80年代，罗杰斯以极大的热情投入到把以人为中心的理念运用于社会、种族和宗教冲突的解决，奔走于世界各地，帮助彼此敌视的各方领导人展开真诚的交流，增进相互之间的信任，以认真的交换意见来替代相互威胁和无理性的敌对行为。

罗杰斯的这种信念是基于三种基本假设：其一，一个人越是能够深入探索内心，就越可能了解自我，接纳自我，进而更可能把这种发现运用于他人身上。其二，一个人的成长和发展越接近于"机能充分发挥"，就越倾向于社会性的、建设性的行为，变得更宽容、更友善，不易成为种族主义者。其三，个人力量可以转化为协作性的力量。当个体能够清楚区分和体验到自己和他人的体验及感受，又能与别人融洽合一，个人力量就会转化为协作力量。

罗杰斯认为，要想通过团体过程来解决这些冲突，必须注意以下方面。一是参加团体的成员是以"个人"身份投入团体，而非以"角色"进入团体。其目的在于剥离社会、文化、宗教、政治等外在势力赋予人们的角色，更强调作为人的共同点，产生基于"人"的理解和关怀。二是有一位或几位熟练的促成员。他们能够很自然地在团体中创造出一种安全感，促成团体发展出真诚、关心和相互理解的气氛，进而使团体尽快出现非常个人化的体验和对体验的表达。三是情境及一些辅助条件。团体活动的环境和相关安排要让成员有安全感，比如避免采访和报道等。另外，如果有一些有助于产生轻松氛围的安排，则更好。四是要促成成员充分表达感受，促成共情理解。这一点和个别治疗时一样，只不过更加困难一些。

罗杰斯举办了很多这种促进和平和解的工作坊，包括在种族矛盾严重的南非、国家矛盾严重的中美洲、宗教矛盾严重的北爱尔兰等。这种工作坊让参加团体活动的很多人感到，和平并非不可想象，和平并非遥不可及。

五、结语

如前所述，罗杰斯于 1956 年获得美国心理学会授予的"杰出科学贡献奖"，当时对罗杰斯的评价是"因为（他）提出了一种原创性的方法来客观地描述和分析心理治疗的过程，因为（他）建构了一种可检验的心理治疗及其对人格和行为的影响的理论，因为（他）进行了广泛而系统的研究来展现这一方法的价值，并探索和检验了这一理论的意义。他富有想象力和毅力，在理解和修正个体过程中所涉及的难题时，灵活运用科学方法，使得这一令人感兴趣的心理学领域成了科学心理学的一部分"。

在 20 世纪 40 年代，人们咒骂罗杰斯"摧毁了精神分析的统一性"。因为当时心理治疗的理论体系是精神分析一家独大，从事心理治疗的都是精神科医生，他们的专业背景是医学而非心理学，心理学家没有资格做治疗；同时，心理治疗实践中则是强调医生的主导性。可是，罗杰斯建立了一种完全不同的方法：非指导性治疗法。这也意味着他向一统天下的权威发起了一场战争，不过他赢了。所以在今天，人们会有很多的方法可供选择。

此外，罗杰斯提出了新的伦理道德：对治疗过程进行录音必须得到当事人的同意。他也强调保密。这些伦理道德在今天已经被普遍接受，但在当时它还是新鲜事物。罗杰斯也首创了对心理治疗的过程和疗效进行实证研究。这在当时也是需要极大的勇气和创新精神的。

在罗杰斯生命的最后 15 年内，他把自己的方法应用到政治、培训政策制定者、领导以及冲突中的团体。要做出较好的决定，就应该基于对对方的共情。罗杰斯说，世界是"脆弱的"，他为和平而工作。在他 80 多岁的时候，他在匈牙利、巴西以及苏联等国家领导了大型的工作坊，在南非主持了沟通团体。罗杰斯说："我并不想找到一种'当事人为中心'的方法，我想找的是一种助人的方法。"（Gendlin，1988）这正是他一生研究与实践的真实写照。

第 3 章

埃里克森：

人生每个阶段都有不一样的需求

　　心理学界不少"大咖"都是久病成良医，在解决自己的问题之后提出了新理论。埃里克森也不例外，他自己在青少年时期就饱受角色混乱之苦。埃里克森最初并不知道自己的生父，但他的母亲和继父都是犹太人——中等身材，黑头发黑眼睛，只有他身材魁梧，金发碧眼。在这样的家庭里，他总是难以摆脱这种感觉：他不是父母的孩子，他的父母应该是"更好的父母"。这样的角色混乱无时无刻不在发生。"我到底是谁"这个问题，在年轻的埃里克森心中成了一个解不开的谜。在这样的谜团中，他慢慢长大并开始从事心理学研究，最终成为新精神分析学派的代表人物。他最主要的贡献是提出了"自我认同"的概念，创造了"自我认同危机"的术语；发展了弗洛伊德的人格理论，提出了心理社会性发展八个阶段的理论，认为"人生每个阶段都有不一样的需求"，每个阶段都有其特殊的社会心理任务，危机的顺利解决是人格健康发展的前提。

　　本章选译了埃里克森《心理社会性发展的主要阶段》一文，文中，埃里克森对早年使用过的术语和图表进行了回顾，并从人生发展的最后阶段向前追溯，重新梳理了贯穿一生的心理社会性发展阶段。本章还对埃里克森的心理健康思想进行了介绍，评述了埃里克森心理社会性发展理论的主要观点和基本原则，比较了他的理论与弗洛伊德理论的不同，并对其理论在学校心理健康教育中的运用提出了一些看法。

埃里克·埃里克森的生平事迹

埃里克·埃里克森（Erik H. Erikson，1902~1994）是美国人格发展心理学家，儿童精神分析医生，新精神分析学派代表人物。埃里克森祖籍丹麦，1902年生于德国法兰克福，1939年加入美国籍。他的主要贡献是首创"自我认同"（identity）（也译作"自我同一性"）概念，开创了自我认同在心理学领域研究的先河，因此，埃里克森被称为"自我认同研究之父"。埃里克森以自我心理学和心理社会性发展的模式闻名于世，尤其是针对"自我认同对角色混乱阶段"的系列研究影响深远。他的代表性著作有《童年与社会》（*Childhood and Society*）和《同一性：青少年与危机》（*Identity：Youth and Crisis*）等。虽然埃里克森谦虚地称自己是在弗洛伊德理论的"磐石"上创建了以自我认同概念为核心的生命周期理论，但毫无疑问他发展了弗洛伊德的理论，当之无愧为现代心理学界最有成就的精神分析学家。与弗洛伊德不同，埃里克森注重文化和社会因素对人发展的作用，将弗洛伊德的理论从潜意识上升到意识，从心理内部扩展到外部客观世界，从五阶段论扩展到人一生的发展，体现了毕生发展的观念。因此，心理学史学家墨菲借用柯尔斯的话说："如果要问谁代表今日世界精神分析自我心理学的锋芒，那似乎就没有多少理由不认为是埃里克·埃里克森。"

埃里克森的身世、成长经历、人格特质、所处的社会环境以及学术背景等因素对其观念、学说、思想的形成影响深远。埃里克森是个私生子，1902年出生于德国，父亲是丹麦人。在埃里克森三岁时，母亲与当地的犹太儿科医生洪伯格（T. Homburger）结婚，埃里克森一直把继父当作亲生父亲。但他微妙的不属于他家庭的感觉，随着青春期生理特征的变化而不断加剧，并成为现实。埃里克森的母亲和继父都是犹太人，但他却身材高大，金发碧眼，白皮肤，外形很像丹麦人。在学校里他被认为是犹太人，而在继父所在的教堂里，他又被视为异类。

在埃里克森的成长时期，反犹浪潮席卷整个德国，他既无法在德国人中找到自己的位置，又因为自己的丹麦长相，不被德国的犹太人所认同。

他的青春期正值一战爆发，作为德国人的埃里克森深为自己究竟该忠于德国还是丹麦感到困惑。出生、种族、宗教文化等问题困扰着这一时期的埃里克森，使他经历了人生第一次角色混乱，也促使他格外关注"我是谁？""我从哪里来？""我将往何处去？"这类自我认同问题。

埃里克森在 1968 年至 1975 年先后发表了三个版本的自传体小说，称自己生命的前 25 年里经历着信任对不信任，以及自我认同对角色混乱的危机。可以说，埃里克森的一生充满了角色混乱问题。后来埃里克森提出并一直关注"青少年自我认同危机"可能与这段经历有关。高中毕业后，埃里克森违背继父要他成为一名医生的愿望，选择游学欧洲并"寻找自我"，他学过绘画，曾先后两度进入艺术学校学习，但都没毕业就放弃了。

与很多心理学家不同，埃里克森早年没有受过正规院校教育，只进过文科中学和文科预科大学，后又在游学欧洲期间学习艺术、历史和地理。总体上看，埃里克森在校期间不是一个优等生，但却很有艺术天赋。埃里克森多年来一直沿用继父的姓，甚至在第一次写论文时还使用埃里克·洪伯格的名字，直到 1939 年他加入美国籍时，才改姓埃里克森。

1927 年，25 岁的埃里克森应同学之邀到维也纳的一所小学担任美术教师，那个小学的学生都是弗洛伊德的病人和朋友的孩子，他也因此结识了弗洛伊德的女儿安娜·弗洛伊德。在安娜的邀请下，他到维也纳一家新式学校进行儿童教学工作，并以每月支付 7 美元的培训费接受安娜的精神分析训练。这一时期对埃里克森非常重要：第一，他系统地学习了弗洛伊德的理论，并有机会了解新精神分析代表人物如哈特曼（H. Hartmann）、沙利文（Sullivan）等有关自我心理学的主要理论；第二，安娜的精神分析理论与他父亲的理论不同，在诸多方面都有独特建树，对埃里克森产生了深刻影响。为表达对安娜的感激之情，埃里克森于 1964 年把自己的著作《洞察力与责任感》献给了安娜。

1927 年至 1933 年在维也纳的几年，是埃里克森重要的人生转折期。这期间埃里克森除了获得精神分析的训练，建立系统的弗洛伊德思想体系，以及选择了心理分析师的职业之外，还找到了在今后生活中坚定支持自己的人生伴侣，同校任教的加拿大籍教师谢尔逊（J. M. Serson）——一位舞蹈家和人类学家，并有了自己的两个孩子。这一时期是埃里克森的转折期和确定未来发展方向的关键时期，曾是艺术家的他成为了一个精神分析师，被吸纳为国际精神分析协会的常规会员，从此迈入精神分析这扇玄妙而深奥的大门。埃里克森获得的维也纳精神分析研究所的毕业证书，也是他接受的唯一正规高级的学校教育。因为埃里克森从没获得过高级学位，所以他成为弗洛伊德所认为的精神分析学家不必攻读医科专业观点的范例。

1933 年至 1950 年是埃里克森人生的第三个阶段，也正是在这个阶段，他逐渐形成了心理社会性发展阶段理论。1933 年，为躲避纳粹的迫害，埃里克森全家迁居丹麦，后又迁往波士顿，他以精神分析家的身份开设心理诊所，成为该地第一个儿童精神分析学家。埃里克森还在墨里（H. Murray）主持的哈佛医学院神经精神病学系任研究员，并被哈佛医学院录取为心理学哲学博士候选人，但几个月后他就放弃了。

1936 年到 1939 年，埃里克森在耶鲁大学医学院任职。期间，埃里克森研究了正常儿童和情绪紊乱儿童的心理健康问题，结识了一批有名望的人类学家，如本尼迪克特（R. Benedict）和米德（M. Mead）。1938 年，在两位文化人类学家的帮助下，他前往南达科他州苏语印第安人的松树岭居住地（Pine Ridge Reservation）进行实地考察，观察了他们抚育子女的情况，并对当地儿童首次进行了文化对心理发展影响的研究。

1939 年至 1944 年，埃里克森参加了加利福尼亚大学伯克利分校（即加州大学伯克利分校，简称伯克利）儿童福利研究所有关"儿童指导"的纵向研究，这项研究涉及人生各发展阶段冲突的解决，以及儿童游戏的性别差异等。从 1942 年起，他一直担任该校的心理学教授，同时抽空到上游的加利福尼亚海滨调查另一个印第安族尤洛克（Yurok）渔民。对苏语印第安人和尤洛克人的人类学研究使埃里克森进一步认识到社会文化因素在人格形成中的重要性，这种认识渗透在他的整个理论之中，促使其人格发展阶段理论的逐渐形成。1950 年，在反动的麦卡锡时代阴影的笼罩下，加利福尼亚大学要求教职员工进行反共忠诚宣誓，埃里克森因拒绝签名被免职。后来，加利福尼亚大学发现他"政治可靠"，准备重新授予他心理学教授职位，但遭到埃里克森的拒绝，因为其他教授也因同样的"罪名"被免职了。

整个 20 世纪 50 年代是埃里克森生命的第四个阶段。1950 年，埃里克森离开加利福尼亚州，同年出版著作《童年与社会》，该书描绘了他的人生发展八个阶段理论，1963 年再版时又进一步对这些阶段在不同文化中如何各有不同表现方式进行了阐述。该书高度强调了社会和文化因素对人类发展的重要性，对自我认同、自我认同危机、心理社会延缓期等概念进行了初步探讨，并详尽论述了自我的功能。该书及其后的一些著作，创立了关于儿童发展的新学说，形成了"自我心理学"的新学科。1951 年至 1960 年，埃里克森居住于马萨诸塞州的斯多克桥，在奥斯丁·里格斯中心（Austen Riggs Center）（情绪紊乱青少年治疗中心）任高级教员，专门从事情绪障碍青少年的治疗工作，并在匹兹堡大学医学院讲授精神病学课程。

链接：生平重大事件

1902 年	出生于德国法兰克福，父亲是丹麦人，但母亲和继父都是犹太人。
1927 年	应同学之邀到维也纳一所小学担任美术教师，因此结识了弗洛伊德的女儿安娜·弗洛伊德。
1933 年	为躲避纳粹的迫害，全家迁居丹麦，后又迁往波士顿，并以精神分析家的身份开设私人心理健康诊所。
1936 年	离开哈佛，到耶鲁大学医学院任职。
1939 年	参加了加州大学伯克利分校儿童福利研究所有关"儿童指导"的纵向研究。
1942 年	担任加州大学伯克利分校心理学教授。
1950 年	出版著作《童年与社会》。
1960 年	被聘为哈佛大学人类发展学教授。
1970 年	退休。
1994 年	病逝于美国马萨诸塞州哈维克。

1960 年至 1970 年是埃里克森人生发展的第五个阶段，这期间埃里克森被聘为哈佛大学人类发展学教授，讲授"人类生命周期"课程，深受研

究生欢迎。他的研究和著作主要以他的新学说为基础并着重研究自我认同问题。他于 1970 年退休，于 1994 年病逝。

《心理社会性发展的主要阶段》①

一、关于使用过的术语和图表

重提整个生命周期的心理社会性阶段的顺序，是想对我和琼·埃里克森早年提出的术语有所交代，这些术语包括希望（hope）、忠诚（fidelity）以及关爱（care）等。我们认为，它们产生自三个重要人生阶段心理社会性力量和谐与不和谐趋势的对抗：希望来自婴儿期信任与不信任的对立；忠诚来自青春期自我认同与角色混乱的对立；关爱来自成年期繁衍与停滞的对立。长期来看，大部分术语并非毫无关联地宣称它们代表基本品质。实际上，它们对青年人是否有资格进入世代循环以及成年人是否已合格地结束它做了判断。

总之，我准备援引拉帕波特（D. Rapaport）② 最近对这些术语的理论"仲裁"。他竭力想把我牢牢地置于自我心理学的位置，并警告读者道："埃里克森的理论（像弗洛伊德的多数理论一样）涉及现象学的、特殊的临床心理分析的心理学命题，缺乏系统的区分。因而，该理论术语的概念地位仍很不清晰。"此处读者可能知道他在说什么。但如果我们承认仪式联结了发展中的自我和它们共同的精神气质，那么现存语言就是仪式的最佳形式，因为它们表达了普遍人性以及通过仪式化互动所传递的价值标准的文化特殊性。因此，当我们走近人性力量的各种表象时，在同代人之间被熟练使用的现存语言中的日常用语，就成了最好的交谈基础。

更具体一些，如果从心理发展的角度看，我们把希望、忠诚以及关爱看作是婴儿期、青春期以及成年期等重要阶段产生的人性力量或自我品质，那么，我们就不该为希望、信心（faith）和仁慈（charity）具备如此

---

① 译者为各节标题添加了序号，有删改。

② 大卫·拉帕波特是心理分析学派心理学家，他尝试将心理分析与主流心理学合并。译者按。

巨大的信念价值而惊讶不已（虽然当我们意识到它时的确如此）。诚然，多疑的维也纳式的读者将受到提醒，当奥地利皇帝应邀视察新建成的、浮夸的巴洛克风格的纪念碑模型时，曾以权威的口气宣称："你们要对较低的左角有更多信心、希望以及仁慈！"实际上，当指向最高的精神抱负时，这些业已证明的传统价值必须从它们模糊的原点出发，寻找与最初人性力量发展的某种联系，它将成为不同传统和语言所追求的类似事物中最有教益的东西。

实际上，当我谈到世代循环时，我请教过卡卡（S. Kakar）① 印度语中对"关爱"的说法。他回答说，还找不到一个确切的词，但据说成年人通过练习 Dama（节制）、Dana（宽容）以及 Daya（怜悯）来完成任务。我要说的是，这三个词较好地翻译了日常英语中"谨慎"（to be careful）、"照顾"（to take care of）以及"牵挂"（to care for）（Erikson，1980：a）。

正如我们在第二章中所指出的那样，重提这些处在发展阶梯上的被渐成性（epigenetic）观点所暗示的阶段的顺序可能会有所帮助。尤其当我打算直接从成人期的最高水平讨论心理社会性阶段，而并不总是"从开始处再来一遍"时，快速而又能消除疑虑地审视通往心理社会性阶段的整个阶梯十分重要。为列出希望和忠诚之间以及忠诚和关爱之间的人性力量名单，我们假定（和主要发展阶段有紧密联系）前者通往意志（will）、目的（purpose）和能力（competence），后者通往爱。不仅是关爱，甚至是智慧（wisdom）。图表在它的纵轴上解释了每个阶段（即使是智慧）是建立在所有前面阶段的基础之上的；而在水平方向，每个美德的发展成熟（以及心理危机）对所有"较低水平"和已经发展的阶段，以及与较高水平和仍在发展的阶段具有同样的内涵意义。关于这一点怎么说也不为过。

另一方面，我们可能要问：如何发现渐成性原则在描绘心理社会现象全貌时是如此应用的？这是不是意味着提供的是不包括组织力量对社会个体影响的生理成熟过程呢？答案必定是：人生阶段自始至终和生理成熟过程联系在一起，甚至当它们仍要依赖人格发展的心理进程和社会进程的道

---

① 萨迪尔·卡卡是印度知名心理学家，也是《印度人物志》（The Indians：Portrait of a People）一书的作者。译者按。

德力量时也是如此。

那么，人生阶段的渐成性本质就可能在所有术语的语言一致性上得到反映。实际上，希望、忠诚和关爱这些词里都包含着证实发展含义的内在逻辑。希望是"可期待的愿望"，它与唤醒某种强烈期待体验的模糊本能冲动一致。这也和我们的假定吻合，即第一个出现的基本力量和自我发展的根源，来自信任对不信任的冲突。作为能引起联想的一种语言含义，希望甚至和意味着猛然行动的"跳跃"联系在一起。我们总是尽可能地提到这一事实，即柏拉图认为所有游戏模型都是年轻动物的跳跃。不管怎样，期望总是在有准备的想象或微不足道的初步行动中，赋予将来预期以一种吸引人的、预计会发生跳跃的飞跃感。这种无畏必须依靠信任，这是一种相信一定会，真正地却是象征性地受到母亲般关爱的滋养，当遭受一些重大烦恼或威胁时，必定会在有能力的安慰中获得重建的感觉，即德意志式的安慰（the German Trost①）。相应地，关爱体现的是一种"爱护"和"关心"那些在无助中发出绝望讯息的人的本能念头。青春期作为童年期和成年期的中间时期，出现的品质是忠诚，它不仅是较高水平的信任（以及信任自己）能力的重建，而且是可被信赖的宣言，以及承诺无论意识形态上属于何种派别都忠心于某种事业。而如果缺乏根深蒂固的忠诚，就可能导致出现这样一种弥漫性的缺乏自信或者公然挑衅的典型态度，甚至会忠实地依附于缺乏自信或者公然挑衅的小集团和事业。因此，信任和忠诚不仅在语言上而且在渐成性上联系在一起，当面对处于青春期最令人恼火的年轻人时，我们会特意退回到早期发展阶段，为的是重获（除非他们已经完全失去）某些再次向前跳跃的早期希望的基础。

我本意是指出信心、希望和仁慈这些普适价值的心理发展逻辑，但这并不意味着要依次还原至婴儿期的根源。在一定程度上，它让我们思考显现的人性优点是如何逐步地、本能地被人性的脆弱和原始的罪恶围攻，前者不断地需要我们有治愈的洞察力，后者则要求我们建立普遍的信念体系或意识形态等弥补性价值观。

---

① Trost 为德语"安慰"。译者按。

因此，某种程度上受到了鼓励，我们准备介绍心理社会性阶段。而且如我所说，这次将从最后阶段开始，即我们图表的大字标题——这不仅出于教学法的技巧，也是为了图表的进一步逻辑化。

二、最后的阶段

老年期的主要冲突和最后危机的主题我们称之为完善对失望。大标题已标明这是整个生命阶段的结束（在时间和形式上都无法预测），不和谐的成分似乎有更直接的说服力。然而，完善表达的是一种特殊需要，我们假定它是从最后的对立，即智慧中成熟起来的特殊力量。它是古老谚语中所表达的、潜移默化地存在于最简单的具体事物以及日常生活中的某种"面对死亡时，对生活本身了然于胸以及超然的看法"。但另一方面，几乎公开的蔑视（disdain）是智慧的对立面——一种感到（以及看到其他人）处于逐渐增强的结束、困扰和无助状态的情感反应。

在弄清楚最后的矛盾前，我们要再次认真考虑一下所有发展，尤其是心理发展理论的历史相关性。以最后阶段为例：它出现在"中年期"，是一个我们肯定不会故意（或有能力）想象老年的时期。但这是几十年前，现在关于老年的主流观念已大不相同。人们可能还在考虑"老年"，少数明智的老人平静地履行着适合他们阶段的任务，知道如何在一种认为长寿是天赐给少数人的礼物以及特殊责任的文化中体面地告别人世。但当情况发生变化，老年人越来越多，增长越来越快，保养得又相当好，他们仅仅是一群"上了年纪的人"，那么这种措辞是否还站得住脚呢？另一方面，历史性的变化是否已经改变我们过去一度认为的以及按照留传下来的民间智慧而产生的对老年人的认识呢？

无疑，老年人的作用需要被重新观察和思考。我们这里能做的仅是重新考虑计划。再回到那张图表：老年期位于图表的长和宽的什么位置？按时间先后顺序它排列在右上角，最后的不和谐术语，我们称之为失望（despair）；当我们快速扫视左下角，我们记得在那儿的第一个和谐成分是希望。在西班牙语中，它联结了"希望"（esperanza）和"绝望"（desesperanza）。确实如此，无论在何种语言中，希望都意味着"我"（"I"）的最基本的品质，没有它生活不可能开始，也不可能充满意义地结束。

如果从生命周期的结尾回到开始，解剖学上存在某种和成人希望对等的东西及各种信念（"除非你变得像孩子一样……"），它们证明希望是人类所有品质中最年幼的。的确如此，生命的最后阶段似乎一开始就蕴含着巨大的潜在重要性。孩子在现实文化中与老人相遇，并以特定的方式进行思考。我们要好好考虑一下：当成熟的老年期成为"普遍期望"的经验，被有计划地期待着，那么以后还会有什么将会以及必然会发展成这种关系呢？因而，像平均寿命延长这种历史性变化，要求有符合实际的仪式出现，这种仪式必须能在开始和结束之间提供富有意义的互动或某种概括性的有限感，以及，如果可能的话，对死亡更积极的预期。基于以上原因，我们认为智慧仍将是一个恰当的词，失望同样也是。

再返回到右上角，沿着对角线回顾，重新进入老年期之前的繁衍阶段。在渐成性计划中，"后来"意味着前面术语的后一种说法，而不是丧失。的确，老年人能够而且需要维持体面的繁衍功能（grand-generative）。因为缺乏对老年人保持活力所必需的参与行为的正确定位，导致其家庭生活中断。而缺乏必要的参与常常是隐藏在接受心理治疗的老年人公开病态之后的怀旧主题。实际上，他们大部分的失望是一种持续的停滞感。据说，这使一些老人试图延长他们的治疗（King，1980）。新症状很容易被误解为退行到早期阶段，尤其当老年人不仅因为时间的流逝、空间的废弃，而且（沿着我们图表的大标题从左至右）因为自主性降低、主动权丧失、亲密感疏离、繁衍性被忽视等原因而感到悲痛。更不用说自我认同的可能性实际上已经错过，现存的自我认同也极其有限。正如我们所说，所有这些是"发展中的衰退"（Blos，1967）——即寻找（真正地）特定年龄冲突的解决方案。

最后一章将继续讨论这些问题。这里我们希望表达一个观点，即赋予过去认为的老年人具有的一切品质以新的价值，我们要从他们自身的权利而不仅是他们后代的权利出发进行研究——无论他们是健康的还是病态的。在现存的许多术语中，最后阶段相对不会出现神经质焦虑，这并不是说他们已摆脱了对生命和死亡的恐惧。正如对婴儿内疚最深刻的理解不能消除个体生命以各自方式体验到的罪恶感一样，对心理社会性自我认同最准确的定义也不能取代存在的"我"。总之，一个具有更好功能的自我并不能整合掉意识到的"我"。况且社会思潮也绝不会放弃它对历史上已经被宗教和意识形态预言的基本观点的责任。

现在来完成对心理社会性最后部分的回顾：如果智慧的对立面是蔑视，那么它（像所有对立面一样）必须对人性弱点做出自然而然的反应，并且极端地重复恶行和欺诈行为。实际上，只有当面临不直接的破坏和非常隐蔽的自我蔑视时，蔑视才完全被拒绝。

形成老年期风格的最后仪式是什么？我认为是哲学，它在身体和心灵的分离中维护着某种秩序和意义，提倡智慧中有持久的希望。然而，相应的仪式化危险是教条主义，它是一种和权力滥用联系在一起的强制性虚假统一，可能发展成强迫性的正统观念。

那么代表老年（未老先衰）期的最后性心理状态是什么呢？我认为是一种渐成性的享乐模型（generalization of sensual modes），它能促使身体强健并增进心理体验，甚至当部分功能衰退和繁衍能力减弱时也是如此。

让我们回到称之为重要和谐特征的最后阶段——完善。它最简单的含义是一种一致和完整的感觉。当在下列三个组织程序联结丧失的极端情况下，它无疑处于最危险的境地。即身体方面，联结组织、输送血液的血管以及肌肉系统间的兴奋性互动普遍减弱；心理方面，过去和现在在记忆体验的一致性正在逐渐丧失；精神气质方面，突然并且几乎完全丧失繁衍的反应功能的危险。这里所需要的可简单称之为"完整性"，它是一种使事物团结在一起的倾向。事实上，我们必须承认老年期回顾性的虚构故事能抵御可能产生的失望，实现虚假的整合。当然，这种防御的作用，是由图表对角线上起主导作用的和谐品质形成的。自始至终，我们都必须允许人类的潜能在有利条件下积极地让较早阶段的整体经验发挥作用。因此，在图表纵轴的右上方，完善逐渐变得成熟起来。

再来看一下最初规划完善时放置它们的方式：假使老人在某些方面又一次变得像小孩，那么问题是，这种转变可能是添加了智慧的孩子气或有限的天真（老人可能变得，或希望变得老而敏捷，或保持年轻且长寿）。

这时，只有某种完善感能把事物黏合到一起。完善不仅是一种罕见的个性品质，更首先是一种愿意理解或倾听的分享倾向，一种人类生活的整合方式。正如最朴素的作品和谚语中所表达的一样，它是不同时代和不同嗜好间调整方式的和平共处。同时也出现了一种对少数"其他人"与众不同的、永恒的热爱，这些人在最重大的生活环境中成了主要反击者。因为个体生命除了与人生阶段和历史片段保持一致性外，所有人类的完善都是随着个体参与其中的完善方式而保持一成不变或逐步走向衰退。

三、世代联结：成年期

只要条件允许，我就尽可能多地回顾一下生命周期的最后阶段，我迫切感到需要放大斡旋在两个生命阶段以及它自身的世代循环之间的"真实"阶段。这种急迫感在行将就木的老人的故事里最大限度地得到体现。当他闭着眼睛躺在那里，老伴低声对他耳语，念叨着站在那儿希望他好起来的每个家庭成员的名字。他却猛地坐起来，突然问道："谁呢？谁在照看储藏室？"这反映了印度人称之为"维持世界"的成年期精神。

成年期和青春期这两个成人阶段，并不意味着要取代青春期和老年期之间所有的次级阶段。虽然我们很高兴像其他研究者所提议的那样不做取舍的细分，但在这里我们还是要重复最初的结论——主要是为了表达任何一个此类方案的整体逻辑。当重新审视今日之努力，这意味着我们进入的阶段首先应被证明是已经描绘好的下一个阶段的心理发展所必不可少的。至于适合所有这些阶段的年龄范围，它划分的理由在早期就被界定了。考虑到一切必要条件，所有发展的品质都会发展成重要而有意义的危机，而且基于全面发展的考虑，它必须在最近时刻对下一个品质产生决定性的支配。接着，宽泛的临时范围可能接二连三地产生，但阶段的顺序却是预先决定的。

成年期（我们的第七个阶段）的主要冲突是繁衍对自我关注和停滞。繁衍包括繁衍性、生产性以及创造性。因而新生代和新产品、新观念一样，包括与进一步自我认同发展有关的自我生成。渐渐地，停滞感甚至与那些极富生产性和创造性的人也不是毫无关系了。同时，它也完全淹没了那些发现自己在生成物质方面已不活跃的人。新品质来自它的对立面——关爱，它是一种照顾他人和他物的延展性承诺，以及学会关心他人的观念。最近的研究发现，所有力量都来自从婴儿到成人早期递升顺序中较早阶段的发展（希望和意志，目的和技能，忠诚和爱），早期阶段在培养下一代力量的生成性任务中是必不可少的，它确实是人类生命能量的"储备"。

那么（我们可能要问）生产是不是要更进一步，而不仅是繁衍的副产品（Erikson，1980：b）？既然每次生殖器的交接都可能导致怀孕，那么生产的心理生物需求就不应被忽视。无论如何，青年人为寻找一个能与他们在身体和思想上碰撞的另一半而损失自己的能力（从前一阶段亲密对孤立中获得），倾向于使双方利益和性欲投资最大化，因为它是共同产生和彼此喜欢的。以不同方式密集的繁衍之处已经完全败下阵来，它以一种萦绕于心的虚假亲密或者沉迷于关注自我映像的形式退回到早期阶段——它们都伴随着一种弥漫的停滞感。

像所有阶段的冲突一样，停滞标志着这个阶段潜在的核心病理，当然也涉及以前冲突的某种退化。每个阶段都有其特殊的重要性。这在性交挫败被认为是一种病，而繁衍挫败却仍不被主流生育控制技术思潮承认的今天尤为重要。升华或更广泛的应用是对挫败的本能力量更好的利用。因此，新思潮呼吁普遍关注一切孩子生命质量的提升，这种新的博爱使成熟人群主动为正在成熟的个体提供帮助，除了避孕工具和食品包装外，还为每个新出生的孩子提供充满生机的发展以及生存的重要保障。

这里我必须继续描述每个生命阶段现象特征的其他部分，它是群体生活以及人类自身生存的必然结果。如果关爱（和所有其他提到的力量一样）是带有强烈本能的重要同情倾向的任意表达，那么，它相应也有一个对立面。在老年期，我们把这种趋势称为轻蔑；在繁衍阶段，它被称为拒绝。即在普遍关注中不愿意包括特定个体或者群体——他不愿意去关爱他们。诚然，人类（直觉的）照看的（本能的）精妙之处在于对喜欢什么或什么可能变成最熟悉的选择，这一事实有某种逻辑。实际上，如果个体没有在某种明显的拒绝中被挑选，他就不会总是具有繁衍性或充满关爱。正因为这个原因，即使宗教和意识形态信念体系仍继续提倡广大共同团体的普适价值，但在任何给定的群体中，伦理、法律以及深刻见解都要限定拒绝的可容忍程度。博爱极大地支持了心理发展上关爱的延展性应用。在家庭内部和公众生活中，拒绝对一些不适合生存和完善目的的事物进行彻底地合理化或残忍地抑制，因此，博爱很大程度上是中断的。这可能意味着身体上和道德上残忍地反对某个时代的产物，进而转变成道德家的偏见，反对家庭或者公众的其他部分。当然它也能集合到一起，成为更大的不同民族群体的"另一面"（无论如何，弄清一些年轻的母亲如何被划为某种类型，即她们不仅被称为"不合格的母亲"，而且成为同时代抛弃的焦点，这是每个个案研究的任务）。

而且，拒绝能偶尔在集体展现中找到更大空间。例如在集体对抗中（多数情况下是相邻的集体），个体可能受到所属种群的威胁，不仅是领土或市场的冲突，还是看起来是异类的危险，他们当然也会对这种态度做出相应反应。因此，我们把生成和拒绝之间的冲突称为"假种"（pseudospeciation），它是普遍人性倾向中最强烈的渐成性。劳伦兹（K. Lorenz）[①] 把它恰当地翻译成"准物种形成"（Quasi-Artenbildung）（1973），即确信（以及基于它的驱力和行为）另一类个体或群体，无论出于历史或神的意志，本质上都与他们自身有差异同时又会对他们的种类带来危险。这是一个基本的人性两难："假种"呈现出最真实和最好的忠诚、英雄主义、合作以及创造性，同时又敌视和毁灭与他们不同的种别。那么人性的排斥，对物种生存和个体心理社会性发展就具有深远意义。拒绝被压抑的地方，也会有自我拒绝。

与承诺一致，我们必须允许每个阶段都有特定的仪式化形式。成人必须准备变成下一代眼中令人敬畏而又向往的典范，担当起审判邪恶、传递理想价值标准的责任。因此，作为仪式主持者的成人也必须按礼仪去做，而且传统需要和风俗要求他们参加一些礼仪上认可，并增强这一功能的仪式。整个成人仪式化的要素我们可简单称之为生产性元素，它包括这样一些辅助性的仪式：父母般的、教导的、生产性的、治愈性的仪式。

---

① 康拉德·劳伦兹，奥地利动物行为与心理学家，动物行为学的开创者。译者按。

我认为，成年期可能猖獗的仪式主义是权威主义——吝啬并且不具生产性地过度使用经济及家庭生活的组织权力。当然真正的创造性包括真正权威的评判。

成熟的成年从年轻的成人发展而来，从性心理的角度看，它依赖后青春期以真实性行为的性欲模式进行的繁衍关系。经过危险而漫长的成人前期，此次的身心碰撞充满着强烈的想要证明的力量。

从寻求自我认同感的青春期走过来的年轻成人，渴望并愿意把他们的自我认同融合到共同的亲密行为中去，与在工作、性兴趣以及友谊承诺上证明是互补的个别人进行分享。在大多数情况下，一个人能够坠入爱河或者产生亲密行为，但现在的亲密行为遇到的危险是，要把自己交托给需要有重大牺牲以及妥协的具体亲密关系中去。

亲密的心理社会性的对立面是疏离——一种对持续分离以及"不被承认"的恐惧，它为进入繁衍成熟期的仪式化行为提供深层动力，"我"—"你"的体验在一个人存在之初就烙下了印记。因此，疏离感是成年早期潜在的核心病理。实际上，亲密关系也意味着疏离，使配偶双方不必面对下一个发展危机——繁衍。但最危险的疏离是退化以及怀有敌意地重新经历自我认同冲突，愿意退缩和固着在与他人发生冲突的早期阶段里。它表现为病理的"临界线"。亲密和隔离对立的成功解决是产生了爱，两人之间成熟的爱解决了内在分离功能的对抗。

年轻成人亲密和爱的反作用力是排他性。它在形式和功能上，和后来出现在成人期的拒绝有紧密联系。此外，正如拒绝对繁衍是必要的一样，某些排他性对亲密性也是必要的。但它们都可能形成巨大的破坏以及自我破坏，因为根本不能拒绝或者排除任何东西，就像过去一样，而只会导致（或者作为结果）过分的自我拒绝和自我排除。

亲密和繁衍显然是紧密联系在一起的，但亲密首先必须提供一种从属性质的仪式，它通过把经常性的特定言行集合到一起，培育小团体内部的行为方式。亲密充当了难以捉摸却又无处不在的心理社会演化力量的监护人。社会及个人行为方式的力量，提供共享的生活模式并需要得到认可，保证个人的自我认同与亲密性联系在一起，并遵守共同承诺某种生产模式的生活方式。从原则上说，它们至少是新阶段调整的最高目标。但另一方面，这也是背景极不相同的人融合习惯方式，形成自身和后代新环境的阶段，它反映了风俗的演变（逐渐地或根本地）以及因历史变迁而产生的主导性自我认同类型的转换。

倾向于对年轻成人进行不具生产性的夸张的仪式模仿的仪式主义是精英主义（elitism），它培植了各种打着恃才傲物烙印而不是鲜活风格的派系和宗族。

四、青春期和学龄期

再往后进一个阶段：年轻成人承诺的可靠性很大程度上依赖于青春期自我认同斗争的结果。当然，从渐成性的角度看，没人能确定地知道他或她是谁，直到与有希望的配偶相遇并经过考验。然而，基本的自我认同方式必然来自：（1）有选择地确认和否认个体童年期的自我认同；（2）时代的社会进程认同年轻人的方式是可信赖的——充其量把他们看作是一群不得不变成他们现在的方式以及正在成为他们现在方式的一群人。愿意寻求这种认可的个体渐渐地获得了公众的认可。基于同样的原因，社会也遭到了那些不愿意被接受的个体无情的拒绝。在这种情况下，社会粗暴地审判着那些以不被理解或接纳的方式聚集（如小团伙的忠心）在一起的一群人。

自我认同的对立面是角色混乱，显然易见，规范而必然的体验形成了使病理性衰退恶化或者因为这种衰退而恶化的核心困扰。

自我认同的社会心理概念怎样和自我-个体心理的核心概念联系在一起呢？正如所言，无处不在的自我认同感逐渐和童年期（并且在青春期得到戏剧性的总结）体验到的各种自我映像的改变，以及把自己展现给年轻人供其挑选和给予承诺的角色机会一致。另一方面，如果没有连续地对自觉"本我"（"I"）的体验，持久的自我感就不能存在，它处于存在的神秘中心：一种存在性的自我认同，接着它（就像我们在讨论老年期时所指出的那样）在"最后界线"必然逐渐地超越心理社会个体。青春期怀着某种敏感且易逝的存在感以及偶尔热烈地对各种宗教、政治、文化等价值观念的兴趣——包括跟上时代，适应时代调节模式和成功方式的思想意识。

此时，渴望自己的青春期发生与其他时代人不同的巨大变化的想法突然不可思议地蛰伏了。然后再一次，青春期出现了只有老年期才有的"到了成年"的对种群的存在性关注。

青春期出现的特殊力量——忠诚，与婴儿期的信任和成人期的信心紧密相连。当指导的需要从父母的形象传递到有经验并可信赖的顾问和领导身上，忠诚渴望接受思想体系的调节——思想体系是否是一种含蓄的"生活方式"，或是激进的露骨表达呢？忠诚的对立面是角色否认，它是一种活跃的、有选择的本能力量，它将在自我认同中形成起作用的职责和价值，与那些必须反抗或与之斗争的职责和价值区分开来。角色否认可能以一种与任何可利用的自我认同潜能有关，包括某种缓慢或虚弱的不自信表现，或以一种彻底违抗的形式出现。最后，是对消极自我认同的一种固执的偏爱（也总是存在的），它是一种虽然不被社会所接受却顽固地证实了自我认同要素的组合。如果社会背景不能提供任何切实可行的供选方案，所有这些可能导致一种突然的，有时在退回到"自我"感最初体验冲突的"边界附近的"，几乎是一种不顾一切的自我重生。

但另一方面，如果没有角色否认，自我认同就不可能形成，尤其是当那些可利用的角色危及年轻个体可能的自我认同整合时。角色否认有助于限定个体的自我认同，至少唤起体验到的忠诚，它们通过恰当的仪式化或仪式得到确认，并转变成持久的隶属关系。社会进程中的某些角色否认也是无足轻重的，因为多数情况下继续重新适应变化的环境，只有在拒绝适应"环境"以及服务于仪式化整体更新中累积愤慨的忠心反叛者的帮助下，心理社会的演变才能顺利进行。

总之，自我认同形成是一个逐步发展的定型过程——一种逐渐整合与生俱来的特殊本能需求、天赋能力、重要自我认同、有效防御、成功升华以及角色一致性的定型。但这些只能产生自个体潜能、技术化的世界观以及宗教或者政治意识形态之间的彼此适应。

青少年首次尝试着使同龄伙伴间的互动仪式化以及创建小团体仪式，这种转变中自发的仪式是惊人的，甚至是难以理解或恼人的。他们同时也促进了运动场所、音乐会场所以及政治和宗教活动场所公共事件的分享。

在所有这些场所中，我们可以看到年轻人正在寻求一种意识形态上的认可，以及自发典礼和正式仪式的整合。这种寻找也导致了打着极权主义标签的、狂热的、参与的激进仪式主义的产生。也就是说，世界万象是如此虚幻以致缺乏自我更新的力量，从而变成具有破坏性的狂热者。

正如我们所看到的那样，青春期以及后来在中学和大学得到延长的学徒期可被看作是正式心理社会性的延缓：在性和认知上都已成熟，但却允许延缓做出决定性的承诺。它提供的是相对灵活的角色体验，包括性别角色和所有重要的适应社会的自我更新。按照顺序，较早的学龄期是性心理的正式延缓，它的起始和精神分析的"潜伏期"一致，并以若干隐匿的幼稚的性欲和延期的生殖成熟为标志。将来的配偶和家长首先要经历学校教育为他们正式步入社会所做的准备，学习未来工作职位的技能和交际技巧。我们把这个阶段称作勤奋对自卑的心理危机——它是最早产生的有能力胜任任务的感觉，以适应技术世界的规律和有计划地设定好的程序的合作规则。另一方面，这个阶段的孩子学会了像热爱游戏一样热爱学习，热切地学会了符合物质思潮的主要技巧。工作角色的等级制度已经通过历史或者小说中教导成年的人物，以及传奇英雄人物等真实或者虚构的典型进入到游戏和学习中孩子的想象空间中去。

我们假定勤奋的对立面是自卑，它是必不可少的错位感，有助于促进最好的，同时（暂时地）麻痹次等的工作者。作为这个阶段的核心病理，自卑被大量有重大影响的冲突包围着，它驱使孩子过度竞争或者诱使退化——它仅仅意味着婴儿-繁衍冲突以及恋母情结的重新开始，因而全神贯注地迷恋冲突性人物，而不是与附近的能提供帮助的实际事物进行碰撞。这个阶段发展的最早力量是能力，它是成长中必须逐步整合所有证明和掌控实际的成熟方法，以及分享在同等生产环境下合作的人的现实性的一种感觉。

现在我们想指出的是心理社会性阶段顺序和世代继承背景下的本能力量与组织模型之间的联系。我们主要强调一些发展性原则，它们是对规划时看来必不可少的内在规律的认可。虽然实际上，在所有使用过的术语中，我们还不能给出所有阶段的精确数目。但很显然，对方案的任何整体确认，我们都依赖这些论述中被回避的一些原则。

在心理方面，有一种正在被证实的认知发展力量，它磨炼和扩大每个阶段的精确能力以及和现实世界进行观念互动的能力。这无疑是一种非常必要的"自我-组织"的哈特曼[①]（Hartmann，1958）感觉。它证明了皮亚杰智力方面的"感觉发动机"与婴儿信任之间的关系，"直觉的-象征性的"与游戏和主动性的关系，"具体的-操作的"与勤奋的关系，以及"形式运算"和"逻辑运算"与自我认同发展的关系。皮亚杰耐心地听了我们提纲中提到的早期学科间的碰撞，后来证实至少他认为在他的阶段和我们的阶段之间没有冲突。格林斯潘[②]在报告中说，"皮亚杰对埃里克森把弗洛伊德理论发展成心理社会模型非常支持。"（Greenspan，1979）而且他援引皮亚杰的话，"埃里克森阶段论最大的优点是，他试图精确地使弗洛伊德的机制处于一个更普遍的行为类型之中，假定在随后水平上不间断地整合以前的习得。"（Piaget，1960）

勤奋的对立面，是一种在学龄期经历的有能力掌控的感觉，是时常威胁个体富有成效的生命，使之不能正常活动的惰性，并和前一时期，即游戏时期的抑制产生重大关联。

五、学龄前期

童年阶段已经在与渐成性、性前期以及仪式化有关的论述中得到了讨论。在这里我们只是附加地简要陈述一下它们的对立面和反面。

那么，让我们返回到游戏时期，这一时期是主动对内疚的危机期。正如我们重复说的，游戏是所有接下来阶段的一个基本成分。当恋母情结强烈限制儿童与父母形象关系的主动性时，成熟的游戏以微观上想象出来的大量自我认同以及戏剧表演的方式解放了幼小的个体。游戏期"发生"在限制性的学龄期、真实的工作角色和体验以及潜在的自我认同的青春期到

---

①　哈特曼继承了弗洛伊德和安娜的自我心理学思想，创建了自我心理学理论体系，同时他的理论又孕育了大批后继的自我心理学家，如斯皮茨、雅可布森、玛勒和埃里克森等人。译者按。

②　心理学家格林斯潘于 1955 年提出，交往者一方发出的"嗯……嗯"之声使另一方反应增强，这一现象被称为格林斯潘效应。译者按。

来之前。无一例外地，这一阶段被看作是俄狄浦斯戏剧的最早源头。它通过戏剧上完美的舞台展现，成为所有艺术中人类游戏终生力量的典范。在所有这些游戏中，幽默感是人类特有的嘲笑自己和他人的礼物。

所有这些可能使游戏期的抑制发展成主动性的对立面——游戏的和富有想象力的生物体必然的对立面。而且抑制已经被证明是后来神经症困扰（从癔症开始）的核心病理，它们深植于冲突的俄狄浦斯情结时期。

游戏期的前一阶段是"肛门"期，此阶段的冲突首先表现在婴儿期的固着，指向强迫的神经官能症混乱。从社会心理上看，它被看作是自主对羞愧和怀疑（autonomy vs. shame and doubt）的危机，来自对最初意志的解决。当我们再一次看之前和随后的位置，它在发展上是合理的，即如果没有一个从口头感官依赖到某种肛门-肌肉固着，再到某种确认的自我控制，我们刚刚定义的主动性就不可能发展。较早时我们已指出儿童如何在任性的冲突和没有独创性的上瘾之间转换。伴随着对反叛冲动的理解，或者通过把他人的意志变成自身需求而成为可依赖的人，儿童不时尝试着完全独立的行动。在平衡这两种趋势中，基本的意志力量支持自由选择和自我克制走向成熟。人类早早地尝试决定做什么，放弃（不值得去）做什么，而且愿意做符合自然规律和法律的事情。无论如何，强迫和冲动是意志的对立面，它们与这个时期占主导的双重模型（保持的和消除的）相一致，而当被加剧或联结起来时，就不能正常工作。

甚至在递减顺序中，这一点也相当清楚。即阶段的发展是一个渐成的整体，任何一个阶段或者力量都是后一发展阶段的早期的雏形、"天然"危机以及潜在的复原力。婴儿期的希望已经存在意志的成分，当意志的危机出现在童年早期，它必然会受到挑战。另一方面，回头看"最后一条线"，婴儿期的希望可能已经具备某些逐步发展成信心的成分——尽管婴儿除了最强烈的依恋外，很难抵御其他任何东西。此外，是不是老子（Laotse）的名字意味着"老小孩"，即指长着细小白胡须的重生呢？

正如所言，希望来自信任与不信任的冲突。从某种观点看，希望是纯粹的将来。早期不信任占主导，希望在认知和情感上都是减少的。当希望占优势时，它通过不同形式实现处在中间阶段的早期其他神秘图景的功能。面对最后事物以及暗淡的重回承诺的一切方式，无论以何种崇高的形式，伊甸园都已经永远地失去了。和勤奋与目的一样，自主与意志也是指向将来的，它们在游戏和预备性的工作中对个人的经济、文化以及历史时期的选择保持开放。相应地，自我认同和忠诚，必须开始对包括行为和价值观有限结合的选择做出承诺，与可利用的思想体系保持一致。青年人能设想出比"拯救"和"遭天谴"更广泛的可能，同时青春期的爱又被能够做什么和彼此关照的梦想鼓舞着。成年的爱与关爱渐渐地产生了非常重要的中年因素，即因为命运和个人在各种条件下做出的狭窄选择已经被证明是不可更改了。如今条件、环境以及交往已经变成了个人曾经的生命往昔。成年人的关爱因此必须集中于如何谨慎地做出一生都不后悔的选择上。或者，事实上已经迫于命运，在历史时期的技术性需求中开始喜欢它了。

随着每一个新生力量的出现，新的时代感也伴随着已不可改变的自我认同感一道出现：他逐渐成为他引起的样子，最终被他的生活阅历所塑造。利夫顿[①]（Lifton，1970）对幸存者意味着什么做了大量阐述，但是成年人必须意识到（像俄狄浦斯所做过的那样）创造事物的人也会因他的创造物而存活。并不是任何一个阶段都很清晰，相反，只要停滞的威胁感持续存在，繁衍阶段就被普遍看作是对死亡的极度蔑视。青年人以他自己的方式，比成年人越来越多地意识到死亡。成年人忙于"维护世界"，参与重大的宗教、艺术和政治仪式。我们创造关于死亡的所有神话并将其仪式化，赋予其仪式化的含义，然后它变成了有影响力的社会存在。青年人和老年人是梦想重生的年龄，成年人非常忙碌地处理着实际的出生，并以一种独特的喧闹感和永恒的历史现实感作为补偿——一种对青年人和老年人都不真实的感觉，因为它否认了生物体的虚幻部分。

对每一个心理社会性阶段，"位于"心理性欲（A）和扩大的社会半径（C）之间，我们都列出了一个核心危机（B），在这个危机中，特定的

---

① 利夫顿是国际著名的精神病理学家和政治心理学家，他的著作《革命的永生》开拓了毛泽东及其思想研究的一个新视角。他认为，毛泽东的语言中透露出一种直面死亡的绝对化倾向和一种一往无前的挑战精神。译者按。

和谐潜能（从基本信任［Ⅰ］到完善［Ⅷ］）与它不和谐的对立面（从基本不信任到衰老的失望）之间失去了平衡。每次危机的解决都会产生基本力量或自我品质（从希望到智慧）（D）。而且这种一致力量也存在对立面（从回避到蔑视）（E）。和谐的与不和谐的，以及一致的和对立的潜能是人类适应环境所必需的，因为人类与动物按照本能适应有限的自然环境，对积极和消极反应做出清晰划定以及内在区分的发展命运不同。人类必须通过漫长童年期的指导，发展出爱和攻击的直觉反应模式，它集中了在技术、行为方式以及世界观上有很大不同的多种文化环境，虽然每一个都支持了哈特曼（Hartmann，1958）称之为某种"一般期望"的情况。不和谐和对立趋势在重要性上超过了和谐和一致趋势之处，发展出特定的核心病理（从精神性退缩到对衰老的沮丧）。

自我综合以及共同的精神气质共同支持和谐和一致趋势的特殊较量，与此同时，它们也试图去适应人类力学重大变化中的一些不和谐与对抗。这些不和谐与对抗趋势对个体和社会秩序存在持续的威胁。因此，在历史进程中，包括一切信念体系（宗教、思想意识和宇宙理论），都试图通过与值得尊敬的"内部人"广泛合作而使一致的人类倾向普遍化。这种信念体系渐渐地变成个体发展中所必不可少的部分，因为它们的精神特质（它"促使规矩、风俗、道德态度以及理想产生"）通过特定年龄和恰当阶段的仪式化行为（G）在日常生活中表达出来。它们在某种无所不包的原则（从超自然的到哲学的）的重建中获得成长的力量。然而，在自我和精神气质失去联系的地方，这些仪式化行为将分裂成抑制性的仪式主义（从过分尊崇到教条主义）（H）。因为它们共同的心理发展基础，在个体的核心困扰和社会仪式主义之间有着强烈共鸣（E 和 H）。

因而，每个新出生的人接受并内化社会秩序规范的逻辑性和力量（从遍及法律和技术的宇宙到意识形态以及超乎其外的）（F），并为适宜条件下把它们传递到下一代做好准备。无论如何，所有这一切都必须被看作是发展和复原的根本性的内在潜能，甚至当日常的临床经验和总体观察使我们面对个体没有解决的危机和仪式解体的社会病理学时，这一切都带领我们来到此处忽视的另一个互补性研究的边缘区域：它包括有利于集体政治活动的体制结构和机制。

　　我们试图真正地解释在个体发展和社会结构间建立联系的日常仪式化行为的原因，它们的"政治活动"很容易在社会密切互动的任何记载或者个案研究中被识别。然后，我们暂时将信任和希望的特定力量与宗教联系在一起，自主和意志的特定力量与法规联系在一起，创造性和决心的特定力量与艺术联系在一起，勤奋和技能的特定力量与应用科学联系在一起，自我认同和忠诚的特定力量与意识形态规范联系在一起。我们必须依靠社会科学，以特定的体系和周期，记录重要个体如何同精英分子以及力量团体一道在生产和政治生活中努力维护、更新或者取代无所不包的精神特质，以及他们如何倾向于支持成年人的繁衍潜能，并为成长中个体的生长和发展做好准备。在我的工作中，我只能建议接近两个宗教政治领导人，即马丁·路德·金和莫罕达斯·甘地的生活以及他们生活中的决定性阶段，他们能够把个人的冲突转化成众多同时代人精神和宗教上的生命重生方式。

　　这将我们带到心理历史学的工作中去。但在这篇文章的最后，似乎最好以一种简短评注的方式询问以何种心理分析的方法可能获得社会心理的深刻见解，以及产生有助于它的观察资料。这又把我们带回到这篇评论的起点。

表 3-1　心理社会性发展危机

老年期	VIII							完善对失望 **智慧**
成年期	VII						繁衍对停滞 **关爱**	
成年早期	VI						亲密对孤立 **爱**	

（续表）

青春期	V				自我认同对 角色混乱 **忠诚**			
学龄期	IV			勤奋对 自卑 **能力**				
游戏期	III		主动对 内疚 **目的**					
童年早期	II	自主性对 羞愧怀疑 **意志**						
婴儿期	I	信任对 不信任 **希望**						
		1	2	3	4	5	6	7	8

链接：《童年与社会》简介

　　该书是埃里克森的第一部著作，收集了他20世纪40年代所写的文章，1950年出版后使他成为美国自我心理学的重要代言人之一。本书以几位患精神分裂症的幼儿为实例，分析了儿童早期心理个性的形成与家庭、社会、环境和文化背景的关系，指出母爱是治疗儿童精神创伤的良方。本书主要内容包括了精神分析，特别是自我心理学和文化人类学两方面的材料，以及对现代国家的家庭形象的分析，标志了他的人格理论和心理历史观点的基本形成，并首次对人生周期以及诸如自我同一性的危机、合法延缓期等概念进行了描述和表达。作者特别强调的是自我在克服发展中的倒退和恶化、在防止潜能的消耗等方面所起的重大作用，以及人在个体发展中通过自身去克服心理危机的可能性。

链接：《同一性:青少年与危机》 简介

　　该书是埃里克森有关自我同一性理论的集大成之作，出版于 1968 年。作为新精神分析运动中自我心理学分支的旗手，在他的理论体系中，同一性是一个核心的概念。早在 20 世纪 30 年代，他就提出有关同一性的见解，50 年代发表了一系列有关同一性的文章；60 年代后期，他对近 20 年来所写的有关同一性的文章做了整理和修订，即成此书。全书共分八章，第一章为引言，对同一性的概念做了回顾；第二、五章着重从治疗的意义上对同一性的概念进行探讨；第三、四章结合心理发展的八个阶段，阐述了自我同一性在各个阶段中的地位和性质；第六至八章则运用同一性的概念探索了美国现代社会中的青少年问题、妇女地位问题以及种族同一性问题。第三章中，他修订了弗洛伊德的心理性欲发展渐成说，提出了独树一帜的心理社会发展说，把人生分成八个阶段，每个阶段各有其中心任务(具体矛盾)，该理论已成为阐释儿童青少年发展的经典之说。

心理社会性发展理论中的心理健康思想

　　埃里克森是美国著名的发展心理学家和精神分析学家，他提出的心理社会性发展理论蕴含着丰富的心理健康教育思想。他在社会心理历史结构下描述心理发展阶段，强调独特的文化环境（包括政治、经济、文化以及语言）影响了个体的发展。他认为健康人的一生是一个自我意识持续发展的生命周期，从婴儿期到老年期，分为八个发展阶段。这八个阶段的顺序是由遗传决定的，但每个阶段能否顺利度过却由环境决定，因此他的理论又被称为"心理社会性发展理论"。同时，他强调自我在各个发展阶段的重要作用，又被看作是"自我心理学"的创始人，著名的"自我心理学家"。埃里克森认为，每个阶段都有特定的危机解决任务，危机的积极解决能够增强自我力量，形成积极品质，促进心理健康发展，有利于个体对环境的适应；反之，危机得不到解决，就会削弱自我力量，导致心理不健全，阻碍个体对环境的适应。同时，每个阶段都是建立在上一阶段危机解决的基础之上，前一阶段危机的成功解决会扩大后一阶段危机解决的可能性，反之则会缩小其可能性。因此，危机的顺利解决是心理健康发展的前提。心理健康教育的任务就是在每个阶段发展该阶段的积极品质，避免消极品质。埃里克森的心理社会性发展八个阶段理论，为不同年龄阶段个体的心理健康教育提供了理论依据和实施方向。

一、心理社会性发展理论的要点和原则

（一）心理社会性发展理论的主要观点

埃里克森认为，生命是由出生到死亡的八个阶段组成，划分的依据是机体成熟、自我成长和社会关系三个不可分割的过程的演化，这些阶段是以不变的顺序展开的，将生物的、心理的与社会的因素结合起来，形成既分阶段又有连续性的心理社会性发展过程。我们从这八个阶段中既可看出自我的形成与社会文化因素的关系，也能窥见自我与社会生活在个体心理发展中的作用。

埃里克森心理社会性发展八个阶段的前五个阶段与弗洛伊德的心理性欲发展阶段的划分一致，但在这些阶段中将要发生什么事情，埃里克森与弗洛伊德的看法却不尽相同。后三个阶段则是埃里克森的独特理论贡献。埃里克森心理社会性发展的八个阶段分别如下。

第一阶段：婴儿期（0~1岁）

获得信任感以及克服不信任感阶段。此阶段婴儿对母亲或其他代理人表示信任，婴儿感到所处的环境是个安全的地方，周围人是可信任的，由此就会扩展为对一般人的信任。如果这一阶段的危机成功解决，就会形成希望的美德；反之，则会形成惧怕。此阶段良好的人格特征是希望的品质。

第二阶段：童年早期（2~3岁）

获得自主性而避免羞愧怀疑阶段。此阶段儿童有了独立自主的要求，开始探索周围世界。如果父母及其他照顾他们的成人，允许他们独立去干一些力所能及的事情，并且表扬他们完成的工作，就能培养他们的意志

力，使他们获得了一种自主感。如果这一阶段的危机成功解决，就会形成自我控制和意志力的美德；反之，则会形成自我疑虑。此阶段良好的人格特征是意志的品质。

第三阶段：游戏期（4~6 岁）

获得主动感而克服内疚感阶段。此阶段儿童除模仿行为外，对周围环境（及自己的身体）充满好奇，如果成人对孩子的好奇心及探索行为不横加阻挠，让他们有更多机会自由参加各种活动，那么孩子的主动性就会得到进一步发展，表现出很大的积极性与进取心。反之，如果父母对儿童采取否定与压制的态度，就会使孩子产生内疚感与失败感，影响下一阶段的发展。如果这个阶段的危机成功解决，就会形成方向和目的的美德；反之，就会形成自卑感。此阶段良好的人格特征是目的的品质。

第四阶段：学龄期（7~12 岁）

获得勤奋感而避免自卑感阶段。此阶段他们的能力日益发展，参加的活动已扩展到学校以外的社会实践活动。此时，对他们影响最大的不是父母，而是同伴或邻居，尤其是学校中的教师。如果能得到成人的支持、帮助与赞扬，则能进一步加强他们的勤奋感，使之进一步对这些方面发生兴趣。如果这一阶段的危机成功解决，就会形成能力的美德；反之，则会形成无能。此阶段良好的人格特征是能力的品质。

第五阶段：青春期（13~18 岁）

获得自我认同而克服角色混乱阶段。此阶段青少年经常思考"我是谁？"他们从别人的态度，或从自己扮演的社会角色中逐渐认识自己。此时，他们逐渐从对父母的依赖中解脱出来，与同伴建立亲密友谊，从而进一步认识自己。如果这一阶段的危机成功解决，就会形成忠诚的美德；反之，就会形成不确定性。此阶段良好的人格特征是忠诚的品质。

第六阶段：成年早期（19~25 岁）

获得亲密感而避免孤立感阶段。亲密的社会意义，是个体能够与他人同甘共苦、相互关怀。亲密感在危急情况下往往会发展成一种相互承担义务的感情，它在共同完成任务的过程中建立起来。如果这一阶段的危机成功解决，就会形成爱的美德；反之，就会形成混乱的两性关系。此阶段良好的人格特征是爱的品质。

第七阶段：成年期（26~65岁）

获得繁衍避免停滞阶段。这一阶段有两种发展可能：一种是向积极方面发展，个体除关爱家庭成员外，还关爱社会上其他人，以及下一代甚至子孙后代的幸福；另一种是向消极方面发展，只顾自己以及自己家庭的幸福，不顾他人的困难和痛苦，即使有创造，其目的也完全是为了自己的利益。如果这一阶段的危机成功解决，就会形成关爱的美德；反之，就会形成自私自利。此阶段良好的人格特征是关爱的品质。

第八阶段：老年期（65岁以后）

获得完善感避免失望感阶段。如果前面七个阶段积极成分多于消极成分，就会在老年期汇集成完善感，回顾一生感觉很值；反之，就会产生失望感，感到自己的一生失去了许多机会，走错了方向，想要重新开始却为时已晚。如果这一阶段的危机成功解决，就会形成智慧的美德；反之，就会形成失望和毫无意义感。此阶段良好的人格特征是智慧的品质。

（二）心理社会性发展理论的基本原则

埃里克森是少数几个将个体心理与社会和政治问题联系起来的心理学家，他在人格和社会以及政治之间搭建起一座"桥梁"。埃里克森心理社会性发展理论的基本原则表现在以下八个方面。

1. 埃里克森认为个体和社会是互为补充而不是对立的。他将个体自我认同形成的过程看作是个体为社会贡献创造性和积极性，但同时又制造消极性和破坏性的过程。

2. 埃里克森在承认无意识过程与治疗关系的价值和力量这两个基本方面坚持心理动态学的观点。

3. 埃里克森强调多学科合作的重要性。他认为，真正的对话是建立在尊重各个学科的价值并拒绝简化论的基础之上的。

4. 埃里克森坚持文化背景的相对论观点。他既运用心理分析和20世纪其他的心理治疗方法，又注重个体自我的作用。

5. 埃里克森强调道德的作用。虽然承认相对论，但埃里克森坚持认为，只有坚定的道德观念才有可能支撑心理咨询师的积极建议以及对公众问题的心理治疗。

6. 埃里克森认为人类精神的发展应建立在对健康功能的理解之上，而不仅仅是关注病理学。他认为，虽然治愈的需求和对病理的洞察是非常重要的，但健康功能还应包含游戏想象的能力和彼此交往的能力。

7. 埃里克森把心理社会的观点扩展到整个生命周期，同时也没遗漏重要的早期阶段。他之前的心理历史学家把这个观点扩展到历史背景中，弗洛伊德只强调本能的力量而忽视社会因素，埃里克森则将二者很好地结合起来。

8. 埃里克森认为把个人的观念和人生体验与公众关爱的事物联系起来是心理治疗学家的责任。这包括一些特定的问题，如青少年犯罪、种族主义和偏见、种族灭绝和疏离以及国际冲突等。

在理解埃里克森的理论时，还需要注意以下几个问题。

第一，在埃里克森看来，虽然生物基础决定了心理社会性发展八个阶段产生的时间，但社会环境却决定了每个特定阶段危机能否顺利解决。基于这一原因，埃里克森把心理发展的八个阶段称为心理社会性发展阶段，以区别于弗洛伊德的心理性欲阶段。

第二，埃里克森并不认为解决危机的办法是完全积极或完全消极的。相反，他认为危机的解决办法中兼有积极和消极两种因素，而有时消极因素也并非毫无用处。只有在有利于积极解决的因素比消极因素所占的比率高时才能说危机被积极解决了。埃里克森认为，自主感应强于疑虑感与羞耻感。儿童的勤奋感中也应有一点失败的经验，以便今后能经受住失败的挫折，但又不能经常遭受失败，经常失败就会产生自卑感。再比如，不信任感也有一点用处，它可以提高对外界危险的准备，但埃里克森认为，在人际关系中信任与不信任感要有一定的比例，信任感应该多于不信任感，以有利于心理发展。

二、埃里克森理论与弗洛伊德理论的区别

埃里克森早年师从安娜·弗洛伊德学习精神分析理论，作为新精神分析学派的代表人物，他的心理社会性发展理论仍强调生物因素的重要性，

但与弗洛伊德不同，埃里克森在如下几方面发展了前者的理论。

（一）埃里克森提出贯穿整个人生周期的心理社会性发展阶段

弗洛伊德的心理性欲发展阶段认为，人格发展的大部分最重要的东西在六岁之前就已经形成了，而埃里克森的心理社会性发展阶段则包括整个人生周期。他在弗洛伊德人格发展五个阶段的基础上，增添了三个成人期的新阶段。前几个阶段是发展，后几个阶段是成熟与完善，起决定作用的是前三个阶段，即六岁前。除了关爱儿童的发展以及成人对儿童发展的影响外，埃里克森的心理社会性发展的八个阶段的观点启示我们，成人本身还面临自己的发展任务，自我的发展是贯穿一生的，这在现代社会尤为重要。

（二）埃里克森将注意力从本我转向自我

埃里克森虽然仍强调潜意识的重要作用，但与弗洛伊德不同，他不是简单地把自我看成是本我和超我的奴仆，而是强调自我的作用，把自我看成人格中一个相当有力的独立部分。埃里克森认为自我的作用是建立人的自我认同感以及满足人控制外部环境的需要。当人缺乏自我认同感时会感到混乱和失望，从而产生自我认同危机。自我认同包括个体感、唯一感、完整感以及过去与未来的连续性，它对个体保持心理健康有着重要意义。"自我"的相对力量能引导着心理性欲向合理方向发展，决定着每个人的"命运"。个人不再是社会力量的玩物，而是自身的主宰，埃里克森的这种乐观而富于创造性的人格观有更积极的意义。

（三）埃里克森赋予心理治疗目的以更多人文情怀

埃里克森强调的精神治疗目的与传统精神分析不同。他认为，今天的病人大都遭受他应当信仰什么，他应成为什么样的人等问题的折磨。埃里克森把成功地在人生八个发展阶段中获得希望、意志、目的、能力、忠诚、爱、关爱和智慧等美德的人看作健康的人。如果没有获得这些美德，那他们的自我就会比健康人的自我更加脆弱，帮助提供形成这些美德的各种条件正是治疗者的职责。可见，美德在形成健康心理中发挥着重要作用。在埃里克森看来，治疗过程的关键是增强病人的自我，使其达到处理生活问题的程度。埃里克森认为传统的发泄潜意识的治疗法弊大于利，而通过对病人自我认同各要素的重新整合，则会使患者的恢复工作更有效也更经济。

三、心理社会性发展理论对学校心理健康教育的启示

埃里克森的心理社会性发展的八个阶段理论强调社会文化背景的作用，认为心理发展受特定文化背景的影响和制约，因此要将自我发展和环境影响结合起来。在他提出的八个发展阶段中，不少阶段几乎都处在一个人的校园生活时期。埃里克森的心理社会性发展阶段论强调，个体的心理发展是生物因素和社会文化因素综合作用的结果；心理发展在不同阶段面临不同的危机和需要解决的任务；各个阶段的心理发展是一个完整的连续过程，不能孤立看待。这些都是学校心理健康教育的重要理论基础。

（一）学校心理健康教育必须遵循学生心理发展的一般规律

埃里克森关于个体心理社会性发展的八个阶段，为我们进行心理健康教育提供了理论上的支持和努力的方向，下面以第四阶段和第五阶段为例做一评述。

1. 第四阶段学龄期（7～12 岁）学生心理发展应注意的问题

（1）此阶段要完成的心理发展任务是体验以稳定的注意力和孜孜不倦的勤奋来完成工作的乐趣。心理健康的学生在这个阶段可以获得一种为他在社会中满怀信心地同别人一起寻求各种劳动职业做准备的勤奋感。相反，如果学生没有形成这种勤奋感，就会形成感到没有能力成为一名有用的社会成员的自卑感。埃里克森认为，能力是由于爱的关注与鼓励而形成的；自卑感是由于学生生活中十分重要的"他人"对他嘲笑或漠不关心造成的。

（2）此阶段的心理发展过程是完成任务与克服危机并存的。埃里克森认为，成人不仅要了解儿童在什么年龄不要做什么事，还要理解他们在什么年龄主动高兴做什么。成人往往以"不允许"和禁止的方式避免孩子心理发展出现问题与危机。但实际上，如果成人给孩子一定的自由空间，将控制与自由结合，对孩子积极引导和正面鼓励，较之消极的反对和禁止更

有利于健康心理的形成。

（3）同此阶段联系的危险是学生过分重视他们在工作能力方面的地位，看不到人类生存的其他重要方面。因此，必须鼓励儿童掌握为未来就业所必需的技能，但不能以牺牲人类某些其他重要的品质为代价。否则，如果把工作作为他唯一的义务，把某种工作作为唯一有价值的标准，那么他也许会成为一位因循守旧的人，成为他自己的技术和可能利用他的技术的那些人的毫无思想的奴仆，对这样的人说来，工作就是生活，而看不到生活的其他意义。

2. 第五阶段青春期（13~18岁）学生心理发展应注意的问题

（1）青春期的心理社会任务是建立自我认同和防止自我认同混乱。自我认同贯穿于人的整个心理发展过程，但青春期自我认同的建立最为重要。进入青春期后，青少年就必须对自我发展中的一些重大问题进行思考并做出选择，把他们过去经验和对未来期望以及个人理想和社会要求进行整合。埃里克森认为，自我认同问题是青春期心理发展的核心，反映了青春期心理发展所遇到的矛盾和冲突的内在根源。

（2）青春期是自我认同形成的关键时期。此阶段青少年处于生理迅速发育成熟和心理困惑阶段，原已出现的自我认同达到发展高峰。埃里克森认为，对青少年的自我成长而言，自我认同形成是一种挑战，无论对求学或是就业的青年来说都是困难的。进入青春期后，青少年的自我意识开始凸显出两个主要矛盾，即主观自我和客观自我的矛盾、理想自我和现实自我的矛盾。很多青少年因为不能化解这一时期的发展危机，出现自我认同危机。心理健康的青少年化解了危机，形成自我同一感，产生三方面体验。

第一，感到自己是独立而独特的个体。

第二，感到自己的需要、动机、反应模式是连续而且可整合的。

第三，感到他人对自己的评价和自我的觉察是一致的，自己所追求的目的以及达到目的的手段是被社会所承认的。

（3）此阶段应多鼓励青少年反省和参加实践活动，通过整合青少年理想自我和现实自我，形成自我同一感。自我认同的形成可通过两个过程实现。一是修正、改变理想自我，使之符合现实自我。应鼓励青少年多反省，使其更加清楚地了解自我，这是形成自我认同的前提。或在实践中修正、改变理想自我，使之符合现实自我。二是努力改变现实的自我，使之与理想自我一致。应鼓励青少年多参加实践活动，改变现实自我，使之与理想自我一致。

（二）用发展的观点看待学生的心理成长

埃里克森认为，健康心理是以八个阶段各种危机的积极解决所形成的相应积极品质为特征的。但每个阶段危机解决的结果却不是一成不变的，后面的发展阶段有其自身的相关问题，可以为新的发展和可能结果提供改变的机会。埃里克森认为，前一阶段任务完成的好坏，直接影响后一阶段的发展，而后一阶段如果条件好转，也可补偿前面阶段的不足。在某一阶段未获得积极品质的人，还可通过以后的发展阶段逐渐得到补偿。而那些曾经获得积极品质的人，也可能在以后的生活中失掉它。因此，要用发展变化的观点看待个体的心理成长。但这并不意味着各个阶段在心理发展上不重要。恰恰相反，埃里克森一再强调，每个阶段都是不可忽视的，任何年龄段的教育失误，都会给一个人的终生发展造成障碍。自我的发展是持续一生的。

埃里克森认为，每个发展阶段都有相应的重要影响人物。第一阶段是母亲，第二阶段是父亲，第三阶段是家庭成员，第四阶段是邻居和学校师生，第五阶段是同伴和小集体，第六阶段是友人，第七阶段是一起工作和分担家务的人，第八阶段是整个人类。在不同阶段发挥这些重要"他人"的正面作用对健康人格的形成大有裨益。埃里克森认为每个发展阶段的危机同时也意味着转机，如果重要影响人物能从危机中看到生机，也可利用危机促使个体心理向积极方面转化。

（三）社会文化环境对学生心理健康具有重要影响

埃里克森认为，个体的心理发展是自我与社会文化相互作用的产物，各个阶段心理危机的产生以及危机的解决都与社会文化环境密切相关。在他看来，现代人的一切心理变态都是人的本性需求和社会要求不相适应所致，而人在克服心理与社会的矛盾和危机时，很大程度上是依赖个体的心理社会经验。因此，社会环境决定了各个阶段危机能否得到积极解决。

在学生健康心理的形成过程中，就不仅应强调其个人的心理发展，还应注重社会文化环境的作用。比如，学龄期儿童进入学校后，第一次接受社会赋予他并期望他完成的社会任务。这时影响儿童心理发展的重要人物已由父母转向同伴、学校和其他社会机构。如果能得到成人尤其是老师对他们在学习、游戏等活动中取得成就的称赞和奖励，他们将以成功、嘉奖为荣，形成乐观、勤奋的人格；反之，如果经常受到呵斥或成就受到漠视，就容易形成自卑感。教师在培养这个阶段儿童的勤奋感方面具有特殊作用。

四、结语

著名心理学家埃里克森因其生命周期模型闻名于世，他提出的心理社会性发展八个阶段的理论为世人所知。埃里克森告诉我们，个体的心理发展并不止步于童年期，自我的发展是持续一生的任务。心理发展的八个阶段各有其危机，危机不是一次使人变得虚弱的冲突，而是一段使人改进弱点、提升潜能的时期，危机同时也蕴含着成长的转机。

埃里克森有着与众不同的经历，他曾是一个不知道父亲身份的孩子，一个成为精神分析学家的艺术家，一个因受迫害离开故土的移民，一个有缺陷孩子的父亲。同时他也是一个有着非凡智力，但却从未获得过大学学位的哈佛教授。埃里克森出生于德国，后成为美国心理学家，他年轻时游历欧洲学习艺术，后在维也纳找到学术方向，成为了一名儿童精神分析学家；他逃离希特勒掌控下的欧洲，在美国建立了生活家园。埃里克森的生活经历和他的理论发展密切相关，其生命周期理论强调生命周期的转换以及个人随年龄增长会不断面临新的危机。这同时也是他在自己的生命历程中多次体验到的地理和文化"移民"经历的真实写照。埃里克森的著作在人类学、宗教、生物学、历史学、哲学、传记以及医学等不同领域被阅读和讨论。他的理论与新的跨学科领域的发展联系在一起，他提出的概念把心理学和其他学科联系在一起，如心理社会性的、心理历史学的和心理传记的。他的心理传记《青年路德：精神分析和历史的研究》（*Young Man Luther：A Study in Psychoanalysis and History*）（1958）和《甘地的真理：好战的非暴力起源》（*Gandhi's Truth：On the Origins of Militant Nonviolence*）（1969）探索了个人能力的发展和社会历史的融合，后者还赢得了普利策奖（Pulitzer Prize）。

　　和所有其他杰出学者一样，埃里克森的影响也超越了心理学领域。晚年的埃里克森不仅是一个知名教授，还是一个伦理哲学家，开始关心 20 世纪人的道德和政治问题。他后期的研究已经深入到美国资本主义社会的一些棘手问题，如黑人的社会地位、妇女地位的变迁、青少年异常行为等。其自我心理学也超出了精神分析的临床范围，与习性学、历史、政治、哲学和神学联系在一起，同时埃里克森的声望也远远超出了美国国界。

第 4 章

卡特尔：
尽最大的努力做更多的事情

　　当卡特尔在德国莱比锡大学师从科学心理学之父冯特时，曾发生过一个令人费解且十分沮丧的故事。一次，冯特在新学期开始时为了给学生分派研究课题，让他们按身高站成一排，然后随机分发课题，不允许学生们自己选题。但卡特尔却不以为然，当他自拟课题向冯特要求研究反应时的个体差异时，冯特毫不犹豫地将他逐出了实验室，因为冯特认为心理学不应该研究个体之间的差异。后来，卡特尔为了自己的研究兴趣，也为了报这个"一箭之仇"，回到美国专门研究心理测量，终于成为心理测量学的先驱和人格特质流派的创始人之一。他对心理学最大的贡献是编制了十六种人格因素量表（16PF），并将其应用于临床研究。

　　本章选译了卡特尔《16PF 在区分同性恋、正常人和一般罪犯上的应用》一文，反映了 16PF 在临床研究中的使用方法和意义，涉及具体因素的差异；接着对卡特尔的心理健康思想进行了介绍，通过对 16PF 的初级因素和次级因素的说明，来分析他在罪犯、焦虑症及人格遗传问题上的观点和看法；最后阐述了 16PF 在现代心理健康问题上的新应用和新发现。

雷蒙德·卡特尔的生平事迹

雷蒙德·卡特尔（Raymond Bernard Cattell，1905~1998），被誉为 20 世纪最有影响力的行为主义心理学家之一。他对人格特质、智力、动机、创造力和成就、群体行为等进行研究，为人们预测行为和了解自我奠定了基础，发展了一整套详尽的人类行为研究的理论体系，为扩展现代心理学的广度和深度做出了巨大的贡献。他被认为是 20 世纪最著名的心理学家之一，排名第 16 位。在他去世前一年，美国心理学会授予他心理科学终身成就金质奖章（Gold Medal Award for Lifetime Achievement in the Science of Psychology），以表彰他在心理学领域取得的杰出成就。

卡特尔 1905 年 3 月 20 日出生在英格兰，五岁时全家搬到了西南部的海边度假胜地——特奎镇，在这里度过了幸福的童年时光。这段在海边的童年经历，使他对大海产生了浓厚的兴趣，在他的第一本书中，就提到了他在德文郡（Devon）和康沃尔郡（Cornwall）附近海域的航海经历。卡特尔的父亲是一名机械工程师，就职于生产蒸汽机和内燃机等设备的工厂。在他九岁的时候，英国参加了第一次世界大战，他的父亲帮助制造新的战争设备，而年幼的卡特尔则帮助照料伤残士兵。他目睹了战争的惨烈以及生命的脆弱与短暂，这使他认为"一个人应该在有限的生命中，尽最大的努力做更多的事情"。于是，这种对死亡的危机感被卡特尔转移到工作的紧迫感中，致使他的一生发表了 500 多篇学术论文和 50 余部专著，以及超过 30 个以上用以进行人格和智力研究的规范化测试工具。高中时的卡特尔就以其突出的成绩而著名，1921 年，卡特尔获得奖学金，进入伦敦大学国王学院学习物理学和化学，三年后以优异的成绩获得了理学学士学位，成为家族中唯一的大学生。

卡特尔在伦敦大学学习期间，受到诸如罗素（B. Russell）、萧伯纳（G. B. Shaw）、威尔士（H. G. Wells）和赫胥黎（A. Huxley）等一批思想家的影响，他开始对心理学产生兴趣，意识到心理学在解决各种严峻的政治、经济和社会问题中的作用。卡特尔认为传统的解决方法并没有效果，而心理学能够帮助研究者理解人类的本性，找到新的有效的解决方式。他受聘担任了因素分析创始人斯皮尔曼（C. Spearman）的研究助手，帮助其进行智力方面的心理学研究。1929 年，卡特尔顺利获得了伦敦大学心理学博士学位。同时，在 1926~1932 年期间，卡特尔还担任英格兰埃克塞特大学的讲师，之后五年，他创办和主持了英格兰莱斯特儿童心理辅导中心，进行了大量的临床工作，积累了丰富的资料和经验。

1937 年，卡特尔受到美国著名心理学家桑代克（E. Thorndike）的邀请，到美国哥伦比亚大学师范学院工作了一年，在这一年里，他和他的追随者一起用多因素分析法研究智力理论。之后，卡特尔到克拉克大学工作了三年，对人格和智力进行了客观的行为测量，并在 1942 年的美国心理学大会上报告了他对晶体智力和流体智力的研究成果。期间，伦敦大学授予卡特尔荣誉科学博士头衔，以表彰他在心理科学领域做出的杰出贡献。1941~1944 年，卡特尔在哈佛大学讲授心理学，受到墨里、怀特（R. White）和奥尔波特（G. Allport）等富有创造性的人格心理学家的激励，他对人格的研究和思考有了进一步的发展，认为既然因素分析可以研究智力，那么也可以研究复杂的人格。两年后，卡特尔前往伊利诺伊州立大学担任心理学系教授和人格测量实验中心主任，直到 1973 年。伊利诺伊大学发明了第一台电子计算机，使得用因素分析法得到的大量数据可以进行快速计算。于是，在伊利诺伊大学的 27 年时间里，卡特尔做了大量的人格特质方面的研究工作，奠定了他的理论基础，为临床应用提供了宝贵的支持，成为世界公认的人格理论家。其中，他于 1949 年首次发表了"卡特尔十六种人格因素量表"（Cattell's Sixteen Personality Factor Questionnaire，后简称 16PF）。该量表被公认为权威的人格测量方式，先后被翻译成 40 多种语言。

卡特尔从伊利诺伊大学退休后到科罗拉多定居，担任了夏威夷大学的兼职教授。在任职期间，他仍旧孜孜不倦地进行着心理学研究，并发表了大量的文章和著作。有人评论说，卡特尔书写的速度比一般人阅读的速度还快。1997 年，美国心理学会决定颁发他心理科学终身成就金质奖章，但他认为自己遭到诽谤而拒绝领奖。1998 年 2 月 2 日，卡特尔逝世，享年 93 岁。

链接： **生平重大事件**

1905 年 3 月 20 日　出生在英格兰西布罗姆维奇的一个小镇上。

1921 年　获得奖学金，就读于伦敦大学国王学院。

1924 年　获得伦敦大学国王学院化学专业理学学士学位。

1929 年　获得伦敦大学国王学院心理学专业博士学位。

1930 年　设计一系列智力测验并发表。

1933 年　首份性格测验发表。

1937 年　受邀前往哥伦比亚大学成为桑代克的研究助理。

1941 年　受聘哈佛大学心理学讲师。

1946 ~1973 年　受聘伊利诺伊大学心理学教授，创办并领导人格和群体分析实验室。

1997 年　获授美国心理学会心理科学终身成就金质奖章，但拒绝领奖。

1998 年 2 月 2 日　卡特尔逝世，享年 93 岁。

卡特尔是位勤奋而多产的学者，甚至在圣诞节还要到办公室工作。卡特尔也是一位富有个人魅力和亲和力的心理学导师，他的一生与无数心理学工作者合作过，并教出了无数优异的学生，他总是鼓励他们为心理学做出更大的贡献，受到了成千上万学生和合作者的喜爱、赞美和尊重。卡特尔的主要著作有《人格的描述与测量》（*The Description and Measurement of Personality*）（1946）、《人格研究导论》（*An Introduction to Personality Study*）（1949）、《人格：一个系统的理论和事实的研究》（*Personality：A Systematic，Theoretical，and Factual Study*）（1950）、《人格的科学分析》（*The Scientific Analysis of Personality*）（1965）、《多元实验心理学手册》（*Handbook of Multivariate Experimental Psychology*）（1966）和《人格与动机的科学分析》（*The Scientific Analysis of Personality and Motivation*）（1977）。

《16PF 在区分同性恋、正常人和一般罪犯上的应用》①

一、同性恋的独特性

澳大利亚同性恋问题研究委员会对 100 名承认自己有过一次或多次同性恋行为的成年男性囚犯，进行了 16PF 测验的 A、B 两种形式测验（Cattell et al, 1957）。他们的平均年龄是 30 岁，有着不同的职业和社会地位。结果的标准斯特恩（sten）分数（一般人＝5.5 stens，Sigma＝2）见图 4-1。

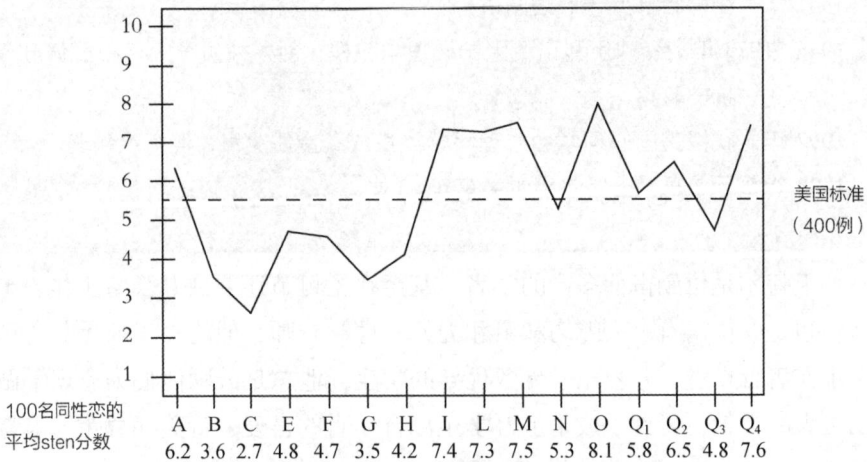

图 4-1　100 名同性恋者在 16PF 上的平均人格数值

在这些结果要么得到直接测量含义的认可，要么得到一般心理学理论的解释之前，必须对某些可能性进行检查。首先，上述分数是按照美国成年人的标准而言的，因为在计算时间上，独立的澳大利亚标准是无效的。也许，希望在这两种文化和种族混合之间有一些水平上的小小差异，并不是不切实际的，我们需要多关注独立标准。卡特尔和华伯登（Warburton）（1961）发现，英国人比美国人稍微要更内向和更少焦虑，尽管这种差异

---

① 译者为每节标题添加了序号。文中关于同性恋的提法本着尊重原作的原则未做改动。译者按。

不显著，但图 4-1 中，从直线可以看出偏差概况在文化背景上可以得到肯定的预期。但是，为了检查这点，我们测量了一个澳大利亚成人的样本（与囚犯有着不同的职业技能水平和相似的年龄），结果记录在表格部分（而不是图的部分），见图 4-2。平均差稍微偏离美国人的 5.5，但没有一个澳大利亚人的偏差达到了 $P<0.05$ 的显著性水平。在澳大利亚人的控制组中，有些较低智力的指标，一般随着较低技术含量的职业（主要是监狱看守员和初级行政职员）而出现。而美国人在 H 因素——"冒险敢为，少有顾忌"上得分较高。对于这种较小而有趣的差异，我们应该把跨文化这个话题留给其他研究者。显然，这种显而易见的同性恋–正常人之间的差异并不是特别相关的，任何的文化差异都是可以存在的，即使是较小差异。

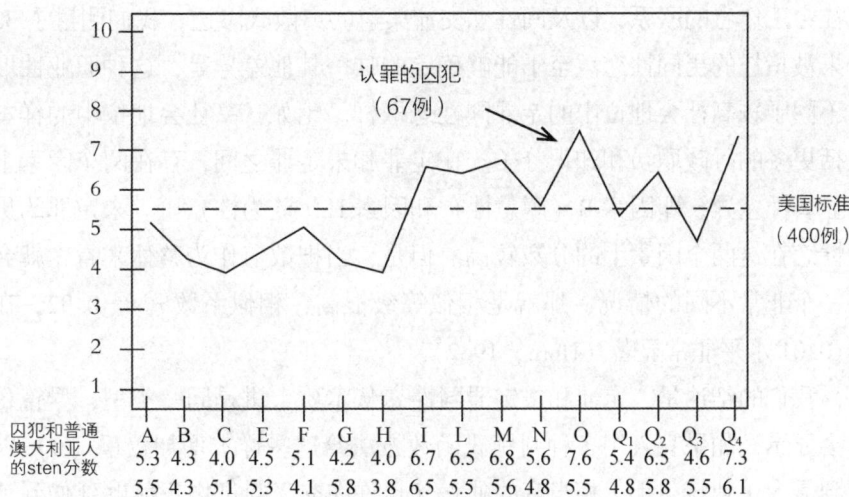

图 4-2　标准的和随机的囚犯（67 例）的平均人格数值

下面需要考虑的可能性是，图 4-1 中的数值仅仅代表了一般定罪囚犯的数值。这个问题不会引发疑问，即体制本身能够单独产生这些大的差异。尽管这点看起来不大可能，但某些影响或许可归因于此，并立刻得到验证。因此，我们只能寻求统计测试，也就是说，看迄今为止"同性恋"组中得到的特定数值是否比"犯罪"组得到的特定数值更多。为了验证这点，我们在同一个监狱里对 67 个囚犯进行了测试，这些囚犯的取样是根据多种犯罪类型（不同于同性恋）的发生频率而定的。结果见图 4-2 的数值。

从表面上看，这两组数值——同性恋和囚犯——具有一些大致上的相似，但也有特定的差异。比如，同性恋者在稳定性，即 C 上得分显著较低；在敏感性（受保护的情绪敏感），即 I 上得分较高；在怀疑性（妄想趋势），即 L 上得分较高；在幻想性，即 M 上得分较高。这些相似和差异的统计意义在下面可以得到验证。同时，表 4-1 以斯特恩分数，反映了三个比较组中每一个人格因素的平均数和标准差。

我们一般在考虑一个偏常组是否是隔离模式时提出第三个问题。这个问题允许选择性影响因素进入到那些与类型的定义不相关的因素中。在这种情况下，定罪同性恋是否有可能是来自一般同性恋中的特定选择？理由既可以是他们恰巧被选择，也可以是因为监狱的"制度性居住"效应？通过社会工作者的联系，以及同性恋交流渠道的离散式渗透，我们测量了 33个未被指控的男同性恋。至于能够确定的唯一其他差异是，这种职业性取样不同于较高社会地位中的定罪同性恋取样。比如，高社会地位中的样本包括更多的行政职员和知识分子。在定罪和未定罪之间，存在两个因素上的显著性差异，即因素 B（聪慧性）和因素 H（敢为性）上。未定罪的男同性恋在这两个因素上的分数较高。但是，当把数值作为整体来看，就会有一个非常不同的情况，那就是相似等级很高，相似系数 r_p 是 0.92，在 $P = 0.01$ 水平非常显著（Horn，1962）。

我们的结论是，定罪和未定罪同性恋从本质上讲是同一类型，尽管稍后会显示，如果有人用多种判别式函数方法给这些样本增加权重（w）以达到最大化独立，那么相当高的独立（也许在交叉验证中不能够延伸到其他样本）即使在这儿也是能够实现的。从实用主义心理学家的观点看，更聪慧因素越来越不频繁，这个趋势足以产生现实选择，这一点很有意思。更大胆（因素 H）的趋势也更不频繁，这违反了常规理论：人们更加大胆和足智多谋则会在逃避逮捕时产生更多成功的策略。

二、同性恋偏差的心理类别

定罪和未定罪同性恋数值的一致性（相似系数 $r_p = 0.92$）（Cattell，1957；Cattell et al，1957）使我们至此开始提起同性恋的人格数值，尽管不

表 4-1　定罪和未定罪同性恋以及定罪囚犯在 16PF 上的平均值和标准差

组	人格因素															
---	A	B	C	E	F	G	H	I	L	M	N	O	Q₁	Q₂	Q₃	Q₄
未定罪同性恋 M	7.6	5.9	2.2	5.5	5.2	3.8	8.5	8.3	7.4	8.2	5.3	7.2	6.9	6.9	4.9	6.7
Sigma	1.4	2.0	1.8	2.5	2.3	1.5	1.9	1.8	2.4	1.8	2.3	1.9	2.1	2.2	1.8	1.6
定罪同性恋 M	6.2	3.6	2.7	4.8	4.7	3.5	4.2	7.4	7.3	7.5	5.3	8.1	5.8	6.5	4.8	7.6
Sigma	2.6	1.6	1.8	2.3	2.1	1.8	1.9	2.2	1.9	1.9	2.5	2.1	2.2	2.0	2.4	1.9
定罪普通囚犯 M	5.3	4.3	4.0	4.5	5.1	4.2	4.0	6.7	6.5	6.8	5.6	7.6	5.4	6.5	4.6	7.3
Sigma	2.0	2.1	2.2	2.0	2.1	1.8	1.9	2.0	2.1	2.4	1.9	1.8	2.4	1.9	2.0	1.9
等同标准（澳） M	5.5	4.3	5.1	5.3	4.1	5.8	3.8	6.5	5.5	5.6	4.8	5.5	4.8	5.8	5.5	6.1
Sigma	2.1	2.3	1.8	1.9	2.2	1.7	2.3	2.0	1.6	1.9	2.0	1.9	2.1	2.1	2.2	2.0

注：标准美国成人的 Sigma 值在所有因素上都是 2.0 stens，平均值是 5.5。

能否认用 16PF 充分大样本的 Q 分析技术能够在之后的数据中发现有些更加微弱的小团体。此刻，我们只取这些数值的平均数，从人格结构方面研究它的基本属性。

在试图解释同性恋概念时，与其相关的首要的综合概念是神经质和病态人格。表 4-2 显示了同性恋数值和主要的类别 A——神经质、心理变态和精神病与神经质类别内的特定综合征群体 B 之间，r_p 模式的相似系数，数据已经记录在 16PF 中（Cattell & Scheier，1961）。

表 4-2 13 位同性恋者的平均值和其他临床被试平均值的模式相似系数

组	被试数量	r_p 值
主要的类型名称 A		
神经质	201	0.81
心理变态	17	0.63
精神病	463	0.52
特定的神经质综合征群体 B		
焦虑性歇斯底里和神经质	76	0.82
绝望反应	19	0.80
转换性歇斯底里	11	0.59
强迫症反应	9	0.58
反社会神经质(付诸行动)	28	0.58
身心机能紊乱症	14	0.32

对于那些 r_p（Cattell，1949，1957）和 r 并不相近的数值来说，与模式相似系数和属性相关的一些基本量应该得以显示。不像 r，当两种模式有同样的形式但截然不同的水平时，它避免了将其混为一谈的错误（比如，用 +1.0 和 -1.0 表示）。当两个数值是同一形式和绝对水平时，如完全一致，就显示 +1.0；当两个数值之间没有任何关系时，就显示 0.0；而当两个数值不一致时，就显示 -1.0。（这里的 -1.0 只是渐近式接近，就像我们在哲学中讲的那样，"天堂和人间之间有比梦想更多的东西"）

在本文中，我们建议就 r_p 的显著性进行粗略和尝试性的对待，因为全部的模式相似显著性正在审查中。霍恩（Horn，1962）进行了显著性测试，作为数值元素使用的维度是正交的，而此处使用的人格维度仅仅是接近正交。当用 Q 技术分析 r_p 来探索家族、种类和物种结构时，它仍旧会碰到与 r 相关系数的整群搜索一样的限制性，也就是说，就像任意的限制值允许一种类型在类型结构变化时发生变化。

因此，在现在的研究中，未定罪同性恋模式与定罪同性恋的相似性为 +0.92，而与一般定罪囚犯的相似性只有 +0.61。相应地，尽管可以强迫人们把各种各样的同性恋当作单一群体，但是，后者也可能与囚犯一起归入到"反社会精神病者"这一更加广泛的群体中。我们希望，真正的病理学领域的类型学可以通过得到的数值进行系统性改革，就是说，30 种公认的偏差行为用所有可能的方式进行相互关联（以 r_p 的方式），并将其归入到各自的群体中。但在这点上，我们只能取同性恋数值的平均值，发现其与病理学数值的某些重要类别之间的单独关系。

从所有的相互关系中，我们并不知道总的类属结构。最终，我们也不能够通过这种方式合乎逻辑地把同性恋归到某个确定的类别中。但是，我们可以发现如此显著的相似性，以至于我们可以阐明它的主要归属。表 4-2 验证了其与主要偏差群体的关系。这里做了比较的精神病者并不是我们原本的囚犯群体，而是由佩宁顿（Pennington）定义为精神病者的更加严格的"临床"囚犯群体（Pennington & Berg，1954）。但是，有趣的是，他们与同性恋者的相似性（+0.63）和我们从一般囚犯群体中获得的相似性（+0.61）非常接近。

霍恩（1961）的显著性表格验证了所有的相似性，只有身心机能紊乱症患者在 $P<0.01$ 水平上显著。然而，对人格因素的偏差来说，我们不得不将目前唯一可行的方式总结为：反社会和精神病者的相似值实际上仅仅是边缘化显著。无论如何，通过真实的数据测量，在这个问题上，同性恋者比反社会、罪犯、精神病和身心机能紊乱者都更加接近临床划分的神经质。顺便提一下，有关最后命名的相似性缺乏，卡特尔和谢尔（Cattell & Scheier，1961）的最近研究认为身心机能紊乱的"神经质"并不真正属于神经质。

三、同性恋偏差的特别心理属性

认识到所有的偏差行为中，同性恋和神经质最接近这一点之后，我们可以对它的定位进行详细说明。读者可以从表 4-1 中看出同性恋和普通人在特定因素的平均数上有显著性差异。但本文意在解决总模式的相似性。寻求总体的相似性和差异性，我们可以看表 4-2 中 B 部分的 r_p 系数。从中我们可以发现，同性恋在与不同种类的神经质进行比较时，和焦虑性歇斯底里最相似。这一结果得到卡特尔和谢尔（1962）的实证数据的印证。顺便提一下，我们一点也不惊讶于它和绝望反应之间的相似性，因为绝望反应和焦虑反应总是联系在一起的。

此外，我们验证了另一个偏差行为的特定因素，从中枢焦虑神经数值可以看出。

1. 同性恋在因素 A+、E+、F+和 L−上同时与神经病症有所偏差。这些因素构成了 16PF 中的二级外向因素，因而表明同性恋具有神经症的"表现"。

2. 在因素 C——稳定性上，同性恋的分数比其他平均神经病症要低。所有当下的研究都表明因素 C 在对抗病理学的模式中起主要作用。换句话说，低分 C 在所有已知形式的精神病理学中（神经的和精神的）都是最恒定的标志。这意味着，同性恋建立在人格结构缺乏的基础之上，比神经症中的其他病症的发展更普遍或更居先。

3. 对一般的行为道德——有恒性（因素 G）和忧虑性（因素 O）而言，同性恋比主要的说服者要低。

4. 同性恋有更大倾向的激进主义（因素 Q）。这是一个社会学的人格维度，我们认为，居住在特定的社会氛围中（"波西米亚"）对抚养和感情管理有所影响。

关注同性恋的临床概念时，遇到的困难具有很长的历史，在回顾这段历史时（最近的著作对其进行了概括，比如，Bergler，1956；Ellis，1955；Freeman，1955；Grauer，1955；Kolb & Johnson，1955），我们从生物化学讲到了精神分析。结构化的人格测量为进一步的研究步骤和规划提供了坚实的基础。心理遗传学的研究（Cattell，Blewett & Beloff，1955）发现，自我力量（C 因素）对变异具有相当大（大约 25%）的遗传决定性。综上所述，我们可以认为同性恋偏差的发展始于某些本质性的不成熟。增加了环境的决定性固着后（像弗洛伊德的"性心理学"）就会导致一般性失调，产生较高水平的二阶焦虑因素。这种焦虑的症状不会像典型神经病症那样，可以通过独特的人格因素差异进行解释。外向性格更喜欢"表演"，波西米亚的环境则会鼓励其采用秘密的表演方式。最终，较低水平的超我允许其朝着根本上不同于目前情况的方向发展，既不作为神经病症，也不作为表演型神经病症的零星且仅是附带的反社会行为。个人的历史与其性格一起作用于高水平焦虑，压抑了他的男异性恋角色。

如果"性别中的失常并不是主要的"这一观点是对的，那么，在某种程度上，就会如低 C 显示的那样，存在某些一般性的刺激活动回归（但后者具有大多数精神病理学特征）。因此，同性恋对临床治疗的极端无应答性肯定会存在于其他地方。它可能简单地存在于误诊中，也就是说，没有把同性恋者视作神经病症患者，而是视作精神病患者或者具有根本行为偏差的人。然后，目前的分析结构本身为特别的阻力提供了解释：（a）目前的动态结构的加强，是通过外向性去发现更多现实的（尽管是不被赞成的）奖励用于成功的异常表现，而不是用神经症患者的内向性（Cattell & Scheier，1961）去推动他们发展；（b）较低的超我发展使得治疗学家（缺乏监督行为的治疗）很少能够依靠持久的治疗动机（由普通神经症患者的遭遇提供）去改变神经行为。因此，治疗方法应该志在收集更加情境性的动机，找到比大多数神经症需求更加适合外向性人的替代品，建立超我，并改变患者的社会环境。此外，如果这种分析是正确的，同性恋 16PF 数值上应该存在更大的相似性，这不仅仅是对一般"反社会神经病症"（反社会行为常常很与众不同）来说，也是对那些神经质的人，以及那些抵抗治疗的人来说。

现在最需要的是加强不同精神病理学的特殊数值的资料，以便能够对这里发现的相似性级别进行验证。而且，这也有助于对 16PF 的重复测量进行计划。也许 6 个月之后，我们可以看看那些恢复正常的同性恋者以及那些与上述分析中的期望不一致的同性恋者的人格因素是否发生了变化。

四、实际诊断的分离等级

上述分析中，我们更多强调了问题的理论意义，接下去，我们想要关注更多受限制但具有实际意义的问题，看看 16PF 数值是否能够为诊断提供确定的方法。

在这个问题上，基于 16PF 数值的模式相似性系数，我们的治疗方法也许具有某些理论性和心理测量上的更广泛意义。因为临床医生和其他人不断将单独分数的诊断转向模式性诊断。正如模式热爱者所探索的那样，在这个领域，对单独项目进行反馈时存在的绝对不稳定性，使得各种精确治疗需要通过项目模式才能对不符合要求的程序进行反馈。模式性诊断的确变得很有前景，那是因为统一的、有意义的人格因素的测量使人们可以把这些相对独立和稳定的措施作为模式中的元素。实际上，模式相似性系数 r_p 在预测已确定的人格因素时得到过显著发展（Cattell，1949）。

模式相似性系数的使用仍旧有很多有意思的统计方面需要得到数学统计学家的开发。尤其是需要对它某些偏差因素的标准差进行准确的评价。读者可以参考霍恩（1962）对这些问题的讨论，而由于缺乏讨论的空间，我们这里得出的结论可能比他们的结论更加不确定。最初对 r_p 的描述（Cattell，1949）既用了加权数值也用了未加权数值，显然后者的用法属于判别式函数统计。为了了解加权的用法能够得到多少区别，我们考虑了四组被试：78 例同性恋囚犯、54 例一般囚犯、33 例未定罪同性恋、50 例与实验组人员具有相似的社会地位但既非同性恋又非囚犯者。但是，我们并没有使用多种判别式函数，只是在每两组之间进行考虑，因为我们首先关注的是把同性恋和正常人①，以及那些容易和同性恋混淆的群体区别开来。而且，同性恋和囚犯之间到底相差多少，这些差别在定罪和未定罪同性恋中是否也存在，这些问题也是很有趣的。根据瑞欧（1952，p. 247）的计算，表 4-3 显示了 F 值和显著性。

---

① 需要注意的是，我们并没有取整个组的数值。因为受到计算的限制，这种更加精确的计算记录肯定会变少。

表 4-3 同性恋、罪犯和正常人在加权 16PF 数值上的差异

	F
定罪同性恋和正常人	8.40 *
定罪同性恋和罪犯	2.04 * *
定罪同性恋和未定罪同性恋	3.48 *
未定罪同性恋和罪犯	5.62 *
未定罪同性恋和正常人	12.84 *

　　未定罪同性恋和正常人之间的差异最明显，尽管定罪同性恋和正常人之间的差异是第二明显的。定罪同性恋和其他罪犯的区别并不如低模式相似性系数预期的那么大，但后者给出了更加公平的指示，而没有在一个方向上对随机取样数值进行加权。而且，即使定罪同性恋和一般罪犯之间的这种相似性只是中等，也需要检查某些体制影响存在的可能性，比如，测验反应模式或通过联想获得犯罪态度，有些会降低未定罪同性恋和其他定罪囚犯之间的差异。对于临床医生而言，使用 16PF 中最重要的权重，有可能是那些用于区别同性恋和正常人差异的权重。标准化回归权重中提出的那些权重，直接适用于 16PF 斯特恩的偏差或绝对分数，见表 4-4。

表 4-4 16PF 人格维度测试中在斯特恩分数上的权重

最大化地区分了同性恋和正常人

维度	标准化回归权重
A-乐群性	−.200
B-聪慧性	−.121
C-稳定性	+.367
E-恃强性	−.002
F-兴奋性	−.080
G-有恒性	+.186
H-敢为性	−.147
I-敏感性	−.072
L-怀疑性	−.040

（续表）

维度	标准化回归权重
M-幻想性	-.162
N-世故性	-.021
O-忧虑性	-.097
Q_1-实验性	-.102
Q_2-独立性	-.163
Q_3-自律性	+.056
Q_4-紧张性	+.271

这些权重用于正常人和同性恋的斯特恩分数，其值 $5.5 \times \sum w = 5.5 \times$（$-0.329$）$= -1.81$ 是典型正常人的结果，而典型同性恋则是更大的负值，约-1.93。正常人组和诊断前同性恋组的重叠值见表 4-5，为 6%，其他诊断组之间的重叠要比其多一些。读者会意识到，我们会误把重叠值作为带有新病例的常规情形中的指标，因为这里假设两个群体在规模上是一样的（在人群中有同样的发生率），而且更重要的是，人们发现即使对于新的群体而言这些指标都是交叉有效的，但仍会发生"收缩"效应。不过就目前而言，两者之间的差距只能够通过我们实际拥有的数据来描述。于是，我们有必要使用其他的样本，进行进一步的实验，来验证表 4-4 中的权重在新的样本中是否也能够分离各个群体。而且，和此研究一样，其他研究发表的最终目的是使权重具有最广泛的有效性。

表 4-5 当 16PF 模式得到当前权重的加权时，现存标准组的重叠总数

组	f%
同性恋囚犯-同性恋非囚犯	13
同性恋囚犯-非同性恋囚犯	19
同性恋囚犯-非同性恋非囚犯	11
同性恋非囚犯-非同性恋囚犯	10
同性恋非囚犯-非同性恋非囚犯	6

注：计算自 f% $= SE^2 \times 100$，其中 SE 是基于 16PF 分数预测分类的多种 r 的评价的标准误差。

无论如何，我们建议实际工作者，不只是通过单纯的统计方法用这些分数进行诊断，而是将因素的心理含义和个人生活的实际情况联系起来。

五、总结

在 16PF 测试中，我们找到了同性恋明显区别于正常人的特征数值。总的来说，可以不考虑特定因素中的性别差异。

这些数值与精神病理学数值有着显著的模式相似性。在神经症患者（$r_P = 0.81$），特别是焦虑性神经症患者（$r_P = 0.82$）上有最高的相似性。

然而，同性恋者不同于神经症患者（在指标水平上），他们更加外向，有较低的焦虑性和有恒性，在基本的自我力量因素上更弱，而在社会态度上更激进。

用判别式函数可以测量四个群体的多种分离程度。特别是通过权重公式①，得出同性恋和正常人群体之间的误分类只有 6%。但是，如果研究者未能考虑到其当前样本的独特性，那么有可能对这个分离程度产生误解。只有当研究者们把这个分离程度和未来研究中的模式权重进行比较，发现它是"交叉有效的"时，才能对其进行引证。无论如何，我们仍旧建议不要在任何纯粹的机械和统计中使用模式分数进行诊断，而是对与个体生活环境相关的根源特质进行心理研究，从进一步的"权重"方面进行诊断。

从我们概括的心理学理论的角度来看，性偏离不应该被视作是主要问题。这更有可能是患有神经症的个体产生的症状的特别选择，这种选择也可能由下面几点共同决定：（a）较弱的自我意识，甚至对神经症的形成来说，也是一种不寻常程度的退化；（b）对神经症患者而言的不寻常程度的外向性，喜欢表演；（c）较低程度的有恒性发展，允许更多根本性的不一致反应；（d）社会态度的激进主义。我们为此提供了很多与此一致的治疗方向性建议。

我们希望，现在的临床研究可以探索这些新的结果和理论指引。

1. 在进一步取样的基础上确认分类和模式权重的结论。这意味着用 r_P

---

① 作者们希望表达他们对欧文·怀特（Owen White）计算和验证表格的感谢。

和目标群体搜索方法进行 Q′技术（Cattell，1957）分析，然后用判别式函数进行处理。

2. 用重复的 16PF 对经历过不同治疗方法的同性恋以及相关类型进行测量，来验证其心理分析结论。

3. 用新的有效且客观的压力测量法，来验证性驱动上的差异并不是主要问题。

链接：《人类动机和动态微积分》简介

　　该书包括前言、24 个专题、参考文献、名词索引、姓名索引和作者简介几个部分。其目的是提供一种整体实用的高级研究方法。作者以尔格（ergs）和情感（sems）两种重要的动机因素为核心和出发点，精致地构建了人类动机的体系。对动机的本质、成分、测量方法、影响因素和未来的研究问题都做了深入、细致的描述与刻画，并引入了大量的数学-统计学的方法，运用各种方程来模拟动机的各要素。除此之外，卡特尔还分析了人格学习的过程，提出了结构性学习的理论和方程，分析了社会及文化环境的模型，在此基础上，对整个应用心理学的发展提出了模型化、标准化和方程化的建议。

链接：《人格和能力的遗传》简介

　　该书对人格和能力的遗传学研究方法和研究成果做了全面的梳理和总结。全书共分十章，前五章主要内容是行为遗传学的研究方法和主要模型、双生子研究的范式以及多重抽象方差分析法（MAVA）等，后五章从学习和遗传过程的关系、能力和人格的遗传等角度对当时的行为遗传学研究做了回顾。每一章都有一个小结。当时遗传科学的研究已经取得了长足的进步，因此，有必要从心理学的角度，以人格和能力等核心变量为基础，展示行为遗传学的研究成果，只有这样才能不断地提升心理学的科学性。 卡特尔特别强调，年轻的心理学专业学生应了解和掌握此书的内容，一定要像学习化学和物理学科那样，引入复杂模型以深入地分析心理现象。

16PF 和人格理论中的心理健康思想

卡特尔的人生分为两个阶段。第一个阶段是在英国，从他出生起到1936 年。这 31 年间，他培养了心理学研究的兴趣，完成了心理学的入门教育，并开始从事相关的研究与临床工作。第二个阶段是在美国，从 1937年直到他逝世的 1998 年。在这漫长的 62 年里，他出版了大量心理学著作，创建了人格特质因素理论和人格动力理论，并开展了大量临床研究，总结编制了《卡特尔十六种人格因素量表》，彻底奠定了他在心理学界的地位。

一、方法来源和理论背景

无论是卡特尔的人格理论，还是 16PF 量表的产生和临床应用，都与卡特尔个人的经历以及他当时所处的社会文化环境有着密切的联系。

（一）方法来源

16PF 主要应用了因素分析的方法。卡特尔在伦敦大学学习期间，作为该方法创始人斯皮尔曼的科研助手，进行了大量研究和实践。斯皮尔曼是当时的英国理论和实验心理学家，其将因素分析方法应用于智力研究，提出了智力结构的"二因素说"，即 G 因素（general factor，一般因素）和 S因素（special factor，特殊因素）。斯皮尔曼认为，一般因素是每个人都具有的一种智力，其区别在于每个人的大小不同；而特殊因素并不是每个人都具有的一种智力，只有那些在某个特殊方面（如体育）有能力的人才具有这种智力因素，且大小不同。另外一些人可能不具备这种特殊能力，但在另一个特殊方面（如文学）上有能力。在斯皮尔曼看来，人完成任何一种活动的过程都是由 G 和 S 两种因素共同决定的。卡特尔跟随斯皮尔曼开展了各种相关研究，掌握了因素分析方法。

以往的人格特质心理学家一般从微观的角度研究人格，根据现实的表现来猜测个体存在的人格特质。而卡特尔则是使用经验主义的方法，从宏观角度首先确定人类所具有的所有人格特质。由于卡特尔在本科期间曾主修过化学，化学元素周期表对他的心理学研究有很大的启发。他认为在研究人格特质之前，并不需要先入为主地进行分类，或者将某个人的突出特点作为他的特质类型。相反，个体的许多特征之间也许存在较高的相关，可以将它们归入同一特质中。于是，他希望能够用因素分析的方法建立类似于化学元素周期表一般的人格特质量表。也就是说，卡特尔对来自生活记录材料、问卷材料和客观测验材料的三方面数据进行统计处理，把用来描述人格的几百种特质通过相关性测量，将高度相关的特质划为同一个人格维度，最后确定了 16 种大的基本维度，这些维度是人的根源特质。卡特尔认为，每个人都具有 16 个因素，正如智力的 G 因素一样，是人人都有的，只是程度不同，16 种根源特质的综合程度决定了人们的人格表征。

（二）理论背景

早在古希腊时期，人们就对不同的人格进行区分，包括多血质（快乐型）、抑郁质（悲观型）、胆汁质（易怒型）和黏液质（淡漠型）。也有人根据体型进行分类，包括内胚型（肥胖型）、中胚型（强壮型）和外胚型（瘦弱型）。根据不同的性格、体型或者别的属性归类，称为类型法。这种方法发展到现代，在普通人中仍然非常流行，例如根据血型、星座和属相分类。显然，这样的分类大多数不符合事实，于是，逐渐被特质流派所取代。

特质流派的典型特征是预测那些得分处在特质连续体上某一范围内的人有什么样的典型行为表现，从而区分不同特质群体之间的差异。一般而言，人格的特质流派建立在两个重要的假设之上。首先，人格特征在时间上是相对稳定的；其次，人格特征具有跨情境的稳定性。在这两个前提之下，特质流派很少论及人格的变化，也很少预测某个个体在某个特定情境下的行为，而是关注群体的特征，对不同特征的群体进行比较，从而把人类的人格进行相对的定义和划分。

高尔顿（F. Galton）爵士是达尔文的表弟，对测量的实践与理论以及个体差异的心理学研究做出了重要的贡献。他首先提出了词汇假设，认为某语言中说话写作所用的语言应能包含描述这一文化中任何一个人所需的概念。同时，那些非常突出的、与人的社会生活密切相关的个体差异都会被人的自然语言所编码、表征。之后，德国心理学家鲍姆加登（F. Baumgarten）按照心理学途径对特质名称进行了分类。接着，奥尔波特和奥伯特（H. Odbert）进行了深入研究，从 1925 版的《韦氏国际词典》中选出了 17 953 个能区分人类行为差异的形容词，将其分成四大类：表示稳定人格特点的词；描述暂时心境和活动的词；对性格进行评价的词；一些混合术语以及含义不清的术语。其中表示稳定人格特征的词有 4 504 个。

在这些研究的基础之上，卡特尔将 4 504 个稳定人格特质词，加上精神医学和心理学文献的形容词，进行了聚类分析，删减到 200 个，然后将这 200 个词两两对立起来，如自大的——谦卑的、愚钝的——聪慧的、无耐心的——有耐心的、幻想的——实际的，等等。针对总结的这 100 对特质词，卡特尔编制了和日常生活相关的问卷，要求被试对自己和朋友分别进行评价，得出每个人在各个人格特质上的分数，然后用统计方法求出各个特质之间的相关关系，将彼此相关较高的分为一组，并用一个概括性的名词来标志。这个概括性的名词就是根源特质。

二、人格特质的理论模型

卡特尔认为，人的气质类型没有好坏之分，每种气质类型都有积极和消极两方面。通过对现实中人们的实验研究，卡特尔发现人格特质有三分之一是由遗传决定的，有三分之二是由环境决定的。并且，随着个体年龄的增长，特质具有相当大的稳定性。卡特尔将理论探讨和科学测量结合起来，采用归纳-假设-演绎的方法，找到复杂人类行为中那些相对而言更加稳定和综合的特质，得出了 16 种独立人格因素，包括乐群性、聪慧性、稳定性、恃强性、兴奋性、有恒性、敢为性、敏感性、怀疑性、幻想性、世故性、忧虑性、实验性、独立性、自律性和紧张性，作为根源特质和初级因素。然后对这些初级因素进行进一步分析，产生次级因素，包括适应与焦虑型、内向与外向型、感情用事与安详机警型、怯懦与果断型、心理健康因素以及专业有成就者、创造力强者和在新环境中有成长能力的人格因素八种。16 种初级因素和八种次级因素相结合，可以全面地描述和概括所有的人格群体。

人格的特质流派着重于描述人格和预测行为，而不是解释人们为什么会在某个场景下表现出某种行为，这就使得人格特质的研究结果只是为那些在某人格维度上可能过高或过低的人们提供一个如何改变的方向，而无法通过实际的方法进行改善与治疗，所以，没有哪个重要的心理治疗学派是源自于人格特质流派的。但是，随着社会的发展和心理学研究范围的扩大，现代心理学的研究对象已经不仅仅是那些患有心理疾病的群体，也不只是关注人类发展过程中的消极心理，对积极心理学的研究热潮说明心理学对普通大众的心理健康维护有很大作用，通过关注积极心理也能够帮助人们解决不健康的心理问题。人格特质研究中收集的信息有助于治疗者在治疗过程中进行诊断和制订治疗计划。特质研究考察的许多特征，如自尊和社会焦虑，则有助于被治疗者在社会交往中的个人适应。因此，特质研究对避免消极心理、追求积极心理以及维护心理健康等方面具有重大意义。尤其是卡特尔的 16PF 能够计算出心理健康者的人格因素，找到那些情绪不稳定程度较为显著的心理不健康者，通过后天环境的影响来改善和预防因为心理问题造成的行为偏差。

卡特尔的人格理论认为，人格是由许多彼此独立的特质因素构成的复合结构，这些特质是个人相对恒定的体质特征和行为倾向。根据不同的方式，卡特尔对这些特质进行了分类，建立了四个层次的理论模型。这四层包括：一是体质特质和环境特质，前者是先天遗传的行为倾向，后者是后天习得的行为倾向。例如，16PF 中的因素 A（乐群性）就是体质特质，因素 Q_1（实验性）就是环境特质。二是共同特质和独特特质，前者是所有社会成员所共同具有的行为倾向，后者是单个个体所特有的行为倾向。三是表面特质和根源特质，前者是从外部行为中可以直接观察到的行为倾向，后者是不能直接观察到，但可以通过外部行为进行推知的行为倾向。卡特尔认为，人格研究的终极目的是找到根源特质。四是能力特质、动力特质和气质特质，能力特质是在认知过程中表现知觉及运动的个别差异的特质，动力特质是在情绪与动机过程中使人趋向某一目标的行为动力的特质，气质特质是由遗传而来并在意志行动中不随环境变化的特质。例如，智力就是能力特质，它决定了个体有效完成学习任务的水平；而个人性格的温和与暴躁则是气质特质，决定了一个人的情绪色彩。

卡特尔对本能的认同和精神分析学派的思想类似，把动力特质看作是人格的动机因素，包括意识本我、自我表达、理想自我、生理需求表达和压抑情节五种成分。他在对人格形成的年龄趋势的研究中指出，自我和超我是在个体 2~5 岁阶段发生的，这一时期的冲突与解决对人格的形成非常重要。6~13 岁是无忧无虑的阶段，继续发展自我，并把爱扩展到父母和其他人身上。随后是青春期，容易发生情绪不稳定和对外界社会没有把握的情况。而 25~55 岁是人格的稳定和成熟阶段，尽管生理机能在不断下降，但是生活经验的积累有助于创造力的增加（说明创造力是一种环境特质）。

三、人格和心理健康的关系

在日常生活中我们经常发现，处在同一个压力环境下，有人容易生病，有人不容易生病；面对同一种冲突，有人的情绪容易失控，有人的情绪比较平和；抑郁症和高血压等疾病的发生除了受到外界环境的影响之外，还存在家族遗传的情况。种种现象说明，人格和心理健康之间也有相应关系。在应对压力、向别人吐露心声、发泄情绪、宗教信仰、焦虑、孤独等很多涉及心理健康的方面，都存在人格的个体差异。

（一）卡特尔人格因素的评鉴

对于人格与心理健康的关系，卡特尔认为心理疾病是由无法解决的冲突造成的。在青少年阶段，他认同精神分析学派对自我发展的看法，指出个体的自我发展不成熟，无法对自己和周边环境有清晰和理智的认识，情绪容易受到外界环境的影响，一旦失去理智，就会难以控制自己的行为。在成年阶段，他认为，如果个体的人格发展不够稳定和健康，那些根源特质的过度发展就会支配个体的行为，如恃强性会使个体产生更多攻击性，敢为性让个体产生更多冒险行为，忧虑性则使得个体多疑和不安。人际关系中的不信任，会将恃强性和敢为性转化为表面特质，产生冒险攻击等表现行为。在老年阶段，他赞成现代精神医学的一些观点，指出老年人会有下列典型特点：担心经济状况和健康状况；感到无所希求，寂寞孤独；多疑；兴趣狭窄；记忆力减退；思想僵化、保守；多话，特别喜欢谈论过去；喜欢收藏（特别是琐碎的东西）；感到身体功能不足，导致不安全感和焦虑感增加；自罪感，易激怒；性活动减少，但对性兴趣增加（特别是男性）；不整洁；对条件改变不能适应；社会联系和社交活动减少。这些典型特点会引发各种不同的心理疾病和偏差行为。无论哪个阶段的心理疾病，都离不开人格因素的影响。

卡特尔对心理疾病治疗的技巧主要依赖于他对人格因素的评鉴。他认为，评鉴越客观精确，其评鉴结果在治疗过程中对被治疗者的判断也就越客观精确，治疗者可以更好地了解治疗前后被治疗者行为的改变，从而找到更加有效的治疗方法。但是，他不同于"爱空想的，先于测定、先于实验就提出假象的"理论家，而是将敏锐的临床观察结果应用到精确的测量中。也就是说，他对人格因素的评鉴建立在生活资料之上。

在卡特尔看来，人的所有特质都源于根源特质，只需要找到人的根源特质，就能够解释人的所有人格和行为。他总结出 16 种人的根源特质，并根据生活实情编制了 187 个自我陈述题目。每一种根源特质都由一个分量表来测量，每一种特质都分两级，这样，每一个分数都存在意义，都能够说明人格的某个方面。该量表即《卡特尔十六种人格因素量表》。卡特尔在不同国家（美国、德国、英国、法国、意大利、印度等）不同年龄段（成年人、儿童）的人群中对人格量表进行了适应性测试，根据群体的文化、宗教信仰等差异，最后得出五个版本，以适用于各个层次的被试。这些版本之间只存在项目数量和回答方式的差异，因此对人格测量的最后结果并不产生特别大的影响。中文版 16PF 量表的解释如下（见表 4-6）。

表 4-6　卡特尔 16PF 人格因素量表

	人格因素	低分者特征	高分者特征
A	乐群性	沉默孤独	乐群外向
B	聪慧性	愚钝、抽象思维能力差	聪慧、抽象思维能力强
C	稳定性	情绪不稳定、无耐心	情绪稳定、有耐心
E	恃强性	温顺、随和	支配、好斗、有己见
F	兴奋性	严肃、谨慎、安静	轻松、热情、活泼、幽默
G	有恒性	权宜、敷衍、轻视规则	有恒、负责、遵守规则
H	敢为性	畏怯退缩	冒险敢为
I	敏感性	粗心、迟钝	细心、敏感
L	怀疑性	信任、接纳	怀疑、警觉
M	幻想性	实际、合乎常规	幻想、不实际
N	世故性	直率、天真	精明能干、世故
O	忧虑性	安详沉着、有自信心	不安、多疑、自责
Q_1	实验性	保守、传统、抗拒改变	自由、批评、求新
Q_2	独立性	依赖群体	自立
Q_3	自律性	冲动、无法自制	克制、自律、严谨
Q_4	紧张性	放松、沉着、欲求低	紧张、迫切、欲求高

在 16 种根源特质的基础上，卡特尔用因素分析法得出八个次级因素，用来进一步解释人格特质。这八个人格特质次级因素包括：

1. 适应与焦虑型 X1

适应型个体的积极方面是对生活适应性好，通常感到心满意足，能做到所期望的及自认为重要的事情，而消极方面是对困难的工作缺乏毅力，不肯奋斗努力，知难而退。焦虑型个体则常常对生活上所要求的和自己意欲达到的事情感到不满意，也因此会知难而进；工作异常努力，也会因此影响身体健康。

2. 内向与外向型 X2

内向型个体趋于胆小，在与别人接触中采取克制的态度，有利于从事精细的工作。而外向型个体性格外倾，善于交际，不受拘束，有利于从事贸易工作。

3. 感情用事与安详机警型 X3

感情用事型个体的情感丰富，经常感到困惑不安、缺乏信心，对生活中的细节的反应较为含蓄和敏感，性格温和，讲究生活艺术，采取行动前会顾虑很多。安详机警型个体富有事业心，果断刚毅，有进取精神，精力充沛，行动迅速，也因此常常忽视生活上的细节，只注意明显的事物，会有考虑不周、不计后果和贸然行事的冲动。

4. 怯懦与果断型 X4

怯懦型个体容易顺从和依赖别人，个性被动且纯洁，受人驱使而不能独立，迁就别人。果断型个体则比较独立，有气魄，有攻击性，会主动寻找可以施展这种行为的环境或机会来充分表现自己的独创能力，并从中获取利益。

5. 心理健康因素 Y1

在此量表上得分低于 12 分的个体，容易情绪不稳定，失去心理平衡而造成各种心理问题。

6. 专业有成就者的人格因素 Y2

在此量表上得分高于 67 分的个体比其他个体更有可能在各自的领域获得较高的成就。

7. 创造力强者的人格因素 Y3

在此量表上标准分高于 7 分的个体属于创造力强者的范围。需要指出的是，卡特尔认为，人的创造力与他过往的经历和经验有关，一般而言，年龄越大，人的经验越多，创造力也会越高。这说明此项特质不仅受到遗传的影响，也受到后天环境的影响。

8. 在新环境中有成长能力的人格因素 Y4

在此量表上得分低于 17 分的个体从事专业或训练成功的可能性极小，而大于 25 分的个体有成功的希望。在新环境中有成长能力说明个体能够适应新环境，并能在新环境中迅速进行学习，掌握技巧和知识。

通过这八个分量表的评价，可以对个体的人格特质有进一步的了解和分析，从而为健康的维护、职业的选择、人员的评价做出贡献。

（二）卡特尔对 16PF 的临床研究

1. 治疗方法

在治疗方法上，卡特尔持折中主义的立场，认为在可靠、有效的测量基础上，任何有效的治疗方法都可以使用，而不应该拘泥于某一种治疗方法。他既应用精神分析的个案分析法，认为治疗者对患者早期创伤经验的研究将有助于治疗，因为重新提起这些经验，患者可能会从较好的角度重新认识自己的情绪反应以改变其行为，也应用直接条件作用如行为疗法。卡特尔的治疗观点是：精神病人的整个人格机能都有障碍，测量和治疗方法都必须针对其整体的人格结构，而不能仅针对其某些具体的行为。

卡特尔等人（1966）曾就精神疗法和药物治疗相结合的方法对神经症患者进行治疗有过研究。在研究中，他们发现两种方法的相互配合对治疗更有效果。精神疗法能够使得药物治疗的安慰效用持续更长的时间，还能降低麻醉剂在最终治疗结果上的副作用。在关于强迫症治疗的改善率上，他们指出光靠药物治疗并不能达到明确的效果。因为治疗师既不能清楚地描述出这些症状的特点，也不能详细地区分恐惧症和强迫症之间的症状差异。通过实验显示，在人格特质的 O 因素（见表 4-6）上，精神疗法可以有效地降低内疚倾向，但只能在那些没有服用安宁片的被试群里，这说明经过药物治疗和不经过药物治疗的群体是不一样的。而在人格特质的 C 因素（见表 4-6）上，精神疗法却只在那些服用了安宁片的被试群里有效果，这说明药物治疗对 C 因素有影响。这两个实验说明，在某些神经症上，光靠精神疗法就能够达到效果；而在另外一些神经症上，光靠精神疗法不行，也需要配合药物疗法。如何有效地将两者结合起来，是治疗过程中应该注意的问题。

2. 临床研究

卡特尔将 16PF 应用到犯罪、焦虑症、强迫症等问题的测量上，发现这些患者和正常人存在很多人格上的差异。正是由于这些差异的存在，使得患者在心理和情绪上产生异常，从而导致行为异常，甚至引发违反社会规范和社会道德的犯罪行为。这些研究结果对治疗具有很大的启发，如果可以找到偏差行为产生的根本原因，我们就可以通过改善和完善人格的方式，对患者进行引导，降低或提升他们的某一项人格因素分数，以此来减少他们的偏差行为。

卡特尔和其他学者在一项对青少年犯罪的研究中发现，无论是美国还是欧亚国家，青少年犯罪的现象越来越普遍，而且出现了很大比例的重犯率（80%）。除了受到第二次世界大战的影响之外，人格因素中，高分 G 和 Q_3（见表 4-6）也能够预测个体对社会行为的负责程度。在其他因素保持不变的前提下，在这两个因素上得分较高的个体，更加成熟和可信赖，较少出现反社会行为；而在这两个因素上得分较低的个体，尤其是青少年，容易出现犯罪行为，产生人格障碍。而在 E 因素（见表 4-6）上，犯罪的青少年会为他们的攻击行为找到合适的借口，他们知道什么时候应该停止攻击然后表现出正常行为。但是，在 I 因素（见表 4-6）上，犯罪青少年的得分低于平均分。有趣的是，一般而言，医生、工程师、警察和技术人员的 I 因素得分较低，说明他们是理智的。而犯罪青少年也拥有理智型人格，若加上他们对社会行为的不负责任和攻击性，就会共同导致高犯罪率和高重犯率。卡特尔等人认为，如果在治疗的过程中，提高他们的 I 因素分数，也就是说，降低他们的坚韧性和愤世嫉俗的人格，增加他们情绪的敏感性，也许可以降低他们的犯罪率。

卡特尔和谢尔（1961）为诊断神经症、精神病和心理病态者，特别是区分焦虑性歇斯底里、强迫症、转换性歇斯底里和身心机能紊乱症等综合病群体提供了人格上的划分标准。在焦虑和外向型的比较研究中，卡特尔等人（Cattell & Tsujioka，1965）发现，美国被试的焦虑水平较低，而外向型水平和自律水平都较高，日本被试的独立性水平偏高。卡特尔和华伯登（1961）则发现，英国人比美国人要稍微内向和焦虑。这些结果说明，尽管世界各国的根源特质相似，但是，在这些特质的程度上，存在差异。这有可能是受到文化和价值观等因素的影响。

此外，在卡特尔看来，人格特质除了存在个体和国家差异之外，还会发生遗传。特别是在智力这一能力特质方面，遗传的影响尤其大。卡特尔把智力分成流体智力和晶体智力。他认为，流体智力（如知觉、记忆、推理等）大部分是天生的，依赖于大脑的神经解剖结构，并且多半不依赖于学习。而晶体智力是过去对流体智力应用的结果，大部分属于从学校中学到的能力。显然，这部分智力是可以通过培养得到的。一个人的智力在一生中并非是一成不变的。卡特尔认为人的流体智力在年轻时达到顶峰，然后便逐渐开始下降；而晶体智力则随着年龄的增长而增长，只是增长的幅度逐渐减慢。而在另外一项有关犯罪的研究中，他指出，同卵双胞胎比异卵双胞胎在犯罪率上更相似。也就是说，同卵双胞胎的两个个体在长大后进行犯罪的可能性非常接近，异卵双胞胎则不同。他总结了无数双胞胎研究的前例，认为通过双胞胎来研究人格的遗传性非常有效。结果显示，并不是所有的人格因素都会得到遗传。其中，人格因素 F、H 和 Q_3 具有较高的遗传性，而 A、E、G、I 和 Q_4 具有较低的遗传性。从遗传的角度解释人格有利也有弊，一方面，人格的遗传性正好说明了它的根源特质属性；另一方面，遗传性的说法削弱了环境因素的影响。也正是由于卡特尔对遗传的过度重视，导致他受到其他学者的抨击。

（三）16PF 在现代心理健康领域中的应用

由于 16PF 具有较高的效度和信度，且能够对人的特质做出详细的测评和分析，经过几十年的发展，它在国际上的影响越来越大，被广泛应用于人格测评、人才选拔、心理咨询和职业咨询等工作领域。1979 年，中国将其引入国内，并编制了中文版的 16PF 问卷。无论是在中国还是在国际上，16PF 与健康的关系得到越来越多学者的关注，特别是用 16PF 鉴定人格异常被试的异常心理方面，如犯罪、焦虑症、抑郁症等，有很多研究。这些研究发现，心理异常的个体在某些人格因素上不同于正常人，或者偏高，或者偏低，正是由于存在这样的人格差异，才使他们的情绪和行为非常不稳定，更有可能引发神经症问题。

国内研究者（王益明，1997）用 16PF 问卷对大学生的心理健康进行诊断时发现，C 因素（见表 4-6）得分低（自我力量太弱），而 O 和 Q_4 因素（见表 4-6）得分高，是心理健康不良的最主要因素。自我力量的强弱代表了个人的自我心理调控能力，有了坚强的自我，才能抵制过多的忧虑和抑郁，才能避免紧张和激动，在心理压力和冲突中免于心理失衡，保持心理健康。这说明培养和加强个人的自我力量对个体应对社会和生活中出现的各种心理问题非常重要。他们还发现，F因素（见表4-6）在心理健康的诊断中作用不大。这是由于中国人的行为举止普遍较为含蓄，情感不易外露，在行为方式上自我限制和监督能力较强，因此，即使在社会交际中表现出严肃、谨慎、冷静和寡言等特征也是正常的。这一结果在以往的个案研究中（邓以洪，1995）也有发现。

与正常人群比，抑郁症患者具有情绪激动、畏缩胆怯、忧虑、抑郁烦恼、自卑、悲观、自觉不如别人、怕与人接触等特征。神经衰弱患者存在精神过度紧张、疑病等心理特征，他们在16PF中的测量结果表明，在因素C、G、Q_3（见表4-6）上低于常模，在因素O、Q_4（见表4-6）上高于常模，显示出情绪不稳定、忧虑抑郁等个性特点（陈文明，方昭庚，王文蛟，1996），主要表现为脑功能的衰弱、轻微的脑力活动即表现出用脑疲劳、注意力不易集中、记忆力下降等，在情感活动中表现出感情控制能力降低、易激怒、好伤感、烦躁不安和感觉过敏等，且对自己的疾病缺乏准确的认识从而产生疑病症状。

而在对精神分裂症患者的研究中，研究者（徐锡芳，沈逸明，张琰，1997）发现，男性精神分裂症患者有高乐群性、高敢为性、高幻想性、高世故性、高忧虑性、高紧张性、低聪慧性、低怀疑性、低实验性和低独立性的人格特点，女性精神分裂症患者有高乐群性、高稳定性、高敢为性、高紧张性、低聪慧性、低怀疑性和低实验性的人格特点，这些特点与传统观点对精神分裂症患者的看法大体一致，即他们存在依赖、缺乏进取、保守、墨守成规、思维迟钝等问题。但研究者也有了新的发现，即他们较常规人群更加乐群外向、冒险敢为、顺应合作和无猜忌。

结合脑成像的研究发现，H因素较低的个体，交感肾上腺系统的灵敏程度较高，对压力的抵抗水平较低。这些被试对危险（无论是真实的还是虚拟的）的反应非常迅速，在自我感觉的表达上非常害羞和压抑（Konareva，2006）。这为进一步科学验证人格差异提供了精确的说明。

在药物成瘾的问题上，国外的研究显示，海洛因依赖者的性格多以探求感和反社会人格特征为主（Michael et al，2000）。而国内的研究表明，适应不良、过度敏感、冲动型、对外界耐受性差、不顾及人际关系和社会义务是导致吸毒的潜在根源。在研究者（李德强等人，2006）对男性海洛因依赖者的 16PF 测试中发现，有 15 项因素偏离常态，其特点为热情、依赖、缺乏主见、好冒险、精明老练但学识浅薄、情绪不稳、易生烦恼、消极阴郁、内心充满矛盾，且经常受到紧张忧虑困扰，缺乏责任感、耐性和恒心，为达目的不择手段。在这些人格异常因素影响下的个体，容易产生焦虑和抑郁的心理，从而依靠毒品来摆脱焦虑，反而陷入难以自拔的境况中。

综上所述，16PF 在现代心理健康领域的应用非常广泛，实证研究也证明那些在心理和躯体上不健康的个体在人格上也存在不同于常人的差异。

这个发现为人们预测疾病、在治疗过程中找到合适有效的治疗方法及平衡心态有非常重大的作用。但是，在不少研究中，研究人员也发现，患者或者被试在不同情境下也会有不同的人格表现，这是因为人们的行为不仅受到遗传的影响，也受到环境的影响。如何区分人格与环境的作用，对于16PF在心理健康领域的应用有着至关重要的意义。

四、科学与政治之争

卡特尔对心理学的贡献毋庸置疑。在1968年发表的一篇文章中，研究者通过统计将卡特尔评为"当代美国最高产的心理学家"。卡特尔的学术论文得到无数人的关注和引用，在被引用文章最频繁的心理学家中，卡特尔排在斯金纳（B. F. Skinner）之后，位列第七。而在"20世纪最杰出的100名心理学家"评选中，卡特尔排在第16位。于是，在卡特尔逝世前一年，美国心理学会决定给他颁发心理科学终身成就金质奖章，以奖励他在心理学领域中对实证研究和理论的杰出贡献。但是，这一项名副其实的评选却遭到了一些非心理学家和心理学家的抗议。原因在于，他们认为，卡特尔的思想和理论支持了"优生学"和"种族优越理论"，影响了他的政治立场，并由此引发了一场名为"超越论"（Beyondism）的宗教革命，如果将此奖项颁给卡特尔，对APA的纪律和组织都是一种玷污。

诚然，卡特尔曾在他的书里明确表明过，"若鼓励高智力家庭的出生率大于低智力家庭的出生率，那么我们的文化、经济和政治生活都会越来越富裕和健全。因为那些低智力个体需要消耗两倍的教育资源，而成就与贡献却并不见得很大。他们也更有可能成为行为不良者，或者成为煽动贫民造反的政治危险分子。"他对社会阶层有明确的分类，认为那些属于不同阶层的人之间会有很大的差异。但是，卡特尔的追随者表示，卡特尔的所有言论都是从科学研究的角度出发，并没有任何政治立场和道德评判，卡特尔并不会因为差异性而对任何个体有种族偏见。他的朋友戈萨奇（R. Gorsuch）作为APA的一员回应说，在他与卡特尔交往的时间里，从来没有听到过任何可以证明卡特尔是一个种族主义者的偏激言论，他的学生也出面表示，卡特尔对每一个学生都是一视同仁的，也不会因为他们的社会地位和种族而有所偏见。

　　我们认为，科学必须建立在道德的基础之上，任何科学实验也必须在伦理允许的范围之内，毕竟，科学的目的是促进人类文明的发展。至于政治就要复杂得多，在西方政治服务于当权者，受到当权者利益和需求的驱动，有时甚至会违背人道主义，或者违背道德。我们在判断科学价值的时候，不能从政治的角度出发。卡特尔对心理科学的贡献毋庸置疑，至于他的思想在政治上的反映，则是另外一回事。如果因为政治的原因而否定卡特尔在人格和智力等方面的贡献，未免显得过于狭隘。毕竟，随着历史的发展，我们能够看到卡特尔的 16PF 人格理论具有越来越广泛的重要的科学价值。

第 5 章

荣格：
困扰是心理健康的必需之物

　　"三岁看大，七岁看老"，荣格从小就是一个与众不同的孩子。他12岁时发生了一件可怕的事情：一个淘气的男孩子趁他没注意，狠狠地推搡了他一把，导致他脑部遭受重击。在接下来的几个月时间里，他得了一场"怪病"——每当要去学校或者做功课时，便会陷入一种昏迷状态。这种"怪病"令父母忧心不已，他们带他四处求医，可是医生们束手无策。最后，还是荣格自己想办法把"怪病"治好了。原来父亲的书房藏着很多拉丁文书籍，每次他感到自己又要犯病的时候，就通过阅读来转移注意力，使自己不至于真的昏迷过去。正是通过这样不懈的努力，他终于又恢复如初了。这次宝贵的经历，使荣格从小就明白了一个道理：心病是可以通过心药来医治的，而且，只要有足够的毅力，困难、挫折一点也不可怕。荣格最著名的思想和贡献是对弗洛伊德发现的个人无意识理论进行扩展，提出了集体无意识理论。在此基础上，他提出了一套自己的心理治疗思想和方法，称之为分析心理学。他认为，"人需要困扰，困扰是心理健康的必需之物。"

　　我们在简单介绍荣格的生平之后，重点评述了他有关心理健康的重要思想和观点，最后从贡献与受到的批判两个方面，对其进行了客观的评价；并且进一步指出，作为人类灵魂及其深处奥秘的探索者，荣格也是东西方心理学相结合的开创者。

卡尔·古斯塔夫·荣格的生平事迹

卡尔·古斯塔夫·荣格（Carl Gustav Jung，1875～1961）是现代西方著名的心理学家和精神病医生，分析心理学（analytical psychology）的创立者。他早年曾与弗洛伊德合作，后来由于两人观点不同而分裂。与弗洛伊德相比，荣格更强调人的精神有崇高的抱负，认为人的精神本质上具有宗教性，他反对弗洛伊德的自然主义倾向。荣格被认为是"20世纪最杰出的100名心理学家"之一，排名第23位。他也被称为人类灵魂及其深处奥秘的探索者。

1875年7月26日，荣格出生在瑞士东北部著名的莱茵河瀑布旁边的一个小镇里。他的名字取自他的祖父——一位知名的德裔巴塞尔医生的名字。他的父亲是瑞士一座教堂的牧师，父亲的情绪反复无常、变幻莫测。他的母亲是一位著名牧师和学者的女儿，母亲具有情绪障碍，行为诡谲多变。在荣格才几个月大的时候，全家搬到了洛芬城牧师住宅区。荣格父母亲之间的关系经常很紧张，因此在很小的年龄，荣格就学会了不信任这个世界上的任何其他人。他从理性的意识世界转向了梦、想象和幻想的世界，这成为他孤独童年的指导，并贯穿了他的整个成年生活。

当荣格11岁的时候，离家前往巴塞尔一所中学就读。沉闷乏味的学校生活让荣格感到无趣，加上12岁那年发生的意外，他频繁发作昏厥疾病以逃避学校的学习。虽然父母很担心，但他自己却兴奋地利用在家休息的时间大量阅读自己喜欢的书籍。直到有一次偶然听到父亲跟朋友的谈话，担心他的未来，他才如雷轰顶，大梦方醒。从那以后，荣格在学习上发奋努力，成绩快速上升。与此同时，他仍然保持着广泛阅读的好习惯，并常常跟同学们聊起他们不知道的知识和显得古怪的思想。荣格描绘自己在青年时代是一个孤独而书生气十足的人。

随后，荣格进入了巴塞尔大学学习，并于1900年获得了医学学位。一开始他对历史、哲学和科学都很感兴趣，但由于全家都依靠着拮据的牧师收入生活，所以荣格放弃了就业机会较少的人文学科，选择了医学专业。

在大学期间，除了挤出时间阅读哲学书籍，荣格还有几次神秘现象的体验。其中一次的神秘现象是，一把放在篮子里的面包刀突然碎裂成一堆碎片，出于对神秘现象的好奇和兴趣，荣格把这些碎片一直保留到晚年。在大学快要结束的时候，荣格为准备最后的考试而阅读了由克拉夫特-埃宾（Krafft-Ebing）写的关于精神病学的教科书，24 岁的他立刻意识到，精神病学正是他命中注定要选择的专业。当时，精神病科医生是很没有前途的荒唐职业，他的老师都为他的决定感到惊讶。

1900 年底，荣格开始在苏黎世布尔霍尔兹利精神病医院担任助理医生。这个医院的院长布洛伊勒（E. Bleuler）因擅长治疗精神病并发展了精神分裂症的理论而闻名全世界，荣格庆幸自己能有机会在这样一位名人的指导下工作。1902 年，他还去巴黎跟伟大的法国精神病学家皮埃尔·让内（P. Janet）学习了几个月。但真正给荣格思想以巨大影响的，却不能不首推弗洛伊德。在布尔霍尔兹利医院里，荣格一面观察病人，一面广泛阅读有关精神病学的书籍，提出了与弗洛伊德的精神分析发生联系的有关精神病的发病原因及治疗方法的观点。这期间，他逐渐熟悉了弗洛伊德的研究，并看到了其与自己工作的关系。1906 年 3 月荣格给弗洛伊德写了第一封信，弗洛伊德为有一个非犹太人认可自己的思想感到非常高兴。1907 年，弗洛伊德邀请荣格到维也纳做客，两人的第一次会面可谓是一见如故，谈话持续了 13 个小时。此后，他们保持了六年的私人关系和事业上的友谊。

1903 年，荣格与罗森贝克（E. Rauschenbach）结婚，罗森贝克协助荣格工作一直到她 1955 年去世。1905 年，荣格 30 岁的时候，成为苏黎世大学精神病学的讲师并很快升任为医院的高级医生。1909 年，荣格与弗洛伊德同时受邀到美国克拉克大学讲学，他们在一起度过了为期七周的旅途生活。在讲学期间，荣格还与詹姆斯成为了朋友，詹姆斯在哈佛教授哲学、生理学与心理学，是实用主义运动中的领袖人物。荣格于 1909 年辞去了医院的职务，专心于迅速扩大的私人业务。1910 年，国际精神分析协会成立。尽管遭到维也纳精神分析协会许多成员的反对，但在弗洛伊德的坚持下，荣格还是成为了协会的第一任主席。在这之后不久，荣格同弗洛伊德的关系就开始显现出紧张的迹象。到 1912 年的时候，他们中断了个人之间的通信。1914 年，荣格辞职，退出了国际精神分析协会。

虽然弗洛伊德称荣格是他的"长子、王储和继承人"，荣格自己也一度把自己视为弗洛伊德的信徒，但是他从不会不加批判地接受弗洛伊德的理论。在他们建立联系的初期，荣格的确努力压抑自己的怀疑和反对意见。但当他 1912 年写作《无意识心理学》（*Psychology of the Unconscious*）时，感到痛苦不堪，他意识到其中的观点同正统精神分析有着显著的差异。从 1913 年开始，荣格进入了一个长达三年之久、没有多少著述而近乎隐居的生活时期。这个时期，他把所有的时间都花费在分析自己所做的梦和所产生的幻觉上，他要通过这种方式来对自己的无意识领域做一番探索。也正是在这一时期，荣格通过对诺斯替教（一种早期基督教的异端邪说）、炼金术（是化学与心理学在古代与中世纪的精神先导）以及亚洲思想（尤其是印度和中国的哲学思想）的研究，开始提出了他的有关人的本质与心理治疗法的独特观点。

随着他的第一部主要著作《心理类型》（*Psychological Types*）于 1921 年出版，荣格完全从自我反思的时期走了出来。在此书中，荣格提出了划分和理解不同的人格类型的方法。从这本书到第二次世界大战前的最后一部主要著作《心理学与宗教》（*Psychology and Religion*），荣格写作和出版了 20 多部著作，另外还发表了多篇著名的论文，这些著述基本上确立和阐明了他的主要观点。他运用集体无意识和原型对梦进行的分析，使他成为人类历史上最著名的释梦专家。他认为心理治疗的目的是发展健康的人格，而不是消除症状。他关于内倾和外倾的区分以及对心理类型的划分使他在个体差异的理论研究和应用领域都获得了广泛的声誉。值得一提的是，在此期间，他通过与德国汉学家维尔海姆（R. Wilhelm）合作，深入了解和研究了东方宗教、炼金术和神话，出版了一些著作。1934 年，荣格创建国际心理治疗医学学会并任主席。在第二次世界大战时期，荣格继续著书与工作，坚持研究诺斯替教与炼金术，对亚洲哲学思想的兴趣也没有间断。不过，他的健康状况受到了威胁，他遭受着心脏病的折磨，并于 1944 年在医院待了很长的一段时间。

链接：生平重大事件

1875 年 7 月 26 日　出生于瑞士东北部的凯斯威尔镇。

1886 年　就读巴塞尔一所中学。

1895 ~ 1900 年　在巴塞尔大学学习医学，并通过国家考试。

1903 年　与罗森贝克结婚，婚后育有五个子女。

1906 年　公开支持弗洛伊德的精神分析；与弗洛伊德开始书信往来。

1912 年　撰写《无意识心理学》，从口头和书面上宣布了与弗洛伊德的决裂。

1914 年　辞去国际精神分析协会主席职务。

1921 年　《心理类型》出版。

1936 年　获哈佛大学荣誉博士学位。

1938 年　获牛津大学荣誉博士学位，并成为英国皇家医学学会会员。

1944 年　心脏病突发，退出教学生涯。

1961 年 6 月 6 日　于库斯那赫特家中逝世，享年 86 岁。

为了更彻底地恢复健康，荣格在战后正式退休了。1948 年，荣格的学生、患者和一些亲密的同事、朋友从各地云集苏黎世，成立了以研究荣格思想为核心的学术团体——苏黎世荣格学院，荣格担任第一任院长。1957 年，在其学生与同事的积极催促鼓励之下，荣格与雅菲（A. Jaffé）一起开始写作自传，他逝世后此自传以《回忆·梦·反思》（*Memories，Dreams，Reflections*）为标题出版。在这一时期，荣格接受了许多嘉奖与荣誉学位，并在全世界受到尊崇。1961 年 6 月 6 日，86 岁的荣格短暂患病后，在家中逝世。去世之后，他的影响越来越大，经过整理出版的《荣格文集》（*The Collected Works of C. G. Jung*）多达 20 卷（最后一卷为索引）。

《现代心理治疗的问题——分析心理学治疗的四个阶段》①

　　心理治疗，或者说通过心理学方法来进行的精神治疗，现在人们普遍已经将它与"精神分析"混为一谈了。"精神分析"这个词受到了如此广泛的接受，这使得每一个使用这个词的人似乎都觉得自己同时掌握了它的含义。但情况却并非如此，在外行中极少有人知道它所包括的确切范围。

　　根据创始人弗洛伊德的意思，精神分析仅仅是用来指他自己创立的一种特殊的解释方法，即用被压抑的冲动来解释心理症状的方法。由于这种方法是对生活进行了特殊研究之后所产生出来的结果，因此在精神分析学的观点之中包含着某些理论设想，弗洛伊德的性欲理论就是其中之一。精神分析的创立者自己是明确地坚持应该有此界限的，但尽管弗洛伊德如此坚持，外行人士仍然滥用精神分析这一概念，把现代运用科学方法对精神所做的各种探索都归在它的名下。因此，阿德勒学派也不得不忍受被人们贴上"精神分析"的标签，尽管阿德勒的观点和方法与弗洛伊德的对立显而易见是绝对难以调和的。由于这种对立，阿德勒不把自己的理论称为"精神分析"，而把它称为"个体心理学"（individual psychology）。至于我，则愿意将我自己的研究称作"分析心理学"（analytical psychology）。我希望我这个名称能够代表一个总的概念，这个总的概念既包括了精神分析学和个体心理学，也包括了在这一领域内的其他成果。

　　归在"分析心理学"这一名称之下的各派所做的探索类型各异，因此，要采取一种广泛的包罗一切的立场就极端困难了。由于这样的情况，我在根据这些探索的目标和成果来划分类型或者阶段时，便是带着保留的态度来做的。我仅仅把这种划分看作一种暂时性的排列，并且承认它可能是武断的，就像测量员对一个国家所做的三角测量可能是武断的一样。尽管如此，我还是将所有的发现分成了四类：倾诉（confession）、解释（ex-

---

　　①　根据内容和体例安排，编者添加了副标题及分节标题，并对部分内容进行了删改。

planation）、教育（education）和转变（transformation）。现在我将着手来讨论这些看似不同寻常的名称的意义。

一、第一阶段：倾诉

最原始的分析治疗法可以在它的原型即忏悔中找到。一旦人类能够形成原罪观念，他就开始对心理进行隐藏了——或者用分析的语言说，压抑就开始出现了。任何被隐藏的事情都是秘密，保持秘密的行为就像一剂心理上的毒药一样使秘密的拥有者与集体疏远开来。这剂毒药如果剂量小，可能会成为一副治病的良药，甚至可能成为某种个人分化的必要前奏。这是一种异常普遍的情况，甚至于原始阶段上，人类就已经难以抗拒地感到了一种制造秘密的需要；对秘密的拥有使他免于完全融化在集体生活的无意识之中，因此也就使他免于受到致命的心理损伤。大家都知道，许多古代的神秘教义以及它们的神秘仪式都是为这种分化本能服务的，甚至基督教的圣礼在教会早期也被看成是神秘的仪式，并且都是在密室里举行的。比如洗礼就是如此，人们在提及这些仪式时也只能用隐喻的语言。

一个与数人分享的秘密有着很大的好处，但一个纯粹私人的秘密却有着破坏性的后果。它就像一种罪孽感一样把它那不幸的拥有者同其同胞们的联络割裂开来。然而，如果意识到了我们所隐藏的东西，比起不知道我们所压抑的对象来——或者比起根本不知道我们还有所压抑来——损害要小得多。在后一种情况中，我们不仅仅是将一个内容有意识地保存在私人的秘密中，而且还将它对我们自己也隐藏起来。于是它就作为一种独立的情结从意识当中分裂出去，在无意识里孤立地存在着。它在无意识的领域里既不能被意识的思想所改正，也不受意识思想的干扰。由此，这一情结就成为心理中一个自主的部分，它就像经验所表明的那样，发展起了一种自身特有的幻想生活。我们所称之为幻想的东西实际上就是自发的心理活动，当意识的压抑行动松懈或者完全停止时，比如在睡眠中，它就涌现了出来。在睡眠中，这种活动以梦的形式表现出来；在非睡眠生活中，我们仍然在继续做梦，只不过是在意识的阈限之下做着梦而已。如果这种活动受着某种被压抑的情结的限制，或者受着某种因其他缘故而处于无意识之中的情结的限制，那么情况就更为突出。

隐藏还有另一种形式，这就是"克制"（withholding）行为——通常是对感情的克制。如同对待秘密一样，我们在这个问题上也必须有所保留：自我克制是健康和有益的，它甚至是一种美德。我们发现，自律之所以是人类最早的道德成就之一，其原因也就在这里。它在原始民族的入会仪式中占据着重要的位置，这主要表现为苦行禁欲和斯多葛似的对痛苦和恐怖的忍耐，但在这里实践的自我克制是为秘密社会中所有人共同承担的。如果自我克制是完全个人的事情，而且没有任何宗教方面的意义，那么它就同个人秘密一样富于危险性。这种自我克制使得那些过于克己求善的人常常心绪恶劣、异动肝火，这已是一个众所周知的现象。遭受抑制的感情就像一个无意识的秘密一样，把我们孤立起来，扰乱我们的内心，使我们也变得自感负罪深重。可以这样说，如果我们所掌握的某种秘密是为整个人类所没有获得的，自然就会对我们报之以恶意；同样，如果我们对我们的同胞抑制住自己的感情，自然也会对我们心怀怨恨。被压抑的感情常常是我们希望保密的，但更为常见的情况却是：根本就不存在任何名副其实的秘密，有的只不过是一些完全可以宣示出来的感情而已，这些感情由于在某些关键时刻遭到了抑制，因而便成为了无意识的。

心怀秘密，抑制感情，从心理的角度来看都是不良的行为，自然最终会因此用病态来报复我们——当然这仅指我们在私下干这些事情的时候。人类存在着一种良心，对于那些绝不在任何时候、绝不以任何方式停止对自己的保护和防卫的人，这个良心是突然会给予他严厉惩罚的。因为无论他的自尊心要付出多大的代价，他都应该在某些时候违反常态，承认自己毕竟是要犯错误的，毕竟是人性的。如果不能做到这一点，他就始终不能感受到自己是人类的一员；一堵难以穿透的厚墙将始终把他隔离开来，使他体味不到这样一种生活经验。在这里我们终于找到了一把钥匙，它足以向我们展示那真正的、并非陈规俗套的忏悔所具有的巨大意义——这一意义可以见于古代世界的一切入会礼和神秘教义之中，正如希腊神话中的一句古谚所揭示的那样："放弃你所有的，然后你才能获得。"

我们完全可以把这句古谚作为心理治疗第一阶段的警句。事实上，精神分析的开端基本上无非是对一个古老的真理做出了科学的再发现而已，甚至给最早的治疗法的命名——宣泄疗法（catharsis）——也是来自于古希腊的入会仪式。早期的宣泄疗法可借助于催眠作用，也可以不借助于催眠作用，它使病人接触到他自己的心灵深处，通过这种方式我们重新发现了那些被我们压抑或遗忘了的东西。尽管这可能是痛苦的，但其本身就是一种收获——因为卑下的甚至毫无价值的东西作为我的影子为我所有，并给予我质量和实体性。如果我不能投射出一个阴影来，我怎么可能是实体的呢？倘若我要成为完整的，我就必须要有黑暗的一面；只要我意识到了我的阴影，我也就记住了我是一个人，同其他人一个样。无论如何，只要我记住这一点，那使我得以完整的事物就会被重新发现，这一重新发现将使我恢复神经症或者恢复到情结分裂以前的状态。但是，如果只把这一事物持为个人的秘密，我就仅是获得了部分的痊愈——因为我还继续停留在我的孤立状态之中。只有借助于倾诉的形式，我才能投身于人类的怀抱，最终解脱掉道德放逐的重负。宣泄疗法的目标就是要达到彻底的倾诉——不仅在理智上承认这些事实，而且必须以心灵来巩固这些事实，真正地释放出被压抑的感情。

可以很容易地想象，这种倾诉对单纯的人来说有着极大的影响，他们的治疗效果常常是惊人的。但我并不希望把有些病人被治愈这一事实当作心理治疗本阶段的主要成就，我希望提醒大家注意的是对倾诉的意义所做的系统性强调。正是这一点才切中了我们大家的要害之处。这是因为我们大家都以某种方式被我们自己的秘密所分裂开来，但我们却并不企求以倾诉的方式填平将我们彼此隔离开来的深渊，而是选择了自欺欺人的观点和幻想这一捷径便道。但我这样说，远不是希望宣布一条总的准则。如果过分去谴责那种常见的两人之间互相忏悔罪孽的恶劣趣味，这未免求之过于苛刻了。心理学所确立的事实仅仅是这样的：我们是在处理一件十分微妙的事情。我们不能直接地或者就事论事地来对待它，因为它向我们提出了一个异常"棘手"的问题。对下一个阶段——即解释阶段——进行一番考虑将会使这一点变得清楚起来。

二、第二阶段：解释

显然，如果宣泄疗法证明了自己是万灵药的话，那么这门新的心理学就会只停留在倾诉阶段上。首先一点，它并不总是能够使病人与无意识紧密接近起来，从而使病人足以发现自己的阴影。确实，有许多病人，多半都是情况极为复杂和意识程度很高的人，他们异常坚定地固执于意识之中，任何方法都不能使他们有所松懈。在任何时候，只要有人企图将他们的意识推卸开去，他们往往就会形成最猛烈顽强的抵制；他们希望与医生谈论那些他们充分意识到的事情——以此来使他们的困难易于为人理解，并以此来讨论这些困难。他们会说已经有足够的事情可供倾诉的了，不必为此而转向无意识。对于这些病人，需要有一套完整的技术来促使他们转向无意识。

这一事实严重地限制了我们在开始时对宣泄法的应用。让我们来设想一个特定的病例。在病例中，为宣泄法所需要的倾诉已经进行过了——神经症已经消失，或者至少是症状已经消失。如果单只就医生的任务而言，病人现在已经治愈，可以离去了，但病人却不离开。他们似乎已通过倾诉的行为与医生紧密地联系起来了。如果这种显然毫无意义的依恋被大力加强，就会出现糟糕的旧病复发。但在有些病例中，并没有出现这种依恋的情形，这既令人奇怪，同时又很有意义。病人显然痊愈了，离开了医生——但他却变得如此着迷于自己精神的内在深处，这使他以自己对生活的适应为代价继续不断地施行着宣泄。他是与无意识——与他自己——但不是与医生连在一起而不能分开了。

这些奇怪而出人意料的事情必须得向病人解释清楚，同时，对于那些最先提到的病人，由于无法在他们身上应用宣泄法，因此必须采用解释法来对待他们。尽管这两类病人有着显著的差别，但却都在同一点上需要应用解释的方法，即在出现了固着现象（fixation）这一问题时，这正是早被弗洛伊德所认识到的。在经受过宣泄治疗的病人中，这种固着现象是非常明显的；而在那些仍然依恋医生的病人身上，它则表现得尤其清楚。病人陷入了一种童年的依赖状态，甚至用理智和真知灼见也不能使自己免于这种状态。固着在有些时候有着惊人的顽强性——这使人怀疑支持着固着现象的那些力量绝不是一些等闲之物。但既然移情过程是无意识的，病人也就无法提供这一过程的任何情况。我们无疑是面对着一种新的症状——由治疗直接诱发的神经症，弗洛伊德给予了这种症状一个非常适当的名称"移情"（transference）。就移情这一问题而言，借助于倾诉的方法不能给我们带来任何结果。正是这一点促使弗洛伊德对布洛伊尔原有的宣泄技术进行了根本性的革新，从而得出了他自己所宣称的"解释法"。

弗洛伊德的解释法所凭借的基础是"还原"解释法，而"还原"解释法确定无疑地要将人向后和向下引导（对性、乱伦等人性污秽的挖掘），因此，片面地和过分地应用弗洛伊德的解释法，就会产生一种破坏性的影响。但心理学还是从弗洛伊德的开创性工作中获益不浅，它揭示了人性中也有阴暗的一面，而且这一阴暗面不仅为人所独有，也为人的作品、典章制度以及人的信念所拥有。我们最纯洁最崇高的信仰甚至也可以追溯到最原始的根源。用这种方式来看待事物实在有着它合乎情理的一面，因为一切生物有机体的开始都是简单和低级的，我们在这一基础之上建立起了我们的房屋。不可否认，要解释那些从阴暗面辐射出来的事物，并由此将它们降格到其根源处的污秽丑陋之中，确实是一件令人痛苦的工作。但在我看来，如果从阴暗面所进行的解释具有破坏性的影响，那么这不过是美好事物中的一种不完美之处，不过是人类的弱点。我们从弗洛伊德的解释中所感到的恐惧，完全应该归因于我们自己野蛮的或者幼稚的天真。怀着这样的天真，我们竟然相信所有的高度都可以不伴随着相应的深渊；这种天真蒙蔽了我们的双眼，使我们不能得见真正的"终极"真理，以至于难以理解对立面每至极端便终必相遇这一"终极"真理的内涵。

我们的错误在于，我们认为辐射物已不复存在，因为它们已经从阴暗面被解释过了。这是一个令人遗憾的错误，弗洛伊德就落入了这个错误之中。然而阴影是属于光亮的，正如邪恶是属于善良一样，反之亦然。因此，尽管对我们西方式的错觉与狭隘所进行的暴露使我们受到了震惊，但我并不为此而感到遗憾；相反，我欢迎这种暴露，并且认为这种暴露有着一种几乎是难以估量的意义。它是钟摆的一次摆动，这种摆动的运动，正如历史向我们显现出的那样，是从一极摆向另一极，因此拨正了偏差，使事物重新恢复了正常。这就迫使我们接受了一种现代的哲学相对主义，这种相对主义如同爱因斯坦为数学物理学所阐述的相对主义一样，是那遥远的东方土地上的一个根本性的真理。它最终将对我们产生的影响是我们所不能预测的。

再回到固着现象这一问题上来，我们现在希望对解释过程的作用进行论述。当病人的移情行为被追溯到黑暗的根源以后，病人便会意识到他与医生的关系是不正常的，他不可避免地要看到他的要求是多么不适当和多么孩子气。如果在此之前他因为感到自己有着某种权威而傲然自得的话，那么现在他会以一种低下谦逊的态度来代替那种高高在上的位置，并且还会接受一种不安全、不稳定的地位——这种地位被证明是健全而有益的。如果他还没有抛弃他对医生所怀有的那些孩童时期的要求，那么现在他也会认识到那难以摆脱的事实，即对别人有所要求是一种孩子气的自纵行为，他必须以自己更强的责任感来代替这种行为。具有洞察力的人将会得出他自己的道德结论。当他确信了自己的欠缺之后，他就会运用这种知识作为保护自己的方法；他将投入到为生存而进行的斗争中去，在渐进不息的工作和经验中消耗那种渴望的力量——正是这种渴望的力量才导致了他固执顽愚地紧抱着那童年的乐园，或者至少是导致了他频频回头凝望着那种童年的乐园。一种正常的适应以及对自己缺点的容忍和耐心，将会同他主导的道德原则趋于一致，他将尽力去摆脱自己身上的感伤情调和幻觉。这一切的必然结果将是：他背离了无意识，如同背离了软弱和诱惑之源——这一堆积着道德挫折和社会失败的渊薮。

三、第三阶段：教育

病人现在面临的问题是如何被教育成一个社会的人，由此我们进入了第三阶段。对于那些具有道德敏感性的人来说，能够洞察自身就已经足够了，他们有充分的动力可以把自己推动向前；但对于那些在道德价值问题上缺乏想象力的人来说，仅仅达到对自身的洞察就远远不够了。没有外在需要的刺激，自我的知识对他们就全无效应，即便他们对这种知识深信不疑也同样如此——当然就更不用说那些虽然被分析医生的解释所打动但终究还抱着怀疑态度的人了。最后这一种人是从心理上受过训练的人，他们领会了一种"还原"解释的真理，但却不能接受这一真理，因为它仅仅使他们的希望和理想归于无效。对于这类人来说，仅有对自身的洞察也是不足以解决问题的，这正是解释法的弱点之所在。只有在那些敏感的人身上，也就是那些能够从对自己的认识中得出独立的道德结论的人身上，解释法才能够获得成功。不错，依靠解释我们可以更加深入一些，这比起只依靠未经解释的倾诉要进了一步，因为解释至少训练了头脑，因此有可能唤醒一些沉睡着的力量，使它们插手进来给我们以帮助。

但是，在很多情况下，最彻底的解释也只能做到使病人完全理解，他们依然还会像个孩子一样无能为力。出现这种情况的问题在于，弗洛伊德根据快乐原则及其满足来做出的解释是片面的，也是不充分的。在后期发展阶段中运用这种解释尤其如此。一位艺术家在他饥饿时宁要面包而不愿要一幅美丽的油画，一个男子在恋爱时会更钟情于一个女人而不是更看重他的公务。尽管如此，对前者来说，油画可能是更重要的，而对后者来说，公务可能是最重要的。一般来说，那些轻易就获得了社会适应和社会地位的人，可以更注重于以快乐的原则来加以解释；但对于那些不能适应的人来说，他们在社会方面的缺点使他们渴望着权力和重要性。跟随父亲的脚步而获得了显赫地位的长兄可能会被他们的情欲所折磨，但年轻的兄弟则会受到一种要赢得别人尊敬的野心或渴望的刺激，因为他生活在父兄的阴影之下，感觉倍受压抑。他甚至还可能完全屈服于这一热情之下，使其他任何事物对他都不再有什么重要性。

在这里我们意识到了弗洛伊德解释事物的不足之处，正是在这里，他从前的学生阿德勒出来填补了这一空白。阿德勒极有说服力地向我们指出，许多神经症的例子，如果用某种权力欲来进行解释的话，比起用快乐原则来解释要令人满意得多。因此，他的解释法是设法向病人表明：他们的症状是他们有意"安排"出来的，他们利用自己的神经症以获得一种虚构的重要性；甚至于他们身上的移情现象以及他们身上的其他固着现象，都是为了他们的权力意志服务的。因此，这一切都代表着一种"男性的抗议"，它针对着某种想象中的隶属和屈从的地位。阿德勒显然是着眼于那些受压抑的人和在社会上失败的人，这些人的热情就是为了进行自我表现。他们之所以成为神经症患者，是因为他们老是在幻想中将自己想象为受压迫和受打击的人，这样一来，他们就把自己最为渴求的目标放到了自己难以企及的地方。

如果说弗洛伊德是一个调查者和解释者，那么阿德勒则主要是一个教育家。他拒绝把病人继续留在一种小孩子的状态中，尽管已经获得了一切宝贵的认识和理解，但却依然无能为力；他尝试着每一种教育的方法，以使病人变成正常、适应的人。正是在这些地方，阿德勒修改了弗洛伊德的治疗程序。他在进行这一切工作的时候显然深信不疑地认为，社会适应和正常化是必不可少的——它们甚至是一个最渴望的目标和最适宜的成就。我们注意到，在那些为获得适应和健康而斗争的病人身上存在着一种对强调无意识的自然反感。如果无意识仅仅被当作一只容器，用以接纳人性中一切邪恶的阴暗事物，甚至包括原始的黏质存积物，那么我们实在看不出为什么我们还要在这个我们曾经深陷其中的泥潭的边沿上徘徊流连。调查者可以在这泥潭中看到一个充满了奇迹的世界，但对于普通人来说，他们宁愿对这个泥潭背转身去。

阿德勒学派怀着教育的意图在弗洛伊德弃之不顾的地方开始了自己的工作，因此，它帮助那些已经学会了内省自身的病人找到了一条通往正常生活的道路。对于病人来说，只知道自己是怎样生病的和为什么会生病，这显然不足以解决问题，因为理解了罪恶的原因远不等于医治好了罪恶。我们决不能忘记，神经症所经历的曲折道路会导致许多顽固的习惯，不管对这些习惯的理解达到了什么样的程度，它们都绝不会消失。它们会一直存在着，直到被另外一些习惯所代替为止。但是，习惯只有通过反复的训练才能获得，要达到这一点，唯一的办法就是适当的教育。可以这样说，必须把病人推到另外的道路上去，这通常需要一种教育意志。

我们心理发展的每一个阶段都伴随着某种独特的终极感似的东西。当我们做了有益的倾诉，经历了宣泄净化的过程时，我们就感到终于达到了我们的目标，一切都已经水落石出、真相大白了。我们已经历经了每一种焦虑，浇洒了每一滴泪水，现在事情终将按其应有的样子发展了。在解释工作以后，我们也同样深信我们已经知道了神经症是怎样发生的。最早的记忆被揭发了出来，最深的根子被挖掘了出来。移情作用不是别的，而是一种幻想性的愿望实现，旨在恢复那童年时期的乐园或者回到那旧日的家庭环境中去；通向一种正常清醒生活的道路现在已经坦荡无碍了。但是随后又到了教育阶段，它使我们意识到，任何倾诉和解释都不能使一棵弯曲的树长成笔直的树，它必须经过园丁的修剪支撑才能够获得正常的适应。

我们通常忽略了这样一个事实：把宣泄法作为一种治疗模式加以运用的医生并不仅仅代表着一个抽象的观点——这一观点只会机械性地产生出宣泄，而再不会产生别的东西。医生并不仅此而已，他还是一个人。他的思想尽管肯定会局限于他的特殊领域，但在他的行为中他的确施予了一个完整的人所具备的影响力。他不知不觉地做了很多有利于解释和教育的事情，只不过他没有意识到或者没有给他的行为安上一个名称而已；其他的分析医生也同样做出了宣泄治疗，只不过没有把它们提升到一个原理的高度罢了。

四、第四阶段：转变

迄今为止已经讨论了分析心理学的三个阶段，在这三个阶段中，最后一个绝不能代替第一个或第二个。它们之间的关系绝不属于这种性质。这三个阶段是相互依存的，它们同属一个问题的三个各具特色的方面；它们就像忏悔和赦罪一样，不能互相免除。第四个阶段——转变阶段——也同样如此：它绝不能自称是最后取得的因而是唯一有效的真理。它的作用在于弥补前面各阶段所遗留下来的空白，以满足一个额外的而且仍然未得到满足的需要。

为了弄清楚第四阶段的着眼范围，也为了对"转变"这个奇怪的术语做些解释，我们必须首先考虑那些在其他阶段没有占据一席地位的人类的心理需要。换言之，我们必须确定，较之希望成为一个正常适应的、社会的人这一要求来，还有什么是更令人向往的或者使人更进一步的。没有什么比成为一个正常人更有用或者更适宜的了，但"正常人"这一概念却暗示着局限于一般人的范围之内——"适应"这一概念也具有同样的暗示意义。只有一种人才能看到在这一局限性中还有着某种令人想要改进的地方，这种人事实上是已经发现难以同日常世界和睦相处的人：可以说，他们的神经症已使他们不再适宜于正常的生活了。寻求"正常"只有对于那些不成功者，对于那些还没有获得适应的人，才是一个辉煌的理想。但对于那些能力远远胜于常人之上的人，对于那些从来就能很轻易获得成功和完成他们在这世界上的一份任务的人——对于他们来说，局限于正常就意味着难以忍受的乏味，意味着地狱般的贫瘠与无望。因此，有许多人患上了神经症，因为他们仅仅只是正常而已；而有许多人患上了神经症，则是因为他们不能达到正常。对于前者来说，教育他们达到正常的想法无异于恶魔梦魇，他们最深的需要其实就是希望能过一种"非正常"的生活。

实践心理学不能提供出一些普遍有效的诊断处方和规范，这是一个巨大的不幸。我们手里边只有一些个人的病例，这些人各自的需求是完全不同的——这使我们真正难以预料一个特定的病人究竟会遵循一条什么样的途径。因此，医生应该非常明智地放弃所有过早得出的设想，这并不是意味着他应该抛弃他所有的设想，而只是说在任何一个特定的病例中，他都应该把这些设想看作只具有假设的性质。

但是，指导和说服病人并不是医生的全部任务，毋宁说，他必须让病人看到他是怎么对他的特殊病情做出反应的。这是因为，无论我们怎样对问题进行扭转，医生和病人的关系仍然是个人性质的，只不过这种个人的关系是处于一个非个人的、职业的治疗框架之中罢了。治疗是一种双方互相影响的结果，在这一相互影响中，病人的整个人格和医生的整个人格都起到了它们各自的作用。我们决不能用任何方法使治疗不遵循这样的原则。在治疗之中，两个主要的因素彼此走到了一起——也就是说，两个人中间，谁也不具有固定和决定性的重要意义。他们的意识领域可能界定得非常明确，但除此之外，他们还各自带着一个不明确延伸的无意识领域。因此，医生的人格和病人的人格常常对治疗的结果有着更多的影响，而医生说的话或者医生的想法相比之下则有所逊色。我们应该期望在每一次有效的心理治疗中医生都对病人有所影响，但这种影响只有在医生也被病人所影响时才能发生。如果你不接受影响，你也就不能够施加影响。医生保护自己免受病人的影响是毫无用处的，他用父亲权威和职业权威的烟幕把自己包围起来的行为也是毫无用处的。许多精神治疗家都非常清楚病人由此在医生身上引发的这些无意识改变；它们是由倾诉法所产生的特有的紊乱甚至伤害，它们以一种触目惊心的方式表现出病人对医生那种几乎是"化学性质的"影响。

在医生和病人的关系中，我们就遇到了这种不可估量的因素，它们导致了一种相互的转变。在这个相互交换的过程中，人格更稳定和更强有力的一方将决定最终的胜败。但在很多病例中，我都看到病人显得比医生更强有力，他们拼命反对一切理论，反对医生的意图。只要出现了这种情况，在绝大多数的时候都是对医生不利的，尽管并不是永远如此。相互间的影响以及伴随着这种影响的一切构成了转变阶段的基础。比四分之一世纪还多的时间过去了，这期间所积累的广泛的实践经验才使我们对这些表现有了清楚的认识。弗洛伊德自己也承认了它们的重要性，因此他赞同我提出的要求：分析家自己也应该被分析。

因此，分析心理学的第四个阶段不仅仅要求病人方面的转变，而且还要求医生反过来在自己身上应用他给每一病人所开列的那一套治疗法。医生在对待自己的时候必须要像在对待他的病人时一样，也表现出同样严厉无情的态度、首尾一贯的精神以及不屈不挠的毅力。把同样集中的注意力用于对自己的分析，这确实不是一项微不足道的成就，因为他要高度聚精会神，集中所有批评性的判断力。他必须这样做，好像他得借助于这一切来对他的病人们指出他们错误的道路和错误的结论，以及他们那些儿童似的幼稚托词。没有人报偿医生内省自身的工作，而且我们通常并不对我们自身感兴趣。再者，我们常常低估了人类心理更深的方面，这使我们把自我检视或者凝神观照自身几乎看成是病态的行为。我们明显地怀疑这样一种看法：我们的内心极像一个疯人院，里面隐藏了各种极不健康的东西。医生必须克服他自己身上的所有这类抵制情绪，这是因为，没有受过教育的人怎么能教育别人呢？

从教育他人到自我教育这一步，就是转变阶段对医生提出的要求。这是对病人的要求所产生的必然结果。这种促使医生转变自己以便在病人身上引起变化的要求之所以没有得到普遍的赞同，原因有三。其一，这看来不实际；其二，我们对凝神反思抱有一种偏见；其三，要做到我们要求于病人的每一件事情有时是非常痛苦的。最后一个原因是最为有力的，它可以解释为什么医生应该检查自己这一要求不能得到普遍赞同。这是因为，如果医生认真负责地把自己作为自己的"病人"，他马上就会发现他本性中的一些东西是完全与正常化相反的；或者会发现，尽管已经做了彻底的解释和完全的发泄，这些东西仍然还在极大地困扰着自己。他该拿这些东西怎么办呢？如果检视自身，他会发现某种自卑的方面，这种自卑的一面使他危险地靠近了他的病人，或许甚至还会损伤他的权威，他将如何处理这一令人痛苦的发现呢？他将发现，那些不但压迫着他而且也压迫着他的病人的最终问题是任何"治疗"都不可能予以解决的。他会让他的病人看到，指望从别人那里寻求解决方法的行为仍然还是保持童稚状态的一种方式；他自己将会看到，如果找不到解决的方法，这些最终的问题只能够重新被压抑下去。

五、结语：现代心理治疗的问题

对于无意识阴暗面的发现甚至曾迫使弗洛伊德学派去对宗教问题进行讨论。同样，分析心理学的最新发现使医生的道德伦理态度也成为了一个不可避免的问题。那种要求于医生的自我批评和自我检视彻底地改变了我们对人类心理的观点。这不是站在自然科学的立场上所能领悟的。它不仅仅涉及患者，同样也涉及医生；不仅仅涉及客体，同样也涉及主体。它不仅是大脑的某种功能，而且也是意识本身绝对必要的条件。从前的医学治疗法现在变成了自我教育法，这样，我们现代心理学的地平线就被不可估量地拓展开了。关键的东西不再是医学文凭，而是人的素质。这是意义深远的一步，心理疗法在临诊实践中所形成、精炼和系统化了的一切方法现在都听凭我们的驱遣，可以用于我们的自我教育和自我完善了。

分析心理学已经不再局限于医生的诊断室，它的锁链已经被砸断了。我们可以说它超越了自己，现在正向着前方迈进，去填补那迄今为止标志着西方文化心理不足的空虚之境——这自然是与东方文化相比而言。我们西方人从前学会了使心理驯顺臣服的方法，但我们却一点也不知道它有序有理的发展和它的众多功能。我们的文明还很年轻，因此我们还需要那一切驯兽的方法来使我们内心中反叛的野蛮人变得温顺一些。但当我们达到了一个更高的文明水平以后，就必须放弃强制而转向自我发展，因此我们应该知道一种途径或者一种方法——至于这种途径或方法我们至今还不知道。在我看来，分析心理学的发现和经验至少能够为此提供一个基础。这是因为，心理治疗一旦开始要求医生的自我完善，它就从它的临床发源地被解放出来，不再仅是一种对病人的治疗。现在它对健康的人也同样有所帮助了，或者至少是对那些有权利要求心理健康的人有所帮助——他们的疾病实际上只不过是一种折磨着我们每一个人的忧患。

为此，我们希望看到分析心理学变得具有普遍的用途——甚至比那些构筑了它的先行基础并各自带着一个普遍真理的方法更有用途。但是，在实现这一愿望和现时状况之间还横亘着一道深渊，至今还没有发现能跨越这一深渊的桥梁，我们还得将这座桥梁一砖一石地建造起来。

链接：《潜意识与心灵成长》 简介

由于做梦的绝对排他性，而它本身又具有难解性和一定的神秘性，因此自古以来许多人虽试图揭开梦的奥秘，但迄今恐怕并无重大的突破。该书作者所持的观点以及对梦的解析都是沿袭弗洛伊德的基本理论体系，只是在某些观点或对梦的具体解析上有所不同。 全书包括探索潜意识、古代神话与现代人、个性化的过程、视觉艺术中的象征主义和个体分析中的象征五个部分。 作者反对弗氏以性欲来解释一切人类行为的做法，而发展出他自己的"分析心理学"，研究心灵的结构与动力，其中包括对心理类型(内倾与外倾)的描述、对人类"集体潜意识"的探索，以及结合"个性化"过程的概念研究人有目的的心理发展等。

链接：《心理类型》简介

　　这本书有个副标题叫"个体心理学"，它确认了作者的哲学的基本原理。这部著作从根本上使他的思想与弗洛伊德、阿德勒学说区别开来了，并向世界思想界显示了他——荣格的存在。其价值在于，事实上它是对心理学领域的一种成熟的、有意识的概观。该书探讨了个人与世界、他人和事物的关系，识别并描述了一系列基本的心理过程和五花八门的意识层面，揭示了这些过程怎样以不同的组合决定一个人的性格。它致力于把研究普遍规律和过程的一般心理学，转变为描述一个特殊个体的独特性格和行为的个性心理学。全书共分为两大部分，第一章至第九章主要从世界思想史的角度，从个体心理出发，勾勒两种心理类型（内倾和外倾）与四种心理功能（思维、情感、感觉和直觉）的历史演变。最后两章是第二大部分，是作者思想系统的逻辑展示，是对第一大部分的理论总结。第十章为类型学总结，第十一章则对他思想中的主要概念做了界定和阐述。这两大部分一从历史的线索，一从逻辑的线索，纵横交错而从整体上展示出他的类型学观念。

人类灵魂与心理健康奥秘的探索者

　　荣格的思想博大精深又晦涩难懂，很长一段时间里，人们提及这一点时往往讳莫如深，怯而止步。但随着时间的推移，人们对荣格的思想越来越感兴趣。荣格的研究领域大多是世人知之甚少或完全未知的世界，他对无意识和种种人生神秘现象的分析和论述，他对人格、人性和人类灵魂的认识，不仅本身蕴含着丰富的心理健康思想，而且很多直接应用于他的心理治疗实践。尽管受到一些批评，但荣格诸多具有原创性的思想启发了很多后来者，成为了很多新思潮、新流派的理论先导。由于受到来自东方宗教与文化的影响，荣格也是一位东西方心理学相结合的先行者。

一、荣格思想与理论形成的背景

1875 年荣格出生时，瑞士还处于保守与封闭之中。宗教生活渗透到生活的各个方面，两性关系秘而不宣，神经症和精神病患者急剧增加，尤其是涉及性以及性压抑的疾病，往往被人们忽略或默默忍受了。世纪之交，西方人文、社会科学大大发展，人们开始反省以往的科学历史，一些新的思潮和理论不断涌现。哲学上，科学主义和人本主义时分时合，以生物学和物理学为龙头学科的自然科学飞跃发展，心理学分支逐渐完备，各流派从各自不同的维度把握着对人的研究，以弗洛伊德为代表的精神分析学派将无意识引入到对人的研究之中。工业技术和自然科学的发展，一方面促进了资本主义的繁荣，另一方面产生了不可调和的矛盾。1929～1933 年，世界性经济危机席卷资本主义国家；1939～1945 年，第二次世界大战危及全人类。荣格面临着一个动荡的、理性与非理性激烈冲突的时代。

首先，哲学上，荣格受到了叔本华、尼采等人的思想的巨大影响。19世纪末 20 世纪初，人们在重新开始强调理性的同时，也将目光投向了沉寂于人类心灵深处几千年的非理性。荣格面临的时代，是叔本华、尼采时代的继续，他们用同一视角观察世界，意识到随着西方文明的发展，人本质中很重要的一面正在被忽视。宗教的衰败，象征文化的丧失，人类心灵中的非理性成分在理性的禁锢下挣脱出来，正在寻求某种形式的发泄。叔本华和尼采都强调要为生命和本能争取权利，荣格在他们那里找到了与自己的集体无意识和原型理论的一致性。例如，荣格对外倾与内倾的划分，与尼采的日神精神和酒神精神就有着一定的关联性。

其次，科学上，进化论、生物科学的发展，为荣格的理论提供了坚实的技术基础。生物科学的飞跃发展，改变了人们对于自身的思考方法。尤其是 19 世纪最伟大的发现——进化论，使与人相关的研究领域能够从生物科学中汲取营养。荣格的分析心理学，从科学观、方法论一直到具体维度和概念的运用，许多范畴都是直接从进化论思想中吸收来的。例如，原型概念就是综合了当时获得性法则和基因变异两种进化观点发展而成的。此外，神经科学、心理学、人类学和历史学的发展也为分析心理学提供了发展和完善的基础。例如，人类学的研究开始强调人类成长的渐进性、原始人与现代人的联系。荣格的集体无意识实质正是强调人类心灵深处的统一和完整。他还亲历非洲、美洲许多部落，以检验自己的理论。

再次，精神病学的巨大发展，为荣格提出自己的分析心理学思想奠定了重要基础。其一，催眠术的出现，使精神病学家找到了探索人类深层心理现象的方法。其二，梦游症、癔症一些关键性精神疾病开始受到真正的重视。其三，多重人格逐渐被世人认识并得到接受。再次，专业人士开始深入探讨神经症的病因，精神病学不再独自发展。沙可、让内等精神病学家开始强调心理因素的致病作用，并确立了神经症的心因说，使神经症的概念有了进一步的发展。此外，精神病学的治疗方法开始强调催眠的暗示。这些发生在精神病学理念、技术和方法上的深刻变革，大大开阔了荣格的研究视野，尤其是后来弗洛伊德提出的精神分析理论更是直接促成了他提出自己的分析心理学理论。

最后，正像许多其他伟大的思想家一样，荣格的思想与理论也受到了他个人经历的影响。荣格出生在一个牧师家庭，家族中有很多长辈都是牧师。因此，他从小就接触与宗教有关的各种现象和仪式。加之他本人内倾和反省的性格，从小就陷入到了充满宗教、梦、幻觉和神秘体验的主观世界之中，并贯穿其一生的经历，他晚年所出的自传也名为《回忆·梦·反思》。而且，荣格曾到亚洲、非洲等很多地方游历，考察和分析了世界上很多民族和地区的宗教、神话、炼金术和其他文化现象。这些都为他提出集体无意识和原型思想提供了直观的体会、素材和思想来源。此外，在终其一生的自我分析过程中，荣格本人的中年危机导致他重视人格的发展，尤其强调中年期的个性化过程。可以说，荣格的思想具有一定自传的性质。

二、荣格分析心理学的核心概念

在荣格庞杂的心理健康思想中，集体无意识和原型是他的核心概念，贯穿于其关于心理治疗的思想与方法、人格理论以及对宗教、幻觉与神话等各种问题与现象的论述之中。

（一）集体无意识

荣格描绘了两种水平的无意识心灵。在我们的意识觉察之下是个人无意识。它包含着在个人生活中被压抑或遗忘的记忆、冲动、欲望、模糊的知觉和其他一些经验。个人无意识隐藏得并不深，来自于个人无意识的事件可以很容易地返回到意识觉察水平。

个人无意识中的经验群集成情结（complex）。情结是一些有着共同主题的情绪和记忆模式。通过专注于某些观念（如权力或自卑），一个人表现出某种情结，因而影响着行为表现。因此，情结在本质上是整个人格中较小的人格。

在个人无意识下面是集体无意识（collective unconsciousness）。它是个体不了解的。集体无意识中包含着世代累积的经验，包括我们的动物祖先遗留下来的那些经验。这些普遍性的、进化性质的经验形成了人格的基础。但是，集体无意识中的经验是无意识的，我们并不能觉察它们，也不能回忆起或者具有它们的表象。

（二）原型

在集体无意识中，那些遗传倾向称为原型（archetypes）。原型是心理生活的先天决定因素，它使得个体在面临类似的情境时与祖先产生同样的行为方式。在与诸如出生、青春期、婚姻和死亡或者极端危险情境等一些重要生活经历相联系的情绪形式中，我们会典型地体验到原型的存在。

当荣格研究古代文明中的神话和艺术创造物时，他发现了一些共同的原型象征的存在。这种原型象征的共同性甚至存在于时间和距离上相距得如此遥远，以至于相互之间根本不可能发生直接影响的文化之间。他在病人报告的梦中也发现了这些象征的痕迹。所有这些材料都支持了他的集体无意识概念。出现频率最高的原型是人格面具（persona）、阿尼玛和阿尼姆斯（anima and animus）、阴影（shadow）及自性（self）。

1. 人格面具是当我们与其他人交往时掩盖我们真实目的的假面具。当我们想要出现在社会中时，这个假面具就代表着我们。因此，人格面具同个体的真实人格可能是不一致的。人格面具的概念类似于角色扮演概念。角色扮演指的是在不同的情境中，我们根据其他人的期待产生行动。

2. 阿尼玛和阿尼姆斯这两个原型反映了这样一种观念，即每一个人都展示出异性的某些特征。阿尼玛指男人身上的女性特征；阿尼姆斯指女性身上的男性特征。就像其他原型那样，这两个原型也产生于人类种系的原始过去，那时的男性和女性采纳了异性的行为和情绪倾向。

3. 阴影原型代表着我们阴暗的自我，它是人格中的动物性部分。荣格认为阴影是从低等生命形式遗传而来的。阴影包含着不道德的、激情的、不可接受的欲望和活动。阴影促使我们做通常我们不愿意做的事情。而一旦做了这些事情，我们有可能认为某种东西控制了我们。这个"某种东西"就是阴影，是我们本性中的原始部分。阴影也有它积极的一面，因为它也是自发性、创造性、顿悟和深刻情感的源泉。所有这一切对于完整的人性发展都是必要的。

4. 荣格认为自性是最重要的原型。自性综合和平衡无意识的所有方面，给人格提供了整体性和稳定性。荣格把自性比作朝向自我实现的内驱力。在荣格那里，自我实现指的是能力的和谐、完整和全面的发展。然而，荣格认为自我实现要到中年之后才能实现，因为中年是人格发展最关键的时期。在这个时期，人格经历着必然的和有利的变化。

在荣格看来，现代人虽然在科技发展和改造外部世界方面取得了巨大的成就，但却远离了人类的集体无意识和原型，这造成了意识与无意识的失衡，产生了普遍的精神问题。人类的历史就是不断地寻找更好的象征，即能够充分地在意识中实现其原型的象征。现代象征大部分由各种机械、武器、技术、跨国公司和政治体制所构成，实际上是阴影原型和人格面具的表现，它忽略了人类精神的其他方面。荣格迫切希望人类能够及时创造出更好的（统一的）象征（如曼陀罗），从而避免在战争中自我毁灭。

三、分析心理学的治疗思想与方法

正如在本章第二部分经典名篇选译中所看到的，在弗洛伊德正统的精神分析作为主流的心理治疗领域，先有弗洛伊德的大弟子阿德勒创立自己的"个体心理学"，之后荣格也为了与精神分析区别开来，而把自己的治疗思想称为"分析心理学"。由于荣格的很多治疗思想都隐含着与精神分析进行对话并企图超越后者，所以要理清荣格的心理治疗思想，离不开辨识荣格与弗洛伊德观点的分歧点（可参阅本书第一章的内容）。

荣格和弗洛伊德的观点主要有三点分歧：（1）首先是对里比多概念的解释，弗洛伊德认为里比多是性能量，早年里比多冲动受到伤害会引起终生的后果。荣格认为里比多是一种广泛的生命能量，在生命的不同阶段有不同的表现形式。（2）荣格反对弗洛伊德关于人格为童年早期经验所决定的看法。荣格认为，人格在后半生能由未来的希望引导而塑造和改变。（3）前两个分歧导致两人对人性本身持有不同的看法。荣格更强调精神的先定倾向，反对弗洛伊德的自然主义立场，认为人有崇高的精神追求，不限于弗洛伊德在人的本性中所发现的那些黑暗面。

基于以上的观点，荣格认为心理治疗的目标是发展人格，而不是治疗症状。在荣格看来，神经症症状是人们的精神尝试自我调整的一种企图，是病人在无意识深处想获得更完整人格的一种外部表现。神经症症状又往往表现为情结，要使人格得到发展，就必须把这些情结与人格整合起来。如前所述，情结是个体一组一组的心理内容聚集在一起形成的心理丛，具有浓厚的情绪色彩，构成了心理生活的个体的、私人的方面。最初，荣格在使用词语联想测验进行研究时发现，当刺激词与病人心目中一些不愉快的事物联系时，回答的反应时间就会延长。这时若将病人延续做出反应的几个词选出来分析，就会发现其潜藏在表面下的深层含义，即无意识的情结。心理治疗的目的就是使患者无意识深处的情结内容得到充分表露，成为意识到的东西。进而在自觉意识的指导下，使意识与无意识达到完满的和谐状态，这同时也是发展人格的过程。

像其他分析治疗家一样，荣格也使用释梦的技术来分析病症，不过他比以往任何一个释梦专家都走得更加深远。他不同意弗洛伊德关于象征是受压抑的欲望的伪装表现这一基本观点。在荣格看来，梦的象征，以及其他任何象征，是阿尼玛、人格面具、阴影和其他原型希望个性化，希望把它们统一为一个和谐平衡的整体的尝试。梦和象征不仅指向过去，也指向未来，具有预期导向，是实现人格发展这一最终目标的蓝图。如果变换一种角度来考察，那么梦也可以是一种补偿；它试图补偿精神中所有那些遭到忽视，因而也就未得到分化发展的方面，企图以此造成某种平衡。因此，荣格不赞成鼓励病人进行自由联想，而是强调抓住梦的主题让病人进行积极想象（active imagination）。而治疗师则需要通过综合文学、艺术、历史、神话、宗教，以及病人的知识背景和最近经历等多种渠道的信息，对病人所做的梦的系列进行放大，以挖掘其中具有象征意义的无意识和原型。这种放大的方法需要分析者本人具有相当渊博的学识。

经过多年的临床实践，荣格总结出分析心理学的四种治疗方法或者说四个阶段（可参考第二节的经典名篇选译）。（1）倾诉法（宣泄法）。病人可以通过精神宣泄重新发现那些被压抑或遗忘的东西，宣泄的目的就是达到彻底的倾诉，使病人不仅从理智上承认这些事实，而且自愿用心灵来巩固这些事实，从而真正释放出被压抑的情感。倾诉法对单纯幼稚的人效果很好，但不适用于意识程度很高的人。（2）解释法。许多病人在接受宣泄治疗之后，神经症症状消失，但却陷入与医生的依恋关系之中，发生移情。此时，医生应尽力借助对梦和幻想的分析，来向病人解释他投射到医生身上的东西，并指出这种投射的不合理，使病人回到现实社会中来。（3）教育法。很多时候，病人完全理解自己的病因，但却像个孩子一样无能为力。医生要对病人反复开导，不断进行强化和练习，使他们的一些习惯成为适应社会道德要求、符合社会标准的新习惯，进而使他们成为得到社会认可的健康人。（4）转变法（个性化方法）。每个人的需要各不相同，治疗要在医生积极的引导下，通过医生和病人的相互影响与沟通，使双方共同了解病人的内心世界。与此同时，医生也要不断地洞察自己的内在人格，与病人一起发生转变。

四、荣格的心理类型学说

（一）心理类型划分的维度

荣格关于心理类型的学说是非常著名的，1921 年出版的《心理类型》是他最有名的著作之一。他根据里比多（生命能量）的指向把人分成外倾和内倾两种类型：外倾的人能量指向自我之外的外部事件和人，容易受到环境中各种力量的影响，他们喜欢社交，在各种情境中都充满自信；内倾的人能量指向自身内部，他们抵制外部的影响，沉默并具有反省性，在面对其他人和事物时，他们显得信心不足。

在划分了外倾和内倾两种类型之后，荣格又将心理功能分为四种：思维、情感、感觉和直觉。思维是提供意义和理解的概念形成过程。情感是权衡和评估的主观过程。感觉是对物理对象的有意识知觉。直觉是无意识方式的知觉。

（二）人的八种心理类型

荣格进一步将不同的心理机能与外倾或内倾相结合，产生了八种不同的心理类型或性格类型。

1. 外倾思维型。追求客观知识，这类人的典型代表通常是科学家。外倾思维型的人通常倾向于压抑自己天性中情感的一面，他们的思维往往超过了情感，因而在别人眼中，他可能显得缺乏鲜明的个性，甚至显得冷漠和傲慢。如果这种压抑过分严厉，情感就会采取迂回甚至病态反常的方式来影响性格。

2. 外倾情感型。这种类型的人的理智服从于情感，受自身感情与情绪驱动，并且随外界的变化而变幻莫测，主要存在于女性之中。她们往往多愁善感，强烈却短暂地依恋他人，她们的爱可以轻易地转变为恨。外倾情感型的病态类型由于思维功能被过分地压抑，因而在发展理智方面会遇到困难。

3. 外倾感觉型。这种类型的人喜欢积累关于外部世界的事实或感觉，通常是男性。他们是现实主义者、实用主义者，头脑精明，但对事物的意义漠不关心。他们热切地寻求感觉、快乐和刺激。他们中的极端者或成为粗陋的极端主义者，或成为浮夸的唯美主义者。他们容易产生各种各样的执迷不悟。

4. 外倾直觉型。这种类型的人反复无常、性情多变，通常是女性。由于思维不受重视，她们很容易从一种心境跳跃到另一种心境。她们有许许多多兴趣爱好，但很快就会厌倦并放弃这些爱好，缺乏一种坚持到底的精神。

5. 内倾思维型。这种类型的人喜欢独自一人安静地思考，哲学家和心理学家往往属于这种类型。他们希望理解的是他们个人的存在。在极端的情况下，他们探测自身的结果可能与现实几乎不发生任何关系，他们最后甚至可能隔断与现实的联系而成为精神病患者。

6. 内倾情感型。这种类型的人更多的是女性，她们把自己的感情深藏在内心，而不是炫耀出来。她们往往沉默寡言，难以捉摸，态度既随和又冷淡，并且往往有一种忧郁和压抑的神态。然而她们也能够给人一种内心和谐、恬淡宁静、怡然自得的印象，有一种神秘的魅力。

7. 内倾感觉型。这种类型的人远离外部客观世界，他们沉浸在自己的主观感觉之中。与自己的内心世界相比，他们觉得外部世界了无生趣。他们看起来显得沉静、随和、自制，而实际上由于在思想和情感方面的贫乏，他们并不是十分有趣的人。

8. 内倾直觉型。这种类型的人最典型的代表是艺术家，还包括空想家、预言家、幻想家和疯狂者。他们往往被朋友们看作是不可思议的人，而他们自己则把自己看作不被理解的天才。由于他们禁闭在一个充满原始意象的世界里，因此很难有效地与他人进行沟通和交流。与内倾思维型相比，他们的兴趣停留在自己的直觉范围内，不能对现象做出深刻的理解。

（三）心理类型划分的影响和意义

荣格的心理类型学说使荣格成为人格差异研究的重要开拓者，他的理论来源于他在实用心理学领域近 20 年的工作积累，其中不仅集聚了他在精神病和神经症治疗方面的无数印象和经验，而且包含了他与所有社会阶层的人的交往和接触经历。在 20 世纪 40 年代，美国的迈尔斯（I. Myers）和布里格斯（K. Briggs）根据该理论开发的职业性格匹配测验（Myers-Briggs Type Indicator，MBTI），直到现在，一直在职业应用领域得到广泛应用，并受到多方一致的好评。

从心理健康的角度来说，荣格的心理类型不仅指出了不同的人格类型，而且揭示了心理机能背后的规律。我们不仅可以通过不同的心理类型认识自我和他人，而且，通过对自我的把握，通过对不同心理倾向和功能可能存在缺陷的认识，通过了解不同心理机能相辅相成的特点和规律，可以指导我们塑造和发展自己的人格，促进我们的心理健康。

五、荣格的人格发展学说

如前所述，荣格认为心理治疗的目的就是发展个体的人格，因此，在他看来，心理健康必然包含了健全的人格发展。事实上，荣格的一生都在努力调适自身的内在矛盾，他不断地将自己的现实生活与梦、宗教、神秘体验等无意识世界相整合。在荣格看来，心理健康的标准就是在意识的指导下，使意识心灵和无意识内容融为一体的过程。荣格将这一过程称为"个性化"（individuation）或"自我实现"（self-realization）。个性化的特点就是把精神的各种非自我方面——如阴影、人格面具、阿尼玛、阿尼姆斯，以及在人格中不占主导地位的态度和功能类型等——加以强化、区分和整合，使之成为意识的过程。在研究内倾、外倾和心理类型的过程中，荣格认识到，在个性形成过程中没有绝对的一面，应采取一种居间的立场。只有这样，人格才会保持一种平衡状态。因此，个性化虽然强调个体差异，但并不主张走极端，而注重达到适合个体自己人格特点的平衡与统一。荣格认为，只有实现个性化的人才是最健康的人，才是一个具有平衡和统一人格的人。

荣格把人生的个性化进程分为四个阶段：第一阶段指人生的第一年，称为前性欲阶段，该阶段个体主要受本能支配，处于被动状态；第二阶段指儿童期到青春期，可以称之为前青春期阶段，也称为"精神的诞生"时期，这一阶段开始，精神获得了自己的形式；第三阶段是从青春期开始到成年期，称为成熟期；第四阶段是老年期，即成年期之后。在人生发展的四个阶段中，荣格对童年和老年论述不多，他非常关注青年期和中年期，尤其是中年期。他认为这一阶段的人由于很难获得新的成就感和满足感而容易精神崩溃，患上神经症，所以这一阶段的人最需要个性化。

青年期的人心理还不成熟，事业、婚姻等问题还没有解决，所以个体面临着许多问题和烦恼。各种选择与决定，常令青年期的人不知何去何从，尤其是当他们不能清醒地面对现实时，更会陷入无穷的痛苦与焦躁。荣格认为，人在青年阶段所面临的困难并不完全是一些与外部事务有关的问题，还包括一些来自内心精神世界的困扰。这些困扰往往是由性本能所导致的精神平衡失调，同样也可能是由敏感紧张产生的自卑感。所以荣格主张，处在人生第二阶段的人必须以培养自己的意志力为目标，努力使自己的心理与外部世界保持一致，排除困难，克服障碍，努力在社会中找到自己的位置，站稳脚跟。也可以说，青年期的生命能量主要是外倾的，主要用于处理外部世界和环境的问题。

中年期大约从 35 岁到 40 岁开始，此时，大多数人都已经或多或少地适应外部环境，事业有成，家庭稳定，在社会中的位置也已确定。这一阶段青年时代的奋斗目标或者已经达到，或者无力完成，人们常会感到人生没有意义，很容易出现心理危机。荣格本人及他的大部分病人都是由于这一阶段心灵深处充满了绝望、痛苦和无价值感而感到空虚，进而引发某种心理危机或精神疾病。所以，荣格认为，帮助中年人将心理能量由外在引向内在，通过内省、沉思等内心世界活动加强对其内部经验的关注，帮助病人重新找到人生的意义与和谐是相当重要的。在此阶段，不同个体间差别很大，一方面他们的无意识过分强大，另一方面他们的自我又相当脆弱，因此，个性化过程也是一个复杂的因人而异的问题。

可以说，人的前半生是外倾的，后半生是内倾的。从外倾到内倾，实现个性化的关键是将无意识的原型内容转化为意识内容，这种转化往往要通过梦、幻想以及某种神秘体验来实现。荣格认为，人生的最高价值和个人心理发展所趋向的目标是那种整体性的价值和目标，实现这一目标的人将拥有一种摆脱了情感纠纷和暴力打击，超然于世界之外的意识状态，其实质是为死亡做准备。伴随着新整合而来的自觉态度从根本上说是一种顺应自然的态度，它不再刻意压抑或单纯发展人本性的某一个别方面。虽然达到这种境界的人可能并不承认任何宗教信条，但荣格仍称之为"宗教情感"。不难发现，荣格的这些思想受到了注重内省与超越的东方文化的影响。

六、荣格及其思想的贡献、影响和争议

作为著名的精神病学家和心理分析家，荣格的思想和观点已远远超出医学心理学的领域，对 20 世纪的宗教、哲学、艺术、历史和文学等领域产生了广泛的影响。历史学家、神学家和作家等都承认荣格是他们产生灵感的源泉。然而，科学心理学一般忽略了荣格的分析心理学。尽管在集体无意识、心理类型学、分析心理治疗、人格发展等方面做出了很多贡献，荣格理论的主要内容并没有在心理学中流行。在20世纪60年代之前，荣格的许多著作甚至并没有被翻译成英文。之后，荣格的观念在20世纪80年代和90年代引起了公众的广泛注意，但这主要是由于荣格理论中的神秘内容。此外，荣格的错综复杂的写作风格和不够系统的语言组织方式也阻碍了人们对他工作的全面理解。因此，要对荣格的思想和理论进行客观全面的评价，并不是一件容易的事。也许，随着时间的推移，人们会逐步加深对荣格的理解和认识。

首先，荣格的首要贡献是作为心理分析家，提出了集体无意识和分析心理治疗的思想和方法，纠正了弗洛伊德经典精神分析过分强调性及早期经验对心理的影响的倾向，指出了人的心灵指向未来的积极方面，并自始至终将健康的人格发展作为重要的主题。因此，荣格跟阿德勒一起，作为新精神分析思想的代表启发了后来的人本主义乃至积极心理学的产生和发展。例如，自我实现概念启发了马斯洛（A. H. Maslow）和其他人本主义心理学家，中年危机的概念被许多人认可，他们认为中年是人格发展中的一个必要阶段，这个概念得到了许多后续研究的支持。就心理治疗而言，荣格强调医生与患者的平等友善关系，对以后的心理治疗家具有重要的启发和借鉴价值。同时，就集体无意识理论本身来看，它具有一定的合理性。它一方面扩展了弗洛伊德的个人无意识理论，另一方面将意识与无意识、理性与非理性、个体与群体、历史与现代，在个体心理分析层面联系起来，使人类对自己本性的认识更加全面。

其次，荣格的很多理论观点在科学心理学领域产生了持久的影响，并等待着进一步检验。特别值得一提的是，荣格的八个心理类型开创了对个体差异的研究，并激起了大量的研究与应用。其中，迈尔斯和布里格斯在此基础上开发的职业性格匹配测验，已被广泛地应用于员工选拔和咨询。荣格关于内倾和外倾的理论还激励了英国心理学家艾森克（H. J. Eysenck），后者编制了艾森克人格问卷（Eysenck Personality Questionnaire,

EPQ）。使用这些测验进行的研究为荣格的概念提供了经验支持，证明至少荣格的部分概念是可以进行检验的。如果说存在"实验室里的心理学"和"医疗实践中的心理学"两种心理学，那么，近年来这两种心理学已经开始互相结合，有望形成统一的心理学。例如，当代人格与发展心理学家迈克亚当斯（D. P. McAdams）提出的人格三层次模型理论，其中就有吸收荣格思想的影子。

最后，荣格思想中的人文精神也许是他之所以能够获得越来越多赞赏的最重要和持久的原因。这一方面体现在他的理论内涵中强调人性积极的、创造的一面，另一方面体现在他对人类社会整体发展的关注和分析中。例如，他对集体无意识和原型的论述，指出原始的人性本身的东西虽然具有黑暗性，但它们是人的健康和平衡发展不可或缺的重要因素，其中蕴藏着创造力，是生命的源头活水。在对现代性进行反思的基础上，荣格认为现代人的意识过于发达，使无意识受到过分压抑，将导致人的异化，被压抑的能量很可能会以阴影等负面原型的形式进行补偿，从而反过来伤害人类自身。荣格特别强调具有超越性的"宗教情感"对人的健康的价值，而现代人缺少的正是这种东西。正是由于这些理论观点同时包含着合理性和人文精神，使荣格的思想超出心理治疗和科学心理学范围，广泛地影响了人文学科的发展，成为许多新思潮和新流派的先导。

然而，尽管存在着这些贡献，荣格的理论还是没有得到应有的重视，他的主要思想并没有在主流心理学中流行。他的观念后来引起了公众的广泛注意，也主要是由于其中的神秘内容。有一个大众电视系列节目，该节目邀请了神话学家坎贝尔（J. Campbell）讨论集体无意识和原型对现代生活的影响。因此，这就涉及荣格理论受到批判和误解的方面。人们对荣格的批判主要来自他思想中的主观性、神秘主义与东方色彩。诚如前述，一方面，荣格的思想具有自传的性质，很多内容来自他对自己的梦、幻觉和神秘体验的分析；另一方面，荣格的思想与对宗教、神话、炼金术的考察和分析有着紧密的联系，尤其是来自东方的思想和文化对他产生了重要的影响。即使是与弗洛伊德和阿德勒相比，荣格的思想也更加主观和具有内生性。因此，科学心理学批判荣格的理论，认为它太过主观和随意，无法进行验证，毫不可信。而西方文化的认同和坚守者们则批判荣格，说他的理论陷入东方神秘主义，而他自己对东方并没有真正的了解，实质是一派胡言。还有那些具有政治意识的社会思想家，认为荣格的思想过分强调了非理性的因素，会影响社会的健康发展，甚至曾一度将他与纳粹主义联系起来。

此外，荣格的无所不包的思想宽度，潜入个体与人类心灵底层的思考深度，以及他错综复杂的写作风格和不够系统的语言组织方式，都阻碍了人们对他工作的全面理解。对很多心理学家来说，荣格依赖临床观察和解释的方法，蔑视科学实验，其带有神秘主义色彩的以宗教为基础的理论还不如弗洛伊德的理论具有吸引力。实际上，自始至终，荣格都是一个独立和内倾的人，他思想的独立性和整合性，他对人类灵魂孜孜不倦进行探索的努力，使他区别于很多心理学家。我们在评价荣格及其思想时，要有一种科学客观的态度，对其思想的合理方面要进行借鉴吸收，而对那些晦涩难懂的部分，则要保持一种谨慎开放的态度，既不能受神秘色彩的吸引而盲目相信，也不能一概否定，而是可以等待其经受进一步的检验和考证。

七、结语：东西方心理学相结合的曙光

荣格及其分析心理学，与东方文化（主要是中国和印度文化）有着内在的联系，很多观点正是在充分吸收了东方文化的基础上，才得以完善和发展的。值得一提的是，就广义的心理学而言，中国是心理学的第一个故乡，古老的中国文化中包含着丰富的心理学思想。并且，这种思想与现代西方心理学有着根本的区别。在某种意义上，荣格可称为是将这两种不同的心理学进行结合的开创者。荣格受到德国汉学家维尔海姆的影响，曾经与他合译《金花的秘密》，书中阐述了中国文化对于心理学的意义，指出科学必须转向心灵，寻求生活的意义。通过维尔海姆，荣格了解了《易经》，并促使他晚年提出了"共时性"概念，即除了"因果论"和"目的论"之外，不同事物之间可以有一种协同作用的现象。在荣格的整体思想中，我们可以发现中国文化重视内省和平衡的特征在其中有着诸多的表现。

荣格之所以对东方文化感兴趣，是因为他立足于现代西方的社会现实对西方文化采取了一种批判态度。在经历了两次世界大战之后，西方人在精神生活领域出现了很多新的问题。青年人感到生活没有目的，人生没有归宿，个人安全没有保障，他们迷惘、空虚、冷漠又对现实充满了恐惧，不知不觉陷入了虚幻的失落之中。这种状况从根本上动摇了西方的文化价值。在荣格看来，科学思想是西方文明的基础，但它仅是一种手段而已，单一的科学发展是片面的，单一地用科学来理解世界，也只能是心灵的空虚。与西方思维不同，荣格认为东方人的思维向世界展示了更开阔、更深奥和更高级的理解力，是一种高度发展了的直觉领悟能力，是一种心灵的智慧。西方意识的过度发展将它推入了某种远离根基的危险境地，这正需要东方文化来弥补。荣格主张，人类追求的应该是一种物质与精神、肉体与心灵、外在生活与内在生活、客观实在与主观实在的和谐，一种西方和东方的调和与统一。虽然在荣格之前，有很多学者对东方文化产生了兴趣，但从心理学的领域和角度将东西方文化相结合，荣格可算是一位开创者。

第 6 章

鲍尔比：
孤独是人生的最大恐惧之一

科学史上，许多大师的研究兴趣往往源于其早期生活经历。约翰·鲍尔比出生在伦敦的一个中上阶层家庭，他有五个兄弟姐妹，排行第四；他先由保姆抚养，在七岁的时候被送到寄宿学校。对其童年经历的反思，使他特别关注儿童的依恋问题。20世纪50年代，他受世界卫生组织委托研究那些因第二次世界大战而失去母亲或是无家可归的儿童，特别是调查托儿所和其他大型机构（如孤儿院）对婴儿成长的影响。结果表明，儿童如果在早期被长时间剥夺母爱，那么他们在之后的生活中将会出现一定程度的智力、社交或情绪方面的问题；五年后，鲍尔比开始了第二项研究。这次他研究的是曾住在结核病疗养院（无法提供替代性的母爱）、疗养期为五个月到两年且当时年龄小于四岁的儿童。在他进行研究时，这些孩子都处在7~13岁，这些孩子与被传统方式养育的孩子相比，前者的游戏行为更为粗暴，缺乏主动性，更易过度兴奋，并且缺乏竞争能力。据此他认为，"孤独是人生的最大恐惧之一"，对儿童早期发展来说最严重的环境剥夺就是剥夺儿童与亲人交往的机会。鲍尔比因其在儿童发展和依恋理论方面的贡献而闻名于世。

这里选译了鲍尔比《母爱关怀与心理健康》一书的第13章，介绍了大型机构养育儿童存在的不利影响、群体照顾须遵循的原则等问题，同时对鲍尔比的依恋理论进行了介绍，评述了鲍尔比相关理论产生的基础和其框架，以及依恋理论对于心理学、心理健康的贡献和意义。

约翰·鲍尔比的生平事迹

约翰·鲍尔比（John Bowlby，1907~1990），英国心理学家、精神病学家和精神分析学家，因在儿童发展和依恋理论方面的贡献而闻名于世。他将精神分析、认知心理学和进化生物学等学科统合在一起，纠正了弗洛伊德精神分析理论对童年经历的过分强调和对真正创伤的忽视。因其卓有成效的研究工作和研究成果，鲍尔比于 1989 年获得了美国心理学会授予的"杰出科学贡献奖"。

1907 年 2 月 26 日，鲍尔比出生在伦敦一个中上阶层家庭。鲍尔比的父亲安东尼·鲍尔比（A. Bowlby）是一位服务于王室的著名外科大夫。安东尼·鲍尔比和他的妻子莫斯汀（M. B. Mostyn）共有六个孩子，鲍尔比是他们的第四个孩子。

和当时这个阶层的所有家庭一样，孩子们的抚育和教养工作主要是由保姆和家庭教师来完成。通常来说，鲍尔比能够在下午茶后和母亲待上大约一个小时的时间，夏天的时候，这个时间会稍微长一点。因为和这个阶层其他母亲的看法一样，鲍尔比的母亲认为过多的关注和喜爱会导致对孩子的溺爱，不利于对孩子的教养。而称得上幸运的是，四岁之前的鲍尔比，一直有一位与其有着深厚感情的保姆陪伴。四岁那年保姆的离开，对鲍尔比的童年来说是一件影响重大的事情，在他后来的著作中，她的离开被他描述为如同失去母亲一般。

七岁的时候，鲍尔比被送往寄宿学校。在后来的作品中，鲍尔比把这个时期称为"可怕的时期"，"即使是一只狗，我也不会在它七岁的时候把它送往寄宿学校"。这样的童年经历，使鲍尔比对儿童的心理发展表现出不同寻常的敏感，尤其是对儿童遭受到的苦难的感知，这也成为其研究的前提和基础。大概正是在这样的家庭背景下成长的经历，使鲍尔比愿意花费大量的时间和精力去思考依恋与分离的问题。

1918 年，鲍尔比和哥哥托尼被送往伍斯特市的林迪法恩寄宿学校（后来改名为阿贝利府寄宿学校）。1921 年，14 岁的鲍尔比离开了林迪法恩，开始就读于达特茅斯的皇家海军学院。这段日子塑造了鲍尔比的那种军人特有的专注的思维模式，在后来的研究工作中，鲍尔比将这种专注投入到了对依恋与分离问题的研究之中。

1924 年，鲍尔比参加了皇家橡树号战列舰的海军学员训练，很快，他就发现训练相当枯燥。鲍尔比想离开，但是他无力偿付相关的训练赔偿费用。后来，是鲍尔比的父亲替他支付了 440 英镑的相关赔偿费用，并支持他开始了医学学习。鲍尔比在伦敦接受了必要的培训之后，进入了剑桥大学学习与医学事业相关的自然科学。两年之后，鲍尔比转向了精神科的学习。他学习的课程涉及哲学和心理学领域，也包括当时剑桥大学的首席心理学家巴特利特（F. Bartlett）的生物心理学课程。在学校的最后一年里，鲍尔比读到了弗洛伊德的《精神分析引论》和里弗斯（W. Rivers）的《直觉与无意识：对关于神经症的生物学理论的贡献》（*Instinct and the Unconscious：A Contribution to a Biological Theory of the Psycho-neuroses*），从此埋下了探索科学的种子。

从剑桥大学毕业后，鲍尔比跟随里维耶（J. Riviere）开始了精神分析的训练。1937 年，鲍尔比获得了资格证书，正式成为一名精神分析师。

1938 年 4 月，鲍尔比与一位外科医生的女儿朗斯塔夫（U. Longstaff）结婚，此后他们一共育有四个孩子。1990 年，鲍尔比在苏格兰的斯凯岛逝世。

也许与童年的成长经历相关，再加上又亲身经历了二战中被逐和无家可归儿童与父母相分离的观察工作，鲍尔比几乎将其一生的研究精力和兴趣都集中在了依恋与分离的问题上。其中，鲍尔比第一篇关于依恋和分离的研究成果发表于 1938 年，而最早关于依恋问题的实证性研究则来自他对伦敦儿童指导诊所的 44 个失调儿童案例的分析，鲍尔比在其研究中发现，患者的症状和他们的母爱剥夺及分离历史有着重要的关联。

第二次世界大战中断了鲍尔比作为一位儿童精神病学家的实践性工作，在战争中，他是皇家陆军医疗队的中校。但是，在战争过程中发生了很多和儿童相关的事件，比如说大量儿童被迫与亲人分离、拯救犹太儿童的运输计划、伦敦空袭中的儿童疏散、设立集体托儿所以便让幼儿的母亲参与战争等，为鲍尔比提供了丰富的研究素材，为其后来的研究工作打下了坚实的基础。

二战结束之后，鲍尔比被任命为塔维斯托克诊所儿童部的负责人，因为鲍尔比非常重视在儿童治疗中家庭关系的重要性，这个部门后来被他改名为"儿童与父母部"。这个部门最初是在克莱因（M. Klein）的领导下工作的。梅兰妮·克莱因是儿童精神分析的先驱，也是客体关系理论的代表人物。应该说鲍尔比的前期研究工作受克莱因的客体理论启发很大，但是后来，两人的研究主张发生了很大的分歧。虽然同样以儿童为关注和研究对象，但两人对于母亲角色的理解有着很大的不同。克莱因非常强调儿童对母亲的幻想，并以此作为儿童精神分析的重点，而鲍尔比则对分析真实家庭互动模式更感兴趣。因为其理论主张得不到克莱因的认可和支持，鲍尔比自己建立了一个关注母亲与孩子分离问题的独立研究小组。鲍尔比坚持认为，儿童是对现实生活中的事件做出回应而不是对无意识的幻想做出回应，这一分歧使鲍尔比与主流精神分析学派产生了疏离，他自己也因此被精神分析学界所排斥。

1948 年，罗伯逊（J. Robertson）成为了鲍尔比的工作助手。罗伯逊曾经在安娜·弗洛伊德为无家可归的儿童设立的托儿所工作过。在那段工作经历中，罗伯逊在安娜·弗洛伊德的带领下，进行了儿童心理学研究的专业训练，使罗伯逊成为符合鲍尔比要求的具备系统观察水平的工作助手，给鲍尔比的研究工作带来了很大的帮助。

1952 年，鲍尔比和罗伯逊共同制作了纪录片《两岁儿童去医院》，这是一部以"儿童的短暂分离"为主题的纪录电影。这部纪录片要表达的中心思想是儿童与其主要监护人短暂分离的痛苦经历及带来的创伤性的影响。他们也把这部电影推荐给英国精神分析学会，但是传统的精神分析学家们并不认同一个孩子会因为分离而哀伤和悲痛，他们在片中看到的，是孩子由无意识的幻想而造成的痛苦（具体到这部影片中是由于母亲怀孕所引发）。虽然没有得到英国精神分析学会同人的认同，但是在生活中，这部电影在改变传统医院对患儿父母来访的限制规定方面起到了实际的作用。

1950 年，鲍尔比开始担任世界卫生组织的心理健康顾问。由于鲍尔比对失调儿童以及机构化养育儿童所产生影响的研究，世界卫生组织委托他编写欧洲战后无家可归儿童的心理健康状况报告。以这些研究为基础，1951 年鲍尔比出版了《母爱关怀与心理健康》（*Maternal Care and Mental Health*）。在这部著作中，鲍尔比通过对美国和欧洲案例的研究，得出了他的主要结论，即婴幼儿应该经历一段与母亲（或母亲角色的永久替代人）的温暖、亲切和连续的关系，并在其中得到满足和享受，以及如果婴幼儿缺失这样一种关系可能会造成重大和不可逆的心理健康后果。

这部著作在理论上引发了一些争议，一些批评家不赞同鲍尔比对母爱（或等价物）的功能与必要性的过分强调，也不赞同其"与儿童形成持续的关系是为人父母的重要组成部分"这一观点。但是这部作品在实践中产生了很大的影响。鲍尔比提出的"对婴幼儿来说，任何与母亲的分离都是有害的"这一观点被一些政治组织所引用，用于反对妇女外出工作而把孩子留在政府的托儿机构。1962 年，世界卫生组织出版了《母爱关怀的剥夺：重估影响》，鲍尔比的合作伙伴安斯沃斯（M. Ainsworth）提供了关于依恋理论的最新研究进展情况，回应了此前存在的一些误会，也试图回应前期关于父爱剥夺的影响证据不足的情况。

在鲍尔比的研究工作中，安斯沃斯是他最重要的合作伙伴。在依恋理论的相关研究中，鲍尔比提出了依恋理论的基本原则，对孩子与母亲的关系以及对分离、丧亲及剥夺所带来的关系瓦解的后果进行了深入的研究。安斯沃斯则发展出了新方法来检验鲍尔比的一些观点，并对依恋理论进行了扩展和完善。

从 20 世纪 50 年代开始，鲍尔比综合进化生物学、习性学、发展心理学、认知心理学和控制论等领域的最新研究成果，开始构建新的研究框架。在这一框架下，鲍尔比发展了其依恋行为的理论内涵，明显超越了传统精神分析的视野。他从进化和人类学的角度来看待儿童的心理发展，认为只有考虑人类行为的适当环境即进化的基本环境，才能对人类行为有正确认知。在他看来，在人类进化的进程中，为保护弱小免受威胁，婴儿需要和父母保持接近，而这种依恋行为正是促进和维持与养育者亲近的姿态和信号，比如婴儿的啼哭和微笑，就是最明显的依恋信号。而依恋行为是婴儿与生俱来的本能。鲍尔比的这些研究成果，集中地体现在其后来于1969 年、1973 年和 1980 年出版的重要著作《依恋三部曲》中。

鲍尔比的最后一项让人关注的研究，是其采用了心理传记的研究方法，对达尔文进行了典型案例的分析研究。鲍尔比运用依恋理论，分析了早年丧母的经历对达尔文的性格和心理的影响，以及这种影响如何作用于达尔文的一生，并撰写了一本全新的传记《达尔文：新的生活》（*Charles Darwin：A New Life*）。

鲍尔比及其追随者所做的大量关于依恋行为的研究，以及在此基础上提出的儿童心理发展理论，对家庭及各种社会福利机构的儿童养育活动具有重要意义。1989 年，鲍尔比获得美国心理学会授予的"杰出科学贡献奖"。

链接：生平重大事件

1907 年 2 月 26 日　鲍尔比出生在伦敦一个中上阶层家庭。

1911 年　保姆的离开对鲍尔比来说是一个重大生活事件。七岁时被送往寄宿学校。

1921 年　就读于皇家海军学院。

1925 年　进入剑桥大学，两年后转向精神科。21 岁获得硕士学位。

1933 年　攻读博士学位。

1937 年　正式成为一名精神分析师。

1938 年　与朗斯塔夫结婚。

1951 年　《母爱关怀与心理健康》出版。

1957 年　在美国进修并接触到哈洛的母爱剥夺实验。

1959 年　发表《分离焦虑》。

1969 年　《依恋三部曲》的第一部《依恋》出版。

1973 年　《依恋三部曲》的第二部《分离：焦虑和愤怒》出版。

1980 年　《依恋三部曲》的第三部《丧失：悲伤和抑郁》出版。

1990 年　在苏格兰逝世，享年 83 岁。

《母爱关怀与心理健康》:第13章　群体照顾

一、群体照顾

现在，关于是放在寄养家庭养育还是机构养育的争论看起来可以结束了。虽然没有人赞成以大型群体照顾的方式照顾儿童——事实上，应该是几乎所有意见都反对大型的群体照顾（group care），原因是显而易见的，在这份报告的第一部分里也已经提到了——但小型专业教养院的价值还是得到了广泛认同。这些观点在以下类型的儿童身上最为有效①:

1. 如果不经过调整，就无法与养父母建立良好关系的严重失调儿童。我们将在下一章中讨论针对这种儿童的治疗中心的组织。

2. 不再需要日常生活照顾，又不太容易接受陌生人来扮演父母角色的青少年，这种类型孩子在父母暂时离开的情况下，也可以比较轻松地保持与自己父母的感情联系。唯一例外的是那些离开学校并已经开始工作的青少年，他们在谋生和成长的过程中有可能更容易在寄养家庭中轻松地安定下来。

3. 六七岁以上只需要短期照顾的儿童。

4. 当孩子的父母感到孩子与养父母之间的关系成为威胁时，或者需要一段间歇时间来决定是带孩子回家还是打发他们去一个寄养家庭的时候。

5. 兄弟姐妹较多的大群体，可能不得不分散到几个寄养家庭里的情况。(将兄弟姐妹群体聚在一起照顾的原则不适用于婴儿和蹒跚学步的小孩，他们在这样的环境中还不能获得所需的基本个体照顾。这点在后面会详细讨论)

近年来有太多关于机构养育原则的好书和报告，比如美国的霍普柯克（H. W. Hopkirk）的书以及英国的《柯蒂斯报告》（The Curtis Report）等，这里无须多加讨论。但大家公认的原则，是养育机构必须要小——《柯蒂斯报告》认为不能超过一百名儿童——这是为了避免大型机构可能会产生的严格的内部流程，也是为了让儿童能够去当地的学校上学，并通过其他

---

① 以下清单由戈登（Gordon）略微修改过。

方式参与当地社区生活而不至于人满为患。大家公认的另一点，是要根据年龄和性别的组合，将孩子们分散到小型"家庭"中，每个家庭由一位母亲来负责，如果能有一位父亲就更好了，这样的安排不仅能促进家庭中感情氛围的发展，而且能够让兄弟姐妹们继续相处，彼此安慰和支持。（没有什么比根据年龄和性别来分开儿童，从而把兄弟姐妹们分开的方式更悲剧也更不利于心理健康了，可惜这样的情况仍时有发生）"家庭"也必须要小，《柯蒂斯报告》认为八名儿童最理想，12 名为上限。在这样的环境中，以基于个人关系的非正式的个体纪律来代替那些没有人情味的规则才是可能的。然而必须承认的是，即使在这种相对较好的环境中也仍然很难避免机构养育中存在的那些让人讨厌的特点——屋舍间的统一规则、职员间的私人摩擦以及与日常社会生活的分离。在这里，无法灵活柔软地允许个人特质的存在，儿童也几乎没有机会参与创造自己的生活环境。很少有人会认识到，创造自己生活环境的主动性和责任感的消失，正是机构养育中潜在的不利影响。

为了克服这些缺陷，分散的村舍的形式被大力提倡，成为描述中的大型专业寄养家庭。英国地方政府在修建新的住宅时，把一套房子改建为半分离的形式，让已婚夫妇各自管理一间。丈夫外出工作时，妻子在家中照料，寄养儿童与当地儿童混住，并尽量减小他们与普通儿童生活的差异。这个体制是否成功依赖于寄养父母的水平，需要选择优秀的能够承担相当责任的寄养父母，但是做到这一点非常不容易。如果这样的寄养父母很难找到的话，通常可能是雇佣未婚女性来担任寄养母亲，那么相对来说集中的村舍形式可能会更好一些，因为能提供更好的支持。无论采用哪种体制，都可以用集中提供服务的方式来节约劳力和成本，虽然这样的方式也潜藏着风险，这些风险是由太多的个人选择都不由寄养父母决定所带来的。例如，集中供应的方式使家庭的采购工作不存在了，同时也没有了家庭生活最重要的一部分，即进行选择的可能性。所以要尽可能地进行协调，并充分地考虑到问题的两个极端。集中供应方式虽然单调但是比较经济，而在另一些相对外围的东西上照顾到了多样性则可能会增加支出。

斯特恩（E. M. Stern）和霍普柯克对寄养父母的责任特别是他们与寄

养儿童及与其亲生父母的关系的描述值得赞赏。他们还强调了养父母不可试图占有儿童，而必须鼓励亲生父母探望以增进其亲子关系。如今，人们认识到寄养母亲需要专业化培训，从而使她们的工作更加专业化。此外，明确寄养母亲的角色以及与其他专业工作者——社工、精神病学家等——的关系也很重要，这样才可能有好的团队工作。对她们照顾的儿童进行定期的讨论，这应该成为她们职责中的一部分，也应该鼓励她们与受过训练的心理咨询师讨论相关问题。

在未来，儿童的医疗照顾应该包括心理健康部分，应当使用进一步的实验手段，比如使用韦策尔网格（Wetzel Grid）快捷简便地得到心理健康指数。如果弗里德和梅尔（Fried & Mayer, 1948）[①] 的发现是确凿的，那么要测出隐藏在表面的适应之下的情绪干扰就有了一个最有价值的工具。这些隐藏的情绪干扰在养育机构中很常见，通常具有重大的精神病学意义。心理健康训练都强调儿童行为的迷惑性，特别是被动服从的行为。比如豪威尔（M. Houwer）提到机构养育的儿童容易发展出双重道德标准：规则的外部形态和后来表现出来的可能完全违法的内部标准。芝加哥的劳伦斯（Lawrence）描述：当曾经长期在教养院生活、看起来友善又礼貌的儿童被分送到寄养家庭去时，很明显他们害怕亲密的私人接触，而看起来更喜欢生活在情绪的真空里。他们逃避做出决定，恼怒于有关独立的建议，有着过度的物质需求。而只有在他们离开养育机构的时候，这些不讨人喜欢的特点才会涌现出来——而当他们还在养育机构时，一切从表面上看来都挺好，认识到这一点很重要。又比如，贝特尔海姆和西尔威斯特（Bettelheim & Sylvester, 1948）报告过他们对一群六到八岁的儿童进行的常规精神病学检查，这些儿童生活过的养育机构的管理员认为他们中没有人在任何方面不正常。尽管他们给人的第一印象非常好——"他们看来有非比寻常的团队精神"——但进一步的检查却表明他们缺乏适应能力，而且对玩具和抚摸尤为饥渴。"尽管他们在心理测量中智力表现良好，但是欠缺时间、空间和人格的连贯性的所有概念……"这一事实无情地指出了

---

① 参见原书第 379 页。

他们具有心理变态的特征，只是伪装正常而已；他们极有可能很早就进入了养育机构生活。这让我们回到了这篇报告的中心议题——对婴幼儿的照顾问题。

二、寄宿制托儿所

很不幸有这样一种观点至今仍然普遍存在，即机构化的环境对婴幼儿没有影响。有必要指出的是，从事心理健康训练工作的人都不支持这种自满的观点，他们全都强烈反对这一观点。在所有心理学家和就此问题开展研究的精神病学家的著作中都可以找到关于这一影响的清晰论述。早在1938 年，这个问题就在国际联盟报告中被公开讨论，报告讲述了机构照顾婴幼儿的困难，"婴幼儿在个体关注下和家庭情感氛围中能更好地生存，更快更蓬勃地发展"（第一卷 124 页）。因此在八年之后，在可以获得更多的科学信息的时候，柯蒂斯委员会（他们向英国政府报告提出照顾贫困儿童应遵循的原则）却主张"寄宿制托儿所面向所有一岁以上、两岁半以下，尚未寄养或送去家庭群体的婴幼儿"，不免令人痛心。显然，在一篇先进的报告里这必定是最严重的缺点，特别希望这份提议不会被英国或别的什么国家采纳。令人满意的是，美国联邦安全局儿童部的官方政策也是反对托儿所支持寄养家庭的婴幼儿照顾的。

也不是说即使世界上最好的托儿所也无法为婴幼儿提供一个满意的情感环境。这并不是出自对这个问题理论层面过度思虑的教条论断，而是许多不同国家的杰出的工作人员在实践中获得的周详的意见。比如英国的布林汉姆和弗洛伊德，从战时运营托儿所的经历中得出了这个意见。起初他们满怀希望解决这个问题，但随着时间的推移，他们日益意识到母爱剥夺的恶劣影响和在机构养育中提供替代照顾的困难。最终他们得出结论，如果婴幼儿要持续接受永久母亲替代者的照顾——观察可见这是最基本的——那么更可取的安排是多增加几个帮手，每个帮手都带几个儿童回家，然后把托儿所关了。美国的里奇曼得出了同样的结论。在给出托儿所及其人员的细节之后，他是这样结尾的：

"要给予九个月到五岁大的儿童以足够照顾所需要的人数比

要给予年龄更大的儿童以照顾所需要的人数更多；因此这类计划的开支相当高。这个项目的经验支持了儿童福利文章中报道的证据，幼儿在个体照顾之下茁壮成长，而不是群体照顾。"

荷兰的另一个实践者豪威尔强烈批评了家庭对五岁以下的儿童的安置。

对婴幼儿的群体照顾总是不尽如人意，这不仅是因为群体照顾无法提供足够、持续的母爱，还是因为它难以给众多幼儿主动参与群体日常生活的机会，而这对他们的社交和智力的发展是至关重要的。一个家庭即使只有两三个不足五岁的孩子和一个照顾他们的全职母亲，要让孩子们在饮食、洗衣、装扮、除尘等日常家务方面"帮助"她，她也会精疲力尽。如果家里孩子多了，几乎不可避免地得将孩子们排除在这些家务之外并期望他们顺从、安静——也就是被动、不参与。由此出现的挫败反应显现为冷漠或暴力进攻，其程度很难为不曾经历这种环境的人所相信。机构养育的儿童被剥夺了参与家庭日常生活和与成年人进行持续社交的机会，有学者透彻地讨论了这一点。

不幸的是，很多国家的政策仍然允许寄宿制托儿所的存在，虽然有制度力图减弱其负面影响，但只要寄宿制托儿所存在一天，这些制度就毫无用处。为避免最坏的结果，托儿所、助手和儿童必须分散到小型、稳定的家庭群体中去，最好每家都有一套自己的房间——卧室、饭厅和游戏间，有足够多的玩具，让儿童有机会拥有属于自己的玩具。在布林汉姆和弗洛伊德等学者的出版物中能找到相关的照顾儿童情感的其他技术。健康检查尤其是对流行性传染病的检查已经深入人心，但我们希望将来把对心理健康的关注也包括在内。应该对托儿所儿童进行定期、频繁的心理测试，只要他们情绪紧张就应进行测试。为增强测试的可操作性，可以在不损失太多可靠性的情况下尽可能地将测试简化为心理学家能承担的技术工作。如果这种测试投入使用，或者经证明韦策尔网格能为幼儿提供可靠的发展指数，那么至少相关责任人能有些关于心理受损的知识，而不是像现在这样仍然无视这个问题，只是平常地认定儿童"完全没问题"。这种定期测试的结果也有望更新公众的认识：除去极为异常的突发状况，寄宿制托儿所与合理的国家心理健康卫生政策显然是不相容的。

三、研究之家和观察中心①

所有关注对离家儿童进行照顾的人都深刻地认识到有必要对儿童进行深入了解，看是否能够提供其所需要的帮助。然而，人们对如何获得这种了解却很难达成一致。

关于这个问题主要存在两派观点：一派认为应该有留宿的观察中心，另一派则认为最好是对门诊病人进行观察。前者的方案被瑞典和英国两个欧洲国家采纳，为照顾无家可归的儿童制定了相应的国家政策。斯德哥尔摩的儿童福利局规定，所有需寄养的儿童都必须送往 1938 年建立的短期收留儿童的大型中心，并在那里接受在一名全职儿童精神科医生和一批受过技术训练的幼儿园教师的协助下实施的为期几周到几个月的观察和诊断。最近两年，英国官方也采纳了这条政策，借鉴了瑞典的经验。在《柯蒂斯报告》中关于这个主题有一段重要的话：

> "我们认为，超过托儿所年龄的儿童不应该被立即放到他们待的那些由政府管理的某某之家。我们从目睹过的人那里收到了几乎意见一致的表述，把这些地方描述为各种各样的接待站、分类站和清洗站。根据卫生部的人的意见，这么做的需要是我们从大撤退的经历里学到的重要一课。"（第 161 页）

根据这份报告和由此而来的儿童法案，英国内政部发布了备忘录，备忘录称对于两岁以上的可能需要超过六个月照顾的儿童：

> "为了尽可能充分地了解和理解儿童的健康、个性、行为举止、智力、感情状况和社交历史，必须有一个接待和提供临时食宿的地方，让受过训练的专业人员进行相关的观察。"

在瑞典和英国，有许多接受过心理健康培训的工作者认为，规定所有儿童都得经过观察的政策是错误的，这一观点得到了美国许多相关人员的

---

① 这里的术语是用于指称那些意在观察儿童和诊断儿童的中心。"接待中心"这个词也是这个用意，避免与有应急避难所功能的中心相混淆，例如英国内政部也用"接待中心"这个词，却不是这里所指的意思。

支持。这些持反对观点的人认为，首先，儿童遭受一段不可避免的不安定的经历并不好；其次，门诊的方法可以同样甚至更好地诊断儿童。他们认为柯蒂斯委员会及其见证者虽然在强调精确诊断的必要性上是正确的，但武断地得出只有通过留宿条件才能达至精确诊断这个结论却是错误的。特别是战时的撤退经历中大规模紧急情况下对待大量人的经验显然并不适用于和平年代。

所以首要的问题是：门诊真的能进行精确诊断吗？如果可以，建立观察中心的开支和精力显然是没必要的——许多有经验的儿童精神科医生和社工认为，门诊可以进行精确诊断。克罗希尔是波士顿一名有丰富经验的儿童精神科医生，他写道："通常最好在门诊研究案例，以排除他们的家庭背景的影响。"里奇曼是克利夫兰的儿童工作者，他在评论了与治疗相脱离的研究的虚假性和研究中心造成的不安定之后，得出了相同的结论。最后，威尔第和杰拉德报告说，他们担任负责人和心理咨询师的伊利诺伊儿童院救助会的观察中心以关闭而告终。他们发现考虑了熟练社工得来的社交历史的诊断最为准确，诊所的心理或身体检查也很有意义。他们认为，由社工从儿童在家中的行为及短暂外出期间的关系得来的第一手信息，就预测而言比接待中心的信息更加可靠。

当然，做出精确诊断的困难之一是判断儿童的别扭行为或神经质的症状是对现有不利环境的反应，还是早已嵌入了儿童的个性之中。为解决这个难题，除了诊所的检查，还可以沿两条不同的路线进行研究——（1）在所有已知的无论是现在还是过去的情境（在家里、在学校、与亲戚相处时、与寄养父母相处时，等等）中详细研究儿童的行为和症状的历史，还有与成人特别是父母有关的个人经历；（2）将儿童从家庭转移到一个全新的环境里。由于前者能够了解到更为丰富的信息，经验人士认为第一条路线更可靠。而且，第二种办法过于简单，可能导致严重的误解，因为众所周知儿童在陌生环境中常常行为异样。就五岁以下的儿童而言，这一点千真万确，托儿所的每个老师都知道，墨菲在其著名的研究中也是这么声称的。她指出，显然这个年龄段的儿童的行为取决于很多因素，诸如空间、成人的个性以及其他儿童的数量、年龄和性别："儿童可能前一天在一群人中格外有同情心，第二天和另一群儿童在一起时又非常具有攻击性。"而且，儿童注定要受到当时自己所处情境的影响，更确切地说，是受到他们当时自以为所处情境的影响。与此相关，英国一家最早创立的观察中心的精神病科社工沃伦评论道：

> "在一些案例中，他们的举动是出于害怕不良行为可能导致未来不良的后果。他们也很焦虑，紧抓着爱和安全感，怕成为大人的一员。要说服儿童好好表现就有可能脱离中心，也是不可能的。在其他案例中，暂时的个人焦虑扰乱了他们的行为。在精神病科的谈话中能诊断出来的神经质儿童和失调儿童，在观察中心的行为却通常不会有明显的躁动。"

推测儿童在"和平友好的氛围中"的表现就是其个性特征，这是一个基本的错误，认识到这一点，缺乏经验的观察者就不会认为碰巧看到的儿童的表现具有多么大的重要性。汤姆打了另一个小孩三次——所以他是一个好斗的男孩。玛丽一个人坐在角落里多时——所以她是一个孤独的小孩。这样的结论当然可能为真，但众所周知这样的结论常常是错误的，如果去质疑在虚拟环境中的整个观察的价值的话。

沃伦也指出存在这样的危险，在管理者看来接待中心和观察中心可以快捷方便地解决家庭困难，结果儿童脱离了家庭，而这不是必需的。这样它可能成为整个社会调查和家庭案例工作的糟糕的替代品，而这无疑是一个巨大的危险。事实上，可能只是由于缺乏足够的社会服务和儿童教导服务，才导致人们认为有必要到处发展观察中心。

还有一个父母们必须注意到的危险，待在观察中心将对儿童产生不利影响。斯德哥尔摩的精神病科医生注意到一些在城市观察中心待过的儿童一到寄养家庭就出现"医院"症状。英国肯特的第一批观察中心报道说："儿童即使因为短期调查而脱离家庭，也会对他与父母的关系产生不利影响，家庭危机使他对父母怀有敌意并感觉被拒，此后离家尤为不利。"不到五六岁的儿童面对这样的经历当然更为脆弱。报告高度强调了"试图有效地安慰儿童，必须基于对他个人的恐惧和悔恨的理解，而这一点他自己可能都没认识清楚。"报告着重指出需要"儿童尽早尽量亲密地和将在其离开中心后与他相处的社工或官方接触。"总而言之，不需多说，就儿童的地位和将来而言，绝对的坦诚是必要的。然而即使具备所有这些条件，要让儿童在观察中心得到建设性的治疗而不仅仅是度过一段不安焦虑的时光，也是极为困难的。对父母的不利影响也不应该忘记——儿童离家不会加强家庭的纽带和责任感。

尽管可能得出结论说观察中心对大多数儿童而言不是必需的，对不到五岁的儿童是危险的，但仍然有少数人在接受调查时需要暂时的照顾。特别是无家可归的儿童和不可能有足够历史和连贯条件的儿童。在美国，这种实践是通过将儿童安置到特意选择的临时寄养家庭里发展起来的。在这种条件下，更有可能对儿童与寄养父母相处的能力做出合理的评估，以此评估他潜在的发展能力。一些寄养父母特别是自己也有小孩的父母对这项工作很感兴趣，当然，须给他们适当的报酬。

情绪明显异常的儿童最好立即安置到接待精神病儿童的治疗中心，所有国家都需要更多这样的机构。法院判定需要照顾和保护的儿童通常最好留家查看。在不尽如人意的条件下待一两周可能不会对他们的未来做出改变，循序渐进有计划地将儿童转去别的环境安置则会成功，必须要抵制愤怒的官方的草率和性急。

可能只有对违法的、于人于己都有危险的大龄儿童，观察中心才确有必要；这些中心通常叫拘留所，不在这篇报告的关注范围之内。

综上，可以说群体寄宿制的照顾通常不适合六岁以下的儿童，适合于六至十二岁儿童短期停留，也适合短期或长期停留的青少年。当然，对许多失调儿童来说也是不可缺少的，对这些儿童的照顾将在下一章中探讨。

链接：《母爱关怀与心理健康》 简介

1951 年，鲍尔比出版了《母爱关怀与心理健康》。在这部著作中，鲍尔比通过对美国和欧洲案例的研究，得出了他的主要结论，即婴幼儿应该经历一段与母亲（或永久替代母亲者）的温暖、亲密和连续的关系，并在其中得到满足和享受，如果婴幼儿缺失这样一种关系，可能会造成重大和不可逆的心理健康后果。 1965 年，该书的简略版《关爱孩子与爱的成长》(*Child Care and the Growth of Love*)出版，在此书的第一部分，鲍尔比运用大量翔实生动的案例和研究数据，非常有力地证明了母爱在儿童成长中不可或缺的地位，以及由于母爱被剥夺而对儿童身心所产生的严重影响。

链接：《依恋三部曲》简介

　　从 20 世纪 50 年代开始，鲍尔比综合进化生物学、习性学、发展心理学、认知心理学和控制论等领域的最新研究成果，开始构建新的研究框架。 鲍尔比的这些研究成果，集中地体现在其重要著作《依恋三部曲》中。

　　第一部：《依恋》　在本书中，鲍尔比重点对依恋行为的本质进行了系统论述，由三部分构成。 第一部分，鲍尔比阐述了依恋理论的产生背景及研究支持，论述了其观点同精神分析学派，尤其是弗洛伊德的区别。第二部分，鲍尔比详细阐述了本能行为，并以此为切入点，在探讨动物不同行为模式的基础上，阐述了他关于行为控制系统的观点。 第三部分，鲍尔比还详细论述了另外一个他非常关注的概念，内部工作模型(internal working models)。 所谓内部工作模型，其实就是头脑表征(mental representation)，由三个成分构成，实质是个体对自我、重要他人以及两者间关系的期望。

　　第二部：《分离：焦虑和愤怒》　本书主要论述了婴儿的分离焦虑。全书由三部分构成。 第一部分阐述了儿童的"安全、焦虑和悲伤"。 第二部分，鲍尔比从动物行为学的角度，论述了人类的恐惧行为。 本书的第三部分介绍了恐惧感的个体差异，详细论述了焦虑型依恋模式。

　　第三部：《丧失：悲伤和抑郁》　本书主要探讨个体的悲伤和哀悼行为，以及焦虑和丧失所引发的防御机制。 与前两部不同的是， 在第三部中，鲍尔比运用认知心理学和人类信息加工的最新成果，来解释个体的防御机制。 本书有助于读者了解丧失感对人类心理的影响，以及为什么有些人可以顺利度过哀悼期并从中恢复过来，而有些人却不行。

母爱剥夺与依恋理论中的心理健康思想

鲍尔比的研究，是从母婴分离所造成的巨大影响开始的。鲍尔比认为儿童时期的心理发展对其日后的心理发展有着直接影响，因此主张研究者直接针对婴儿和儿童本身进行研究，而不只是对成人已经有可能被扭曲的"回溯"进行研究。通过对心理失调儿童的案例研究，鲍尔比得出基本结论，早期的母婴分离给儿童后期的心理健康将造成不可逆的创伤性影响。在对这一结论进行深入阐释的过程中，鲍尔比认为传统的精神分析方法和当时正在兴起的客体关系理论都还有欠缺，传统精神分析观点用内驱力来解释所有的行为，客体关系理论对真实生活的不关注，都让他觉得不能准确阐释母婴依恋问题，由此，鲍尔比创立了自己的依恋理论，认为：（1）依恋是基于人的生物性需要，和进食与性等一样的生物性需要，但又不同于其他生物性需要；（2）依恋需要和探索行为之间存在着交互性关系；（3）每个人都会形成对早年依恋体验的心理表征；（4）通过依恋这一亲密的关联，促进个体把自己觉知为"自主的"人。这些观点共同构成了一个普遍性原理：人的依恋关系驱动着人的发展。

一、母爱剥夺

鲍尔比对母爱剥夺（maternal deprivation）的关注，是从失调儿童的案例开始的。鲍尔比在剑桥大学时的专业方向是心理学和临床医学，在这里，他接受了严谨的专业训练。但毕业之后，鲍尔比并未真正明确自己的研究兴趣和事业方向。离开剑桥之后，鲍尔比担任了帮助不良少年的志愿者工作。在这段志愿工作的经历中，他接触到了一些对其触动很大的个案，如因为偷窃被学校开除的不良少年，成天跟在他后边的"小尾巴"孩子……鲍尔比在帮助这些孩子的过程中，得出自己的观察结论，在他看来，这些孩子的心理发展问题与其从小生活在母爱缺失或家庭关系糟糕的环境中有直接关系。正是这些个案的触动，再加上自己童年经历的影响，鲍尔比将儿童精神病学确立为自己的事业方向，并将关注的重点具体到了母爱丧失或剥夺给儿童造成的影响问题。

鲍尔比的研究工作开始的年代，正好处于两次世界大战之间。世界大战给欧洲造成的巨大影响，使鲍尔比接触到很多因为战争的原因失去或者离开父母的儿童。这些儿童多被送进了孤儿院，在鲍尔比看来，他们虽然在孤儿院里得到了身体上的照顾，但是在心理健康方面，已经产生了巨大的创伤性的影响。这种影响，鲍尔比也归为母爱剥夺问题。母婴分离，成为鲍尔比关注的研究对象，母爱关怀对孩子的重大意义和母爱丧失或剥夺给孩子造成的巨大创伤，成为鲍尔比依恋理论（attachment theory）的基础和源起。

鲍尔比认为，婴幼儿应该经历一段与母亲（或母亲的永久替代人）的温暖、亲切和连续的关系，并在其中获得满足和享受。在鲍尔比看来，婴幼儿时期的儿童处于一个必须依赖母亲的阶段，只有母亲能够给予其所需要的一切，因此，与母亲的关系对婴幼儿来说至关重要，而对这种关系的破坏，则意味着有可能对其后来的心理发展造成巨大的不可逆的创伤。

鲍尔比的这一观点，是在其 1951 年发表的《母爱关怀与心理健康》中提出的。这部作品是鲍尔比受世界卫生组织委托而撰写的关注战后儿童问题的报告。在这个报告里，鲍尔比通过对美国和欧洲战争儿童案例的研究，提出了母爱剥夺的危害，也指出了大型机构养育的方式存在的问题。鲍尔比通过对母爱在儿童心理发展中的重要性的分析，指出对于那些必须寄养照顾的儿童来说，由大型机构来实施的群体照顾并不利于儿童的发展，更好的方式是小型机构和寄养家庭的模式。鲍尔比还在报告中专门讨论了对患病儿童的照顾问题，认为医院在可能的情况下，应该提供由母亲陪伴和照料的方式，更有利于患病儿童的康复；而对那些心理失调儿童的治疗，则以寄养家庭组成的治疗小区的方式最有利于他们的治疗和康复。尽管这个报告的研究由于时间和条件所限，在数据支持等方面存在一定的局限性，但鲍尔比的观点在当时产生了很大的影响，对于机构养育问题以及医院对治疗儿童的探视安排等，都产生了很多实际的影响。

针对患病儿童的照顾问题，鲍尔比和罗伯逊合作，进行了跟踪观察和研究。他们合作拍摄了纪录片《两岁儿童去医院》，呈现了患病儿童在前往医院治疗时被迫与家人短暂分离的情形，证实了鲍尔比的观点，即患病儿童不应当与家人分离，由母亲来陪伴和照料的方式最有利于儿童的康复，更重要的是，这样的方式不会在儿童的心理发展中造成伤害。

鲍尔比对母爱剥夺的分析视角，与鲍尔比这个时期在英国精神分析学会受到的影响有着密切的关系。当时的英国精神分析学会，分别以克莱因和安娜·弗洛伊德为代表，已经在传统的弗洛伊德精神分析理论的基础上产生了分歧。对传统的弗洛伊德理论的吸收和对新的理论主张的关注，给了鲍尔比很多的启示。如果说此前鲍尔比更多地受到传统弗洛伊德主义的影响的话，那么在进入英国精神分析学会后，则更多地受到了克莱因的影响。鲍尔比的精神分析导师里维耶与克莱因关系密切，鲍尔比因此也曾经直接得到克莱因的督导训练。

作为儿童精神分析的先驱之一，克莱因对传统弗洛伊德精神分析理论的主张进行了发展，即不再将内驱力放在最重要的位置，而是将"关系"对个体的影响置于最核心地位。这一主张对于鲍尔比有着非常重要的影响，鲍尔比也成为早期克莱因客体关系理论的倡导群体之一，重视对客体的寻求，而把内驱力放在了相对次要的位置。

正是克莱因客体关系理论的引导，使鲍尔比关注到儿童早期发展中关系的重要性以及当这种关系发生变化（剥夺或丧失）时给儿童带来的心理健康方面的不可逆的影响，这也正是鲍尔比阐释母爱剥夺问题的基本出发点。

但是对于造成这种影响的具体原因，鲍尔比和克莱因的研究视角还有所不同。克莱因的视角集中在儿童的幻想上，用侵略性与内驱力所致的内部冲突解释所有儿童存在的问题，并不重视外部真实事件的影响。可是通过案例研究，鲍尔比发现儿童生活的真实家庭环境更为重要，认为外部真实事件对儿童发展的影响起着决定性的作用。由此，鲍尔比与克莱因在研究思路上产生了很大的分歧，这导致了后来克莱因对鲍尔比在精神分析学会内的一些研究活动的限制，鲍尔比只好开始组建自己的研究小组。

在这个时期，鲍尔比的研究小组成员主要包括罗伯逊和谢弗（R. Schaffer）。1950 年，另一个重要的成员加入了鲍尔比的研究团队之中，就是安斯沃斯。这个名字和鲍尔比的名字一起，在此后的若干年里，总是与依恋理论联系在一起。

在鲍尔比的母爱剥夺研究中他最关注的问题就是其对于母亲角色的定位。他对母亲角色重要性的强调既成为让人耳目一新的亮点，也成为后来被争议甚至被质疑的问题。

在理论层面，鲍尔比明确地提出了儿童的人际关系经验是他们心理发展的关键这一鲜明的观点，而儿童与母亲的关系，正是这一发展时期中最重要的人际关系经验。这成为后来鲍尔比依恋理论研究的基础，也成为心理学关注儿童心理发展的全新视角，对儿童人际关系（亲子关系）的关注成为儿童心理健康的重要分析视角，对于儿童心理健康的理论研究和治疗干预工作，都具有理论指导价值。

由于母亲在儿童的人际关系中居于主动地位，鲍尔比的理论在干预角度，则体现为可以通过对母亲的帮助来实现对儿童心理发展的帮助。根据鲍尔比的主张，如果给予母亲适当的干预和调整，比如说通过对母亲童年生活的回溯，使其重新体验小时候的经历并感受到被接纳，会非常有助于母亲与自己孩子相处中的共情与接纳，有助于良好的亲子关系的建立，从而实现对儿童心理发展的积极影响。

而在实践层面，鲍尔比对母爱的关注显然有利于整个社会对母亲角色的重视与关爱，并直接影响着寄养儿童和患病儿童处境的改善，使他们的心理健康问题和心理发展状况成为关注的内容之一。但同时这一理论也被一些政治组织所引用，成为其反对女性将孩子放入机构养育而投身工作的重要论据，这又不利于女性社会地位的平等实现。

二、依恋理论

（一）习性学视角的理论框架

在鲍尔比对其所关注的母亲与其孩子分离对孩子所造成的创伤性影响

进行研究时，习性学的理论框架进入了他的视野。劳伦兹对小鹅的印刻现象的描述引起了鲍尔比极大的兴趣，因为他觉察到这种行为学的研究范式与他和罗伯逊正在进行的观察工作非常契合。而对于鲍尔比来说，其一生取得杰出成就的重要原因之一，正是他对于新领域新知识强大的获取能力。鲍尔比为了获得更多的习性学的知识，与欣德（R. Hinde）进行了联系。用鲍尔比的原话形容，正是在欣德"慷慨而严格的指导"之下，鲍尔比掌握了习性学的基本规则与研究方法，并开始使用这样的方法来探讨依恋问题。而受到鲍尔比的启发与影响，欣德也在马丁利建立了恒河猴基地，以便研究幼猴和母猴之间短期分离的影响。鲍尔比的第一篇行为学文章发表在 1953 年，这预示着鲍尔比开始尝试用行为学的相关概念来构建其依恋理论，而推翻了原来以精神分析概念为主的依恋理论体系。除了欣德，鲍尔比还关注了廷伯根（N. Tinbergen）的研究成果，借鉴了他的研究方法和结论。

鲍尔比正式阐释其构建于习性学和发展心理学基础之上的依恋理论框架，是通过他提交给英国精神分析学会的三篇文章，分别是《儿童与母亲的纽带的本质》（*The Nature of the Child's Tie to His Mother*）（1958）、《分离焦虑》（*Separation Anxiety*）（1959）和《婴幼儿的悲伤与痛苦》（*Grief and Mourning in Infancy and Early Childhood*）（1960）。到 1962 年为止，鲍尔比又完成了两篇进一步研究痛苦防御机制的文章，但是没有公开发表。应该说这五篇文章共同构成了鲍尔比依恋理论的基础理论框架，描绘了鲍尔比基于习性学概念的依恋理论的图景。

在《儿童与母亲的纽带的本质》一文中，鲍尔比回顾了当时流行的精神分析理论对于儿童与母亲的纽带的解读。鲍尔比不认同传统精神分析理论用满足需要的内驱力来解释母婴之间的纽带，在他看来，两个月的婴儿具有明显的依恋行为，而这些行为是由大量的本能反应构成，这些本能的反应，将母亲与孩子以及孩子与母亲连接了起来。这些反应（包括吸吮、紧握、目光追随以及明显的信号反应，比如哭泣和微笑）在儿童第一年的发展中相对独立地成熟起来，并且在后半年的发展里越来越多地整合和聚焦到了"母亲"的形象上。

为了支撑这一观点，鲍尔比研究了同时期其他学者对婴儿的认知和社会性发展所进行的观察研究数据，比如说皮亚杰（Piaget，1951，1954），还整理了自己多年以来在伦敦参与的一个对年轻母亲进行支持的组织里所获得的经验。在对婴儿的发展进行了充分的研究之后，鲍尔比引入了廷伯根等人（Tinbergen et al，1951）的行为学概念，包括符号刺激、社会性释放等。其中源于行为学理论的"刺激可能是来自内部也可能是来自外部"的观点是招致传统精神分析学者批评的重要原因，因为他们认为这样的行为主义取向的研究忽视了心理现象本身。

由于鲍尔比使用的理论分析框架完全不同于传统的精神分析方法，这篇文章给英国精神分析学会带来的无疑是一场风暴，连他自己的导师里维耶都直接表示反对鲍尔比的观点。当然，他们中的一些人，虽然不赞同鲍尔比的学术观点，但是依然肯定了其学术价值，比如，安娜·弗洛伊德在看过其文章之后，就曾经评价说鲍尔比对于精神分析领域来说具有不可或缺的价值。

其他两篇文章，《分离焦虑》是建立在罗伯逊（Robertson，1953）和海尼克（Heinicke，1956）的观察研究以及哈洛（H. F. Harlow）和齐默尔曼（R. R. Zimmermann）在恒河猴研究中所进行的母爱剥夺的研究工作之上。罗伯逊在研究中将分离反应划分为三种类型，即抗议、悲伤和否认；鲍尔比则在此基础上运用行为控制的概念对婴儿经历分离焦虑时的情境进行了深入的研究。鲍尔比认为，只要情境发生变化，婴儿的分离焦虑就会随之出现，不一定是由于依恋对象不存在。在这篇文章里，鲍尔比还讨论了泛滥的或者不真实的母爱对婴儿的危险问题。在鲍尔比看来，不真实的和过度保护的母爱是源于一种补偿心理。事实上，婴儿如果出现过度的分离焦虑，往往与其不愉快的家庭经历相关，比如说被父母反复用抛弃来威胁或是拒绝，或者在失去兄弟姐妹的经历中承受了特殊的家庭责任等。此外，鲍尔比还在文章中讨论了另外一类案例，就是分离焦虑水平低于常态甚至缺失的情况。在鲍尔比看来，这是一种处于防御状态的伪独立水平，并非真实的成熟状态。事实上，得到充分关爱的儿童会用抗议的方式来应对父母的分离，但是他们也会很快发展出很好的自我依赖。鲍尔比的这些研究也成为后来与安斯沃斯合作，深入研究依恋类型的基础。

在《婴幼儿的悲伤与痛苦》一文中，鲍尔比的观点与安娜·弗洛伊德的观点产生了分歧，关于婴幼儿是否会感到悲伤，在安娜的观点中，婴幼儿尚未获得足够的自我发展，所以在发生丧亲事件时，如果有替代的照顾者给予相应的满足，那么婴幼儿是无法体会其中的差异性的，因此不会因为丧失亲人而感到悲伤和痛苦。但是鲍尔比的研究质疑了这种观点。鲍尔比认为，只要依恋行为被启动，无论是婴儿还是成人，都会感到悲伤和痛苦。这一观点受到了因研究成年人丧亲之痛而著名的精神病学家帕克斯（C. Parkes）的关注。帕克斯加入了鲍尔比的研究小组，他通过对寡妇的访谈，后来写了一篇与鲍尔比合作的文章，其中应用了婴幼儿的分离反应阶段来阐释成人生活悲痛的四个阶段：麻木，怀念和反抗，混乱和绝望，重组。

至此，鲍尔比构建的依恋理论框架基本形成。基于习性学和生物进化论的观点，他特别强调了依恋的生物功能。鲍尔比认为，依恋行为的生物功能具体体现为保护儿童不受进化环境中有害因素的伤害，因为在客观上，弱小的婴儿需要与照顾者保持一种特定的亲近以保证自身的安全感。所以，婴儿与母亲（主要照料者）之间密切的依恋关系，是婴儿适应生存需求的一种本能。正是这种亲密关系提供的安全感，向儿童提供了他所需要的勇气，使他开始摆脱对母亲的依恋，转而向外部世界进发。依恋理论的核心主张，就是形成密切的依恋关系（安全依恋），并基于此关系摆脱依恋。

（二）《依恋三部曲》：多学科研究平台的整合成果

尽管得不到当时的主流精神分析学家们的认同，但是鲍尔比仍然坚持着自己的研究理想。在这段时间里，曾经邀请鲍尔比为世界卫生组织担任研究工作的罗纳德·哈格里夫斯（R. Hargreaves）组织了一系列的儿童精神生物学的研究小组会议，邀请了鲍尔比参加。在 1953 年到 1956 年的会议里，鲍尔比在会议中碰到了很多让他感兴趣的学者，除了皮亚杰之外，还包括了埃里克森、朱利安·赫胥黎（J. Huxley）、英霍尔德（B. Inhelder）、劳伦兹、米德和贝塔郎菲（L. von Bertalanffy）等人。这些学者的研究思路和方法，进一步丰富了鲍尔比的研究视野，鲍尔比也开始将他们的研究成果运用于自己的研究工作中，验证自己的研究设想，深化自己的多学科研究框架，获得了具有创新价值的研究成果。作为自己关于依恋问题研究的总结性成果，从 1969 年开始，鲍尔比陆续出版了他的《依恋三部曲》。

在第一部《依恋》中，鲍尔比阐释了他关于婴儿对母亲的依恋行为的研究视角，提出了动机理论与行为调节的观念，并应用这些观念来解释婴儿与母亲特定的依恋行为，从而界定依恋行为的概念是一种寻求接近依恋对象的行为，是婴儿避免自己处于危险之中的自我保护行为。

在第二部《分离：焦虑和愤怒》中，鲍尔比回顾了弗洛伊德内在世界的概念，认为在个人的内部工作模式中自我及依恋对象是非常重要的，因此提供让婴儿自由探索的机会，并发展出相应的自我是非常有价值的。如果父母经常拒绝婴幼儿的要求，使他们无法得到满足，婴幼儿会在内部工作模式中认为自己是没有价值、没有能力的；而由于个人内部工作模式的作用，婴幼儿能预期依恋对象的行为，然后在内心计划自己的反应，因而建立起两者的依恋关系。

在第三部《丧失：悲伤和抑郁》中，鲍尔比使用了信息处理系统理论来解释内部工作模式稳定性的逐步增加以及防御性的扭曲。他详细探讨了家人离世后个体的丧失感，包括丧失父母、配偶和子女，尤其是母亲的暂时性或永久性丧失对儿童的影响。

（三）依恋理论的发展：陌生情境测验与依恋类型研究

在鲍尔比的研究工作中，安斯沃斯是其最重要的合作者，也是其理论的重要追随者和继承人。一般认为，鲍尔比是行为学视野下的依恋理念的创始人，他提出了相关的重要概念和理论框架，而安斯沃斯则不仅使鲍尔比的理论具有了可验证性，更是将其理论进行了创造性的扩展和延伸。

安斯沃斯的《乌干达婴儿》一书是第一本对依恋理论进行实证研究的著作。安斯沃斯在长达九个月的时间里对 26 个家庭里的 1 个月至 24 个月大的婴儿与母亲的互动模式进行了观察研究，获得了研究母子互动资源的第一手资料，提出母亲对婴儿依恋信号敏感度的概念，并将实际观察得到的案例资料分为安全依恋、不安全依恋和非依恋类型。这些研究工作对于鲍尔比提出的依恋理论框架的验证具有非常重要的意义。

此后，安斯沃斯又发明了著名的陌生情境（strange situation）测验，用于观察婴儿与其照顾者在陌生情境下的关系。测验最初是针对一岁左右的孩子在陌生情境下产生的依恋和探索行为来设计，由八个片段构成：（1）母亲和她的婴儿第一次被带到一个游戏室中，由实验者向母亲短暂介绍情况；（2）母亲和孩子在房间里相处一段时间，约三分钟；（3）陌生人加入进来，陌生人和母亲一起陪婴儿玩；（4）母亲短暂地离开，婴儿和陌生人相处；（5）母亲回来，陌生人离开；（6）第二次分离，母亲离开，婴儿独自一人；（7）母子保持分离，陌生人回来；（8）母亲回来，母子重聚，陌生人自然离开。分离控制的时间一般为三分钟，但是如果婴儿在分离中表现得非常痛苦，则会适当缩短时间。因为个体差异，有的孩子会在分离过程中表现出极高的痛苦水平，使这个实验存在一定的争议。不过，这一方法仍然被普遍应用于后来的母婴依恋关系研究，也使鲍尔比的依恋理论得到普遍的验证而被广泛接受。

安斯沃斯与鲍尔比合作研究的贡献，还集中在对学龄儿童与父母长久分离后得以重聚的三种基本关系模式的分类的系统梳理：对母亲持有强烈

乐观情感的儿童，展现出矛盾情感的儿童和表现出或冷漠或敌对情感的儿童。它们对应着后来被广泛接受和应用的三种依恋类型，即安全型依恋、焦虑-矛盾型依恋和回避型依恋。

三、鲍尔比依恋理论的主要贡献与主要争议

根据对鲍尔比的研究框架的回溯，我们看到，鲍尔比一生的研究都集中在儿童与母亲的依恋关系，及其对心理发展带来的不可逆的影响上。鲍尔比执着于自己的研究理想，敏感地捕捉到了最新的科学研究成果和研究范式，应用于自己的研究，从而创造了多学科平台的研究范式，取得了具有创新价值的研究成果。鲍尔比对研究工作的专注、对科学精神的执着、对新的知识和理论孜孜不倦的吸收以及在研究工作中的创新精神，获得了人们的高度认可，即使在当时不认同他的理论主张的一些学者，也在后来

对鲍尔比的工作表达了尊重。

鲍尔比的依恋理论是基于习性学、控制论、信息处理系统理论、进化生物学、认知心理学、发展心理学和精神分析等多学科平台研究的整合。在鲍尔比看来，依恋是人类在生物进化的时候已被预置的通向生存的密钥。对母亲的依恋关系是婴儿成长的基本和主要力量，奠定了应对挑战、关系处理以及人格发展的基础。这一观点放于现代，接受起来几乎没有什么难度，但是在其刚出现的那个时期，尤其是刚被提出的时候，几乎被认为是离经叛道的观点。因为鲍尔比的观点挑战了传统弗洛伊德精神分析理论的观点，与其当时所处的英国精神分析学会的主流观点都存在分歧，所以鲍尔比在很长的时间里遭受了质疑和打击。但是，正是鲍尔比不懈的工作和努力，为儿童心理发展的研究提供了全新的视角和理论框架，将行为学的概念、系统控制理论的方法都引入了儿童心理发展的研究工作之中，使相关研究进入了创新性的阶段。也正是因为对此工作的高度认可，1989年，美国心理学会授予了鲍尔比和安斯沃斯"杰出科学贡献奖"的荣誉。

在理论研究领域，鲍尔比的这些理论主张后来被广泛地接受，成为研究亲子关系、儿童心理发展等课题的重要理论依据；其研究方法和主要观点还从母婴依恋的范畴扩展到成人依恋关系的研究，得到了广泛的应用。

在临床应用的领域，鲍尔比的理论主张也给治疗师们以启发。因为鲍尔比认为在母婴关系中，父母的行为对婴儿的作用，比婴儿对父母的作用要大得多，这一具有预见性的观点虽然同样地饱受争议，但是其应用于预防干预的意义不言而喻，因为成人比婴儿更容易转变。如果有更多的心理治疗师关心这个领域，投入母婴心理治疗，鲍尔比的理论将能发挥更大的实践价值。从精神动力学角度看，当父母亲与婴儿被看成是"一体"时，他们的关系才会得到更迅速和有效的改善。在一种简短和集中的干预过程中，不安全型依恋常常能够持久地转变为安全型依恋。

　　当然，对于鲍尔比理论的争议，从其理论产生开始，从来都没有停止过：从一开始精神分析学者的强烈反对，到后来对鲍尔比行为主义取向的质疑，到对具体的研究证据的怀疑。在这些争议中，有一些被证明是观念的固守所致，而有一些，则属于研究方法问题，在鲍尔比自己和后来的继承者的努力下，不断地进行着修正和深化。比如说鲍尔比自己在后来的出版作品中，对 1951 年的《母爱关怀与心理健康》中使用的数据等问题进行了说明和修正，进行了深化研究。

　　此外，鲍尔比的主张中非常强调母爱的重要性，也导致了将近 50 年的争议，并常常被不同的政治组织予以利用。比如，女权主义者有时会抗议鲍尔比的观念成为了反女权主义的微妙论据，因为根据鲍尔比的主张，母亲们是不适合进行社会性工作的，而应该留在家里照顾她们的孩子。由此，母亲们会容易成为一系列政治、社会和经济失败的文化替罪羊。

　　虽然有这些批评和争议，但是鲍尔比的依恋理论仍然是 20 世纪心理学值得关注和尊重的研究成果，它的许多预言一直在被验证。更多关于依恋行为不同类别的研究，比如关于父爱、兄弟依恋和祖父母看护的研究，以及成人依恋的研究，不断给依恋理论带来发展和完善。

第 7 章

沃尔普：

停止想象那些场景，并且放松

　　沃尔普是美国著名的行为治疗心理学家，首先介绍他的一个著名实验。第一步，将猫关进实验室的实验笼里，先响铃声，后电击它。这样次数多了，猫变得非常焦虑恐惧。这时在任何地方喂它，猫都拒绝进食。第二步，消除猫由于电击造成的焦虑与恐惧。猫饿了总要进食的，先找一间与实验室完全不同的房间喂猫。因为环境改变了，猫经过犹豫逐渐恢复进食。接着，实验升级，把进食的地方移到一间与实验室相似的房间里。猫又开始焦虑不安，但它最终战胜了自己。再接下来，又把进食的地方升级为那间实验室，但是远离实验笼。又经过一番焦虑不安和冲突，猫完成了进食。最后，把进食位置越来越移近实验笼乃至移到笼里，猫的进食仍然完成了。猫对实验室、实验笼的过敏反应，经过这样层层升级的适应性训练，终于几近完全地消除了。据此，沃尔普提出了"交互抑制理论"，并发展了具有创新意义的"系统脱敏技术"，促进了将行为疗法应用于临床实践，为治疗人类的心理疾患做出了贡献。例如，沃尔普经常鼓励焦虑的人们"停止想象那些场景，并且放松"，这种方法通过专注于放松这种完全相反的感受来阻断其焦虑反应。

　　本章详细介绍了沃尔普的生平，其追求科学的激情、温和谦虚的态度、对疾病的蔑视精神、丰硕的研究成果以及对心理治疗知识不屈不挠的追求，展示了一个永不言弃的心理学家形象；选译了沃尔普关于交互抑制理论的一篇论文；接着系统阐述了沃尔普的交互抑制理论和系统脱敏技术产生的背景、内容、具体的治疗方法以及适用范围；最后，评述了行为治疗及系统脱敏技术的优势和不足，对心理治疗的未来发展趋势进行了分析和展望。随着心理治疗理论和技术的不断发展，系统脱敏等技术也在以后的治疗实践中不断获得发展与深化。行为治疗以其短期治疗的优势和开放性的姿态不断汲取着其他学派的精华，推动了心理治疗的发展。

约瑟夫·沃尔普的生平事迹

约瑟夫.沃尔普（Joseph Wolpe，1915~1997）是美国著名的行为治疗心理学家。他在研究动物神经性症状的基础上，提出了交互抑制理论（reciprocal inhibition），并发展了具有创新意义的系统脱敏技术（systematic desensitization），为治疗人类的心理疾患做出了巨大贡献。

1915年4月20日，沃尔普出生于南非约翰内斯堡。他从小立志成为化学家，后来听从父母的安排，进入南非的维特沃特斯兰德大学学医，并获得医学学士学位和化学学士学位，1948年获得医学博士学位。第二次世界大战爆发后，沃尔普作为医疗人员加入了南非军队，在一所军队的精神病医院工作。医院接诊了大量患"战争神经症"（即现在所称的"创伤后应激障碍"，PTSD）的士兵。当时医院的治疗方法是药物治疗与精神分析相结合的方法，即通过麻醉分析法，人们认为让士兵公开谈论心中的感受可以有效治疗他们的神经症。然而，事实并非如此。这种治疗方法的疗效并不持久，很多士兵治愈后很快又会患病。眼看着士兵们遭受疾病的折磨，沃尔普和同事们却束手无策。由于缺少成功的治疗案例，沃尔普对当时占统治地位的精神分析疗法产生了怀疑，开始寻找更有效的治疗方法。从此，沃尔普走上了探索心理治疗的道路。

战争结束后，沃尔普回到母校维特沃特斯兰德大学工作，他开始将想法付诸实施。当时，精神分析学风靡心理学界，研究者大都相信神经症是由早期"创伤性的经验"引起的。沃尔普受到俄国生理学家巴甫洛夫（I. P. Pavlov）的影响，联想到神经症可能只是一种情绪上的条件反射现象。人类行为是学习的结果，因此也能够用同样的方法修正这些行为。此外，心理学家玛瑟曼（Masserman）对猫的实验性神经症的研究给了沃尔普极大的启发，但是沃尔普并不赞成玛瑟曼用精神分析的方法治疗猫的疾患。1946年，沃尔普开始对猫进行神经症实验研究。他对笼内的猫进行电击，猫就产生了焦虑反应，如愤怒、拒绝走入实验笼或拒绝吃东西等。猫一旦形成焦虑反应，即使不给以电击，在其他相似的情境中，也会产生同样的焦虑。沃尔普发现，实验性神经症实际是个体在特定情境中通过条件反射而形成的强烈焦虑反应。因此，可以通过使患者对同一刺激产生对抗性条件反射的情绪反应，以此实现去反应作用，从而系统地阻断焦虑的出现，这就是交互抑制作用。对于猫而言，进食是抑制它们焦虑的积极反应；对于患有焦虑神经症的患者而言，可以通过放松的方法减轻患者的恐惧和焦虑反应。在大量研究的基础上，沃尔普提出了交互抑制理论，并发展了系统脱敏技术。这是沃尔普研究历程上的一个重要转折。

沃尔普于 1948 年获得博士学位后，开始了其心理治疗实践生涯，同时在家乡一所大学的精神医学系兼职授课。1956 年，沃尔普在美国斯坦福大学行为科学中心工作了一年，并获得基金会的奖学金。1960 年，沃尔普与家人移民到美国，在弗吉尼亚大学任教五年。1965 年，他接受了费城坦普尔医学院的聘请，成为一名精神病学教授，在那里一直工作到 1988 年退休。他还曾在东部宾夕法尼亚州精神病研究所的行为治疗部门担任主任职位，并曾经担任行为治疗协会的第二任主席。1988 年，沃尔普退休后，全家搬到了加利福尼亚州，成为佩珀代因大学的特聘教授，并任教九年。在此期间，他仍旧坚持撰写专业论文，组织或参加世界各国的各种专业性的研讨会，一直到他最后去世为止。

沃尔普曾经希望去伦敦大学工作，在那里，英国心理学家艾森克被沃尔普的研究工作深深地吸引着，强烈希望沃尔普能留下来，和他一起进行研究工作。后来伦敦大学建立了很有影响力的行为治疗研究中心。然而，当时由于没有找到合适的职位，沃尔普只好回到了热烈欢迎他的美国。沃尔普的研究对艾森克产生了深刻的影响，成为艾森克新兴的心理学理论及其应用的基础和重要组成部分。艾森克在理论中对沃尔普的方法进行了补充，并将其方法和心理学人格及个体差异的问题联系起来。两位心理学先驱互相尊重，互相学习，建立了深厚的友谊。

沃尔普对行为疗法有着广泛而深远的影响，在行为治疗学界取得了丰硕的成果。从 1950 年开始，他就以其追求科学的激情和创造力天赋，积极投入到行为治疗的研究中。他的演讲和论文具有革命的意义，激起了很多心理学研究者的质疑和对抗。沃尔普并没有因此退缩，而是更加努力工作，撰写了大量的文章或以演讲的方式不断宣传其新的观点和治疗技术。特别是，他将对动物进行精神疾病治疗的研究成果转化为治疗人类神经症的临床实践技术，完善了治疗人类焦虑的原始而有效的方法——系统脱敏技术。他对系统脱敏的实验性神经症的研究引起了心理学界的注意，并被邀请去美国斯坦福大学行为科学中心工作，获得了基金会的奖学金。沃尔普是一位多产作家，发表了上百篇影响力深远的论文和著作。他最有影响力的三本著作是《交互抑制心理疗法》（*Psychotherapy by Reciprocal Inhibition*）（1958）、《行为治疗实践》（*The Practice of Behavior Therapy*）（1969）和《没有恐惧的生活：焦虑和治疗》（*Life Without Fear：Anxiety and Its Cure*）（1988）。尽管沃尔普已经离开了这个世界，但是他的作品却流传至今。

1969 年，沃尔普制定了评估主观不适或疼痛程度的心理困扰量表"主观干扰程度量表"（Subjective Units of Disturbance Scale，SUDS）。SUDS 建立在个体自我评估的基础上，是评价治疗进展的专业性量表。量表测量个体当前体验到痛苦或干扰的主观强度，分为 0 到 10 共 11 个等级。0 级代表没有困扰，10 级代表最严重的困扰。在心理治疗中的几个间隔期间使用SUDS，测量每段让来访者痛苦的记忆或他们在恐怖情境中的感受，以此作为心理治疗的依据，当 SUDS 达到 0 级时便可以终止治疗。目前，他的主观干扰程度量表已经在心理治疗领域得到广泛推广和运用。

链接：生平重大事件

1915 年 4 月 20 日　出生于南非的约翰内斯堡。

1933 年　进入维特沃特斯兰德大学学医，开始了六年的医学课程学习。

1948 年　获得医学博士学位。同年和艾特曼（S. Ettman）结婚。

1958 年　出版个人第一部专著《交互抑制心理疗法》。

1960 年　全家移民到美国弗吉尼亚州。

1965 年　在美国弗吉尼亚州开办了第一个行为治疗培训班。

1969 年　制定主观干扰程度量表。

1988 年　搬到洛杉矶安度晚年。

1997 年 12 月 4 日　因肺癌在美国与世长辞，享年 82 岁。

沃尔普为他热爱的行为治疗奋斗了一生，但是他的贡献在晚年才得到人们的认可，获得了很多荣誉。1979 年，他获得美国心理学会的"心理应用杰出科学奖"（Distinguished Scientific Award for the Applications of Psychology）；1986 年，沃尔普的母校维特沃特斯兰德大学授予他名誉理学博士学位；1993 年，获得 Psi Chi（心理学国际荣誉社团）杰出成员奖。他还担任了行为治疗协会的第二任主席，1995 年因为对行为治疗做出巨大贡献而获得终身成就奖。尽管收获颇丰，他仍然保持着谦虚、纯真的优秀品质。在出席一些学术会议的场合，面对着会议组织方的热情接待，他会毫不掩饰地表达自己的惊讶和快乐。

沃尔普于 1948 年和艾特曼结婚，有两个孩子。1990 年，妻子去世。六年后，他和焦尔马蒂（E. Gyarmati）再婚。1997 年 12 月 4 日，沃尔普因肺癌在美国加利福尼亚州洛杉矶与世长辞，享年 82 岁。晚年的沃尔普身体非常虚弱，饱受病痛的折磨。在去世前的三个月里，他忍受着病痛，应邀出席了意大利威尼斯的欧洲认知行为治疗协会举办的学术会议。在会议前的晚宴上，他就像健康人一样精力充沛，兴致勃勃地为大家献唱 60 年前自己做学生时常唱的歌，把每个人都逗笑了。沃尔普的可爱、真诚、乐观、坚毅给人们留下了很深的印象，他对疾病的蔑视精神以及对心理治疗知识不屈不挠的追求，向人们展示了一个永不言弃的心理学家形象。

《交互抑制心理疗法》①

心理治疗终于从思辨的荒野上建立起来，并稳步朝着科学研究的领域迈进。以思辨理论为基础的心理治疗开始让位于建立在科学实验基础上的

---

① 本文译自作者 1968 年的论文，译者为各节标题添加了序号，有删改。

治疗方法。已有研究证明，动物的精神疾病是学习的结果，可以由实验的方法获得，其神经质行为也可以通过学习的方法消除。同理，用这种方法治疗人类的神经症也是高度有效的，这已经在研究中得到证实。交互抑制技术就是其中的方法之一，我将在对以下四个问题的回答中，详细阐述交互抑制技术的原理及取得的成就。

一、什么是交互抑制技术？

交互抑制技术是通过诱发竞争反应来抑制个体想消除的行为反应，从而改变适应不良的行为习惯。只有在同样的刺激下，诱发出与适应不良行为互不相容的竞争性行为，且诱发出的竞争性行为要比适应不良的行为更"强大"，才能有效抑制不适应反应，消除适应不良的行为习惯。在某种情境中，第二种反应会抑制第一种反应；在另一种情境中，第二种反应也可能会被第一种抑制，这都可以用交互抑制原理来解释。

二、有哪些交互抑制技术？

交互抑制技术主要用于克服神经性焦虑（长期学习到的适应不良的焦虑反应习惯），其有效性在治疗患有实验性神经症的猫的过程中得到了验证。研究者使用电击的方法，使实验笼中的猫形成持久的神经性焦虑的反应习惯。即使研究者不再继续施加电击，这些猫在笼子里形成的焦虑反应也不会消失。无论它们在实验室或实验笼中待多长时间或者出现多少次，这些反应都没有弱化的迹象。然而，如果研究者在呈现诱发出神经性焦虑的刺激时，诱发猫反复进食的行为，会弱化它们原来的焦虑反应，并最终消除神经性焦虑。由于在诱发猫的高焦虑的环境中，其进食行为会受到抑制，因此，首先要在猫的焦虑感较弱的环境中提供食物。例如，在和实验室有一点点相似的房间里喂食，猫逐渐进食并且焦虑会得到抑制。通过重复喂食的方法，将猫的焦虑降低到零点。然后，依次在和实验室相似程度越来越高的情境中喂食，直到最后猫在最初诱发其神经症的实验笼中进食也不再感到焦虑为止。

早在 40 年以前，琼斯（M. C. Jones）就使用食物作为对抗性条件刺激治疗儿童的恐惧症。最近，人们又开始使用她的方法对儿童进行治疗。此外，还有其他更适用于成年人的交互抑制技术。

（一）果断反应

在人际交往情境中，对于有神经质恐惧的患者（如某人由于过于焦虑和害怕，不敢向工作人员询问偿还贷款的做法），咨询师要鼓励他去表达真实的需要，这就是果断反应的含义。果断反应（assertive responses）不仅指敢作敢为的反应，还包括很多其他内容，如对于神经性焦虑的患者，咨询师要鼓励患者表达自己的情感：喜欢、钦佩、厌恶……即除了焦虑情绪以外，表达所有和个体情绪相一致的感觉（Salter，1949；Wolpe，1958）。研究者发现，果断反应是人们极为普通的需求，如有些患者由于受到了不公正的批评而感觉受到了伤害，产生无助感。治疗师要鼓励患者表达自己的愤怒，并详细指导他们如何表达自己的感受。这样的表达会抑制焦虑，然后再通过重复性练习，逐渐形成对焦虑的条件性抑制。

（二）性反应

性反应技术（sexual responses）主要用于克服患者在性情境中诱发的不良焦虑习惯。患者通常会抱怨自己性无能或早泄，这主要是因为患者过于焦虑，抑制了副交感神经兴奋，从而导致其阴茎不能正常勃起。然而，患者性反应中的情绪成分（性冲动）并不存在任何问题。治疗师发现，当患者在性行为的某个阶段开始体验到焦虑的时候，指导患者（必须有性伴侣的配合，让患者有安全感）反复重复本阶段的性行为，直到焦虑感降低到零水平。然后以同样的方式进入到下一阶段，重新使新的焦虑降低到零水平。就这样逐层推进，直到患者的性功能恢复正常。在最近的 31 个案例中，我们平均用了八个星期的时间，让 87% 的患者性功能恢复正常（Wolpe & Lazarus，1966）。

（三）使用深层肌肉放松进行系统脱敏

埃德蒙·杰克布森（E. Jacobson，1938）首次指出，深层肌肉放松能够改变自动化的焦虑反应。他对神经症患者进行了大量的放松训练，然后指导他们完全进入肌肉放松状态。德国的舒尔茨和路德（Schultz & Luthe，

1959）也提出了类似的方法，并在治疗中取得了较好的效果。这是因为，对于日常生活中的刺激所诱发的焦虑，持续放松提供了对焦虑进行交互抑制的可能性。

此外，还有更有效的方法，可以利用深层肌肉放松的技术实现对神经性焦虑的去条件化，这就是著名的系统脱敏法（Wolpe，1954，1958，1961；Wolpe & Lazarus，1966）。这种方法可以用于治疗恐惧症，或者实现对恐惧症状的所有神经质焦虑的去条件化。系统脱敏法大概需要六个阶段，每个阶段的深层肌肉放松仅占用15分钟左右，其余大部分时间是让来访者列出所有感到恐惧时产生的焦虑的清单，然后按照焦虑的水平从高向低排列。这个分等级的清单叫焦虑等级。

在实际的系统脱敏程序中，让来访者按照焦虑程度，从最低等级的焦虑开始，对产生焦虑的刺激想象几秒钟，然后完全放松。患者要不断地重复想象这些刺激，直到他不再焦虑为止，然后按照同样的方法和程序依次进行更高等级的焦虑情境想象和放松。通过这种方法，患者在真实情境中产生的焦虑也会被有效消除。有些患者不能想象出产生焦虑的刺激情境，就需要让他们暴露在真实的情境中进行系统脱敏，这叫作临场脱敏法（desensitization in vivo）。

（四）其他模式的系统脱敏

心理治疗中也经常使用其他模式的系统脱敏方法（other modes of systematic desensitization）来抑制焦虑。

1. 在治疗情境中唤起个体的自发性情绪以抑制焦虑。在行为治疗中，这种方法主要用于临场脱敏。例如，有的社交焦虑患者，当他举起茶杯时手会不停地颤抖。患者就要通过反复举起一个空杯子进行练习，然后逐渐发展到可以举起盛水量由少到多的杯子。在每个治疗阶段要等到手颤抖的现象消失后，再进行下一个阶段，直到他最后在众人面前重复这些结果时，手不会颤抖为止。

2. 拉扎鲁斯和阿布拉莫维茨（Lazarus & Abramovitz，1962）曾经提出，通过使用"情绪想象法"（emotive imagery），即在令人愉快、激动的情境中，让儿童依次想象自己暴露在越来越强的恐惧刺激中，可以脱敏儿童的恐惧。

3. 近来，研究者发现通过在皮肤上施加并不让人厌恶的电刺激可以抑制焦虑（即去条件化）。这种效果可以用巴甫洛夫的外抑制理论（external inhibition）来解释。

4. 某反应被另一个反应所抑制，其可能的机制是，温和的电流刺激作用在患者身上，在其神经中枢可能产生一个新的优势兴奋中心，诱发了优势运动的反应，使原来正在进行的条件反射受到抑制，从而抑制了焦虑。

5. 另一个抑制焦虑的方法就是：在即将停止对前臂进行强烈感应电流刺激之前，呈现一个中性刺激，使中性刺激转化为条件刺激来抑制焦虑（Wolpe，1954，1958），这叫"焦虑感解除"（anxiety-relief）条件反射。然后，再使用形成的条件刺激来抑制神经质焦虑。

（五）回避条件反射

回避条件反射（avoidance conditioning）（厌恶疗法）是应用交互抑制原理克服除焦虑外的其他不想要的反应。它主要用于治疗强迫行为和强迫性的药物习惯。当患者面对诱发不良行为习惯的刺激时，随即对患者的前臂给予强烈的感应电流刺激，或使用药物诱发患者的恶心感，进而引起患者的回避条件反射。最近，波士顿的考泰拉（J. Cautela）博士和贝鲁特的朱彼（A. Drooby）博士指出，可以通过让患者想象令人厌恶的事件来诱发厌恶反应。

需要指出的是，在以上系统脱敏的过程中，除了利用交互抑制原理消除了神经质的不良行为习惯，也会经常发生操作性条件反射。例如，表达愤怒的情绪抑制了人际焦虑感，这种在相关情境中因果断反应而形成的操作性条件反射，同时又得到了果断活动结果的强化，如焦虑感降低，随之社会交往获得成功以及治疗师给予赞赏等。

三、交互抑制技术的临床成就是什么？

到目前为止，交互抑制技术已经用于精神病的治疗，并取得了成功。有些研究表明，交互抑制技术治愈了精神分裂症的妄想症状。尽管该技术的真正价值只能通过严格设计的控制实验来证实，但是临床经验也证明了该技术的有效性，当二者都能证实交互抑制技术有效时，说明该技术有着极其重要的价值。

我认为，那些能够熟练掌握交互抑制技术的人都会意识到，自己拥有一种令人惊讶的能力，可以让大多数神经症患者的病情有所好转。他会发现，他可以决定在某个特定的时间里，使用哪种方式去治疗哪个不适应的习惯。我已经证明，在经典性恐惧症的系统脱敏治疗中，令人恐惧的场景呈现的数量和恐惧程度减轻的量之间有着某种准确的联系。

目前我已经发表了很多利用交互抑制技术在个案和小组治疗中取得成功的报告。人们可能对此充满兴趣，诸多治疗师用如此微小的代价就获得了很大的成功，这在心理治疗史上是从来没有过的。我和拉扎鲁斯曾经报告过随机抽取的 600 个案例的治疗效果，我们发现，通过使用交互抑制技术，有近 90% 的患者痊愈或显著好转。在我治疗的患者中，对他们访谈的平均次数大约是 30 次，其痊愈率要远远大于精神分析的治愈率（Brody，1962）。更值得注意的是，和精神分析相比，使用交互抑制技术的治疗时间更短。对成功个案的后续研究表明，没有发现患者出现替代性症状，仅有极少的个案出现反复。通过对后者进行研究发现，这种反复是重新建立的神经质习惯，即重建条件反射（reconditioning），而不是原症状的复发。

四、研究中最迫切的问题是什么？

在临床实践中，我们认为行为治疗有着其他方法所不可比拟的优势。但是，这个结论需要得到严格控制的实验研究的证实。因此，实验研究有着极其重要的实践意义。伊利诺伊大学香槟分校的保罗（G. Paul）和威斯康星大学的朗（P. Lang）已经对系统脱敏等相关技术进行了调查研究，研究结果对建立在条件反射基础上的治疗方法提供了有力的支持。保罗博士发现，和他们精神分析中的领悟治疗方法相比，那些精神分析取向的治疗师通过使用系统脱敏法获得了更好的效果。我们需要更多这样的研究，对治疗中的某些部分进行严格的控制或限定；我们也需要在控制条件下，针对复杂的精神病个案，在临床上对行为治疗和其他治疗的效果进行比较；我们还需要寻找更多的方法，因为我们抑制不良反应的方法并非总是有效。

此外，我们还需要研究心理治疗的机制。在交互抑制治疗中，人们认为患者的症状出现好转，是由于个体通过假设产生的态度来抑制焦虑反应，但是这并没有得到充分的证实。我们已经设计了相关研究来探查其中的机制，希望实验心理学家们能对利用交互抑制技术减少不良行为的研究给予更多的关注和支持。

我们期待，在未来的十年里，当今在心理治疗领域占统治地位的神秘而又不甚准确的治疗方法，能够被行为治疗方法所取代。但是到那个时候，行为治疗或许在逐渐兴起的研究潮流下，本身也会发生很大的变革。

链接：《对神经症的系统脱敏治疗》 简介

这是沃尔普的一篇代表性论文。该文详细介绍了利用系统脱敏法治疗神经症的技术。研究者发现，动物的神经症是通过条件反射学习获得的，需要通过去学习化的方式进行治疗。去学习化最有效的方法是对动物进行重复性喂食，动物进食时所引起的反应会抑制焦虑反应，即通过交互抑制的过程，逐渐降低其对特定刺激的焦虑反应强度。沃尔普认为，人类的焦虑反应和动物在实验室发生的焦虑反应很相似，如果某反应在呈现引起焦虑的刺激时能完全或部分抑制焦虑的产生，那么存在于刺激和焦虑之间的联结将被削弱。因此，交互抑制理论可以用来治疗人类的各种心理障碍。他在交互抑制理论的基础上创建了系统脱敏技术并应用于神经症临床治疗实践中，获得了很好的治疗效果。随着系统脱敏技术的广泛应用，沃尔普在本文中对运用该技术的一些细节问题进行了详细的阐述，并首次对相关研究进行了独立的统计分析。

链接：《行为治疗实践》 简介

　　该书自 1969 年第一次出版以来，多次再版，引起了心理治疗界的高度关注。 全书共分为五部分：基本理论、案例分析和治疗基础、行为治疗技术、复杂的神经症介绍、效果评估。 第一部分的基本理论主要介绍了行为治疗的特点、起源及应用，刺激、反应、学习及认知的属性，神经症的原因，以及对神经症性焦虑去学习化的原则等内容；第二、三、四部分重点介绍了临床案例的行为分析方法及过程、各种行为治疗技术等；第五部分展示了行为治疗实践中的评价标准及治疗效果等内容。 该书向我们详尽地展现了行为治疗领域的理论、临床实践技术与研究成果，内容丰富翔实，研究方法科学，行文流畅，结构严谨，既有作者临床实践的总结，又引用了其他研究者的最新研究；既是行为治疗领域一本不可多得的优秀教材，又是一部有着深邃思想的学术专著。

行为治疗中的心理健康思想

　　自 20 世纪 70 年代起，行为治疗以其独立的治疗体系与卓有成效的治疗方法，逐渐在心理治疗领域中占据了优势地位，被誉为心理治疗领域的第二势力。行为治疗的出现，是对传统的西方心理学理论的重大突破。其意义不仅在于使人类在探索自我的道路上又前进了一步，还在于它的出现打破了传统的精神分析学说在西方一统天下的格局，为心理治疗领域注入了生机和活力，推动了心理治疗研究的发展。在行为治疗得到广泛推广和迅速普及的过程中，沃尔普做出了巨大的贡献。他最早将经典性条件作用理论与临床心理治疗实践结合起来，在前人研究的基础上，发展和创立了交互抑制理论和系统脱敏技术，从而促进了将行为疗法应用于临床实践。

一、行为治疗产生的背景

（一）巴甫洛夫的经典条件反射

　　行为治疗以行为主义理论为基础，其发展历史可追溯到 20 世纪初，俄国生理学家巴甫洛夫的经典条件反射实验为行为治疗的发展奠定了最初的基础。在实验中，他将食物（无条件刺激）放在饥饿的狗面前时，狗会自动分泌唾液（无条件反射）。然后，巴甫洛夫在每次给狗喂食之前先让狗听铃声，这样铃声和喂食经多次结合后，铃声出现的时候，狗就会分泌唾液。这时，铃声已成为进食（无条件刺激）的信号，称为条件刺激。这就是著名的经典条件反射（classical conditioning），即某一中性环境刺激（无关刺激）通过反复与无条件刺激相结合的强化，最终成为条件刺激，引起了原本只有无条件刺激才能引起的行为反应的过程。

（二）华生和琼斯的人类行为实验

美国行为主义的创始人华生（J. Watson）深受巴甫洛夫经典条件反射理论的影响，开始将该理论应用于对人类行为的实验研究。他与妻子瑞娜（R. Rayner）一起完成了一项闻名世界的"小艾伯特"（Little Albert）实验。艾伯特是一个九个月大的婴儿，他原来并不害怕小白鼠，曾与小白鼠一块儿玩过很多次。但在实验中，每当给艾伯特看小白鼠时，实验者就猛地敲响铜锣把艾伯特吓哭。经过连续多次的配对呈现白鼠和铜锣声后，艾伯特一看见小白鼠便开始哭叫并迅速躲避，形成了恐惧性的条件反射。不仅如此，艾伯特习得的这种恐惧反应甚至会泛化到小白兔、白围巾、棉花、老人的白胡子等其他物体上。华生的实验表明，人可以通过条件反射习得某些行为，当这些行为阻碍了人类更好地适应社会和生存的时候，就成为心理障碍或不适应的行为。那么，通过采用相反的条件反射学习程序，同样也能消退或去除不良行为反应。后来，华生也曾经设想要把艾伯特的恐惧行为消除掉，但小艾伯特被母亲带走了，他没有完成这一设想。

继华生的实验结束约四年后，另一位美国行为主义心理学家琼斯用行为心理学的方法成功治愈了一个叫彼得的男孩。彼得特别害怕兔子、白鼠等，甚至对皮毛和棉绒也非常害怕。实验者首先创设了一个安全的环境，让彼得和其他孩子一起玩，并给他食物。当他玩得正高兴时，就把一只兔子呈现在他们面前。最初，彼得很害怕。但是随着这一过程的反复进行，他的恐惧开始减弱。慢慢地，他能够容忍兔子跟自己越来越靠近，最后，经过这一训练过程，他可以将兔子抱在怀里抚摸，原有的恐惧反应彻底消除。这就是传统的行为疗法，琼斯以条件反射原理为依据对恐惧症进行了治疗，其中已经蕴含了系统脱敏法的基本思想，成为对当时盛行的精神分析理论的巨大挑战，具有重要的意义。

行为主义者采用科学的方法和客观精确的研究行为，坚持以实验研究为基础，使得实验结果可以经得起在实践中的反复重复和检验。然而，当时大多数的心理学研究都是建立在动物实验的基础上，像华生、琼斯这样，将心理学实验室的科学发现应用于人类相对较少，因而还不能引起人们的足够重视。在 20 世纪 30 年代，西方的精神动力心理学正处于鼎盛时期，受到排挤的行为主义者们开始质疑精神分析疗法的合理性和有效性，试图发展一种建立于科学、可证实的条件作用和学习原理之上的临床心理学。沃尔普就是行为治疗历史发展中的重要人物之一。

（三）沃尔普的发展性研究

沃尔普使用巴甫洛夫的经典条件反射理论，让猫患上了恐惧症。他将一些猫关进实验室的实验笼里，先响铃声，后给予电击。在电击的作用下，所有的猫对电击做出了各种强烈的反应：上蹿下跳、又抓又刨、瑟瑟发抖、哀号、蜷缩起来、颤抖、口吐白沫……一旦把它们从笼子里放出来，这些症状随之减轻。但是，如果将它们重新放入笼中，即使没有铃声和电击，它们仍旧会表现出同样惊恐不安的行为，拒绝进食，产生强烈的焦虑反应，即便连续数小时把它们关在笼子里，这些反应也丝毫不会减轻。沃尔普发现，猫不仅在实验笼中拒绝进食，就是对放笼子的实验桌，乃至实验室，都发生了强烈的焦虑反应并拒绝进食。猫的这种焦虑反应跟其他的无效反应不同，其他无效反应可通过疲劳和消除强化而消退，但猫的这种神经过敏性反应则"应看作是永久的和不可改变的"。沃尔普认为：如果不对猫进行治疗，焦虑反应将永远伴随它们。或者，把猫放到其他情境中，猫听到声音时仍然拒绝进食，即使这声音不是最初被电击时听到的铃声。可见，猫已经将对铃声及实验笼刺激的反应泛化到其他相似的刺激上。当它们处于焦虑反应的条件中时，进食反应就受到了抑制。

如何治疗猫由于电击造成的恐惧与焦虑呢？沃尔普认为，焦虑症状抑制了进食，那么在不同的情境中，食物或许也可以抑制焦虑反应。因此，可以通过实验抑制这些条件性的焦虑反应。沃尔普将猫放在与实验室布置得完全不同的房间里，环境的改变缓解了猫的焦虑，猫经过犹豫开始毫无顾忌地进食。接着，沃尔普把进食的地方移到一间与实验室相似的房间里。猫又开始焦虑不安，踌躇许久，它最终战胜了自己，继续进食。再接下来，又把进食的地方升级为那间实验室，但是远离实验笼。猫重返受伤害之地后的焦虑不安是可想而知的。然而，又经过一番努力，猫再次完成了进食。最后，把进食位置越来越移近实验笼乃至移到笼里，猫仍然完成了进食。但是，如果此时铃声大作，猫又会惊恐万状，拒绝进食。沃尔普认为，更换环境只能使引起焦虑反应的视觉刺激（实验室及实验笼）逐渐失去作用，而对于能引起猫焦虑反应的听觉刺激（铃声）却无济于事。于是，沃尔普又采用同样的方法，让铃声由远及近，由弱变强，使猫逐步适应，消除了猫对铃声的焦虑反应。

猫对实验室、实验笼以及铃声的恐惧，经过这样层层升级的适应性训练，终于完全地消除了。这就是沃尔普的系统脱敏技术。沃尔普认为，如果一种抑制焦虑的积极反应（如进食），在产生焦虑的刺激之前出现，则会减弱这些刺激的强度。在猫的实验中，他将猫对食物的积极反应与笼子且最终与实验室里的笼子产生联结，终于使猫克服了在这些地方产生的焦虑。沃尔普的实验表明，动物神经性症状的产生和治疗都是习得的。因此，他认为治疗人类神经症的方法也可由此发展而来，于是提出了交互抑制理论以减少神经症行为，并从该范式出发，发展了系统脱敏技术。

1958 年，沃尔普出版了著作《交互抑制心理疗法》，阐释了自己的思想。他认为，通过教给病人放松的方法及让他们面对恐惧，可以有效治疗焦虑或恐惧症状。这本书遭到了精神分析学派的不屑和质疑。那些在精神分析传统熏陶下的研究者认为，沃尔普的方法并不能解决神经症的产生原因，而仅仅是解决表面上的问题。这种治疗方法不可避免地会导致"症状替代"（symptom substitution），而不是真实意义上的治愈。然而，实践证明沃尔普的治疗方法是成功的，并一直在现代心理治疗中应用。

在猫的实验室实验中，沃尔普首先用食物作为抑制焦虑的条件。在呈现恐惧刺激条件的同时提供食物，食物降低了猫的焦虑反应，即进食反应抑制了焦虑反应。为了寻找更有效的治疗焦虑或恐惧的方式，沃尔普使用了果断式训练法（assertiveness training）（也叫作"自信训练法"）来发展不同的交互抑制技术。他认为，人们对冲突或拒绝的恐惧类似于不自信的情绪，恐惧和自信情绪不可能同时存在，因为人的神经系统不能够简单地同时完成这两种相反或相冲突的精神传递。因此，可以用自信来抑制恐惧情绪。沃尔普教给来访者在压力情境中如何放松，当他们学会了新的行为后会逐渐忘却恐惧。果断式训练对那些有社会情境恐惧或焦虑的患者特别有用，但是应用于别的恐惧中就不那么有效了。而且，人们在克服恐惧的过程中，如果没有成功，反而会陷入沮丧的情绪中。因此，克服恐惧的关键是"把握好度"。

　　沃尔普交互抑制理论及系统脱敏技术的提出，为心理治疗领域找到了一种建立在人类行为基本规律上的治疗方法。许多精神科医生开始将系统脱敏技术应用于临床以治疗恐怖性神经症，从而使行为治疗实践的力量不断壮大起来。

二、行为治疗的特点和优势

　　要对行为治疗思想进行客观、公允的评价，就不得不提及在心理治疗领域与之抗衡多年的精神分析疗法。经典的精神分析疗法由弗洛伊德所创建，主要用来分析个体的无意识思想，帮助他们认识自己的不适应问题和无意识冲突的来源。弗洛伊德认为，来访者的问题可以追溯到童年经验，这些童年经验涉及关于性的冲突，只有对这些经验进行广泛的提问、探索和分析，才能帮助个体意识到这些童年经验是如何影响他们成年后的行为的。精神分析疗法中的许多理论假设是不可验证的，其科学性得到了行为学派的质疑。20 世纪 40 年代，美国行为主义心理学家多拉德（J. Dollard）和米勒（N. Miller）在耶鲁大学主持的一项研究中，曾经试图将弗洛伊德的精神分析原理转化为行为主义的科学语言，如使用"刺激""反应""强化"等词汇重新阐释弗洛伊德的理论，以及通过严格的实验心理学测试改进并明确精神分析学说，使之成为一门真正的行为科学，从而进一步证明行为主义的价值。然而，他们发现，就连弗洛伊德最基础的概念都难以转换成实验心理学的确切语言，就像我们很难通过操控电脑程序，写出充满浪漫风情的诗歌一样。

行为治疗方法则不同，它的形成和发展经历了一条与精神分析疗法完全不同的道路。精神分析理论是先有临床治疗效果，然后再建立理论假说；行为疗法则是先在心理学实证研究的基础上，建立起行为主义心理学的联结主义学习理论，继而使用该理论去寻找解决患者心理问题的临床心理治疗方法。其治疗过程明快简洁，疗效显著，应用范围广泛。行为疗法不仅用于治疗各种神经症，如强迫症、恐惧症、焦虑症，而且用于治疗各种身心疾病，如高血压病、冠心病、心律失常、偏头疼、哮喘病等；不仅广泛用于矫正儿童或成人的各种不良行为问题，如吸烟、吸毒、酗酒以及各种反社会行为，而且也广泛用于矫治各种性功能障碍和性行为偏离。

尽管如此，行为治疗还是受到了心理学研究者的质疑与批评。很多研究者认为，行为疗法虽然来自于实证研究，但大多数实验是以动物为研究对象。实验中，动物形成的不适应行为是刺激-反应之间形成一定的联结过程，而人与动物的最大不同，就是人具有主观能动性，人的心理过程，如认知、情感、意志、动机等因素在刺激和反应之间起到了重要作用。因此，行为治疗忽视了人的意识或内在心理过程的作用，而只是关注患者外在的行为表现，束缚了行为治疗的发展。

行为疗法认为人的非适应性行为是习得的，需要应用基本的学习技术，通过替代反应去矫正人类的非适应性行为。治疗中鼓励来访者积极行动，一步步地实现具体的改变。行为疗法更关注的是如何缓解患者的症状，而不是找出引起症状的原因。如在治疗强迫症过程中，行为治疗师会试图减轻患者的强迫行为，而不是去分析患者获得强迫症的原因；认知治疗师则会认为导致人出现心理障碍的原因是不合理的信念和认知偏差，从而聚焦在改变患者的非理性的认知上，帮助其建立理性的人生观；人本主义治疗师则会寻找症状背后的内心症结，引导来访者接纳自我，发挥其内部的潜在资源的作用，以实现治疗的效果。可见，不同的心理疗法在治疗过程中各有侧重。在心理治疗发展的过程中，不同学派之间一直争论不休，我们也很难判定，是否改变了患者的不适应行为，其心理问题一定会得到改善；或者是否找到患者行为的深层动机，就一定能改变其外在症状。然而，我们可以确定的是：行为治疗师为治愈患者心理障碍开辟了一条独特的道路。

三、行为治疗中的交互抑制和系统脱敏思想

交互行为就是彼此之间竞争的行为。如果某情境刺激引发了一定的反应，而新刺激的进入可能会引起不同的反应，那么旧的反应可能被削弱。随着个体对新刺激反应的行为的增加，发生了新的学习，旧的行为会逐渐消退。沃尔普发展了交互抑制的学习理论。他指出，如果能使一种与惧怕或焦虑情绪不能共存的反应，在产生恐惧或焦虑的刺激前面出现，那么，这种刺激就能抑制这种恐惧或焦虑的反应。他进行了大量的研究，并将这一原理应用于行为治疗，于 1958 年出版了《交互抑制心理疗法》一书。在该书中，沃尔普指出，表现为神经症的那些不适当行为是个体学习的结果，要治愈也必须经历学习的过程。在临床治疗上，焦虑与放松、快乐与悲伤等是不可能同时共存、只会相互抑制的成对的心理状态。因此，只要对患者进行系统性的放松技术的训练，让其对某种刺激的过敏性反应逐渐递减直至消除，就能抑制焦虑等心理反应。这一临床技术就是系统脱敏技术。

比如在沃尔普的实验中，以进食代替惊恐行为，并不是一个简单建立的过程，而是通过一系列的更换进食环境以及由远而近的铃声刺激才达到目的的。变换的进食环境越来越类似原来的实验室，铃声的刺激由远而近、由弱变强是为了使猫逐步地适应原来所不适应的刺激，猫最后的确适应了。沃尔普将在动物实验中的发现应用到人类身上，进行了一系列严格的实验研究后，发展了系统脱敏技术，成为大多数行为疗法的实践基础。

系统脱敏技术分为三步。第一步就是教会来访者掌握放松技巧。沃尔普改进了杰克布森的放松技术，将放松的时间调整到更短。第二步是深入了解来访者的异常行为表现（如焦虑和恐惧）是由什么样的刺激情境引起的，帮助来访者给引起焦虑的情境划分等级。第三步，让来访者开始从最低等级的焦虑开始，想象产生焦虑的刺激情境，同时做放松练习。治疗师

要不断根据来访者的反应调整刺激的强弱。这样循序渐进，有系统地把那些习得的、强弱不同的焦虑反应，由弱到强一个一个地予以消除，最后把最强烈的焦虑反应（即我们所要治疗的靶行为）也予以消除（即脱敏）。

系统脱敏技术在临床上多用于治疗恐惧症、强迫性神经症以及某些适应不良性行为，在心理治疗实践中疗效显著，这在很多相应文献中可以找到证明。不仅如此，系统脱敏技术治疗周期短，只需要为期数周的时间，就可以帮助很多经过年复一年的集中精神分析疗法然而却最终无法解决其行为症状的患者走出困扰。

然而，系统脱敏技术在心理治疗中也有其自身缺陷。一方面，系统脱敏技术主要应用于人际关系紧张、恐惧症、强迫症等神经症的治疗，而不适用于人格问题的矫治。另一方面，在进行系统脱敏治疗的过程中，来访者不能正确确定焦虑的等级、不能进入想象的刺激情境或者不能进入放松状态都会影响系统脱敏的实践效果。

当然，我们不可能要求系统脱敏技术对所有心理问题的治疗有效，其操作过程中的局限性也需要治疗师和来访者不断在实践中学习和调整。总体而言，沃尔普的系统脱敏技术是成功的，其产生及应用完成了从行为主义心理学的学习理论到行为治疗的临床技术的飞跃，把人类行为治疗的历史推到了一个新的阶段。

四、心理治疗的发展趋势和行为治疗的发展趋势

（一）心理治疗的发展趋势

传统的心理治疗关注来访者过去的体验和经历，在其童年的回忆中寻找当前症状的根源。随着行为治疗、认知治疗、人本主义治疗等多种治疗方法的出现和发展，西方以及我国心理治疗的重心发生了很大变化，主要表现在以下几个方面。

1. 心理治疗方法趋于整合

尽管新的心理治疗方法层出不穷，然而不同心理治疗学派之间已经不再各执一词，剑拔弩张，而是以包容、接纳的态度吸收其他治疗学派中的精华，不断完善自己的理论模型。各学派心理治疗研究者已经达成共识，

一种心理治疗理论不可能解决所有类型的心理问题，只有走整合的道路才符合心理治疗发展的历史潮流。心理治疗的整合倾向有多种形式，如以一种学派的治疗模型为主，间或采用另一种心理治疗模型的技术或方法；或者在自己的理论框架上将不同理论模型的观点融会贯通，从而建立起某种新的理论模型等。

2. 心理治疗过程趋于短程化

随着社会经济迅速发展，生活节奏加快，人们都在为了事业、生活忙碌奔波。尽管存在心理问题、心理障碍的人越来越多，却很少有人愿意消耗大量时间及金钱进行长程心理治疗。快节奏、高效率的生活节奏下，人们对心理治疗也提出了短程、快速的要求，促使专业人员思索及发展以问题解决为中心的短程心理治疗方法和模型。顾名思义，短程心理治疗具有周期短、疗效快的优势。此外，在短程心理治疗中，治疗师更为积极主动，以更为开放的观点看待来访者的问题，帮助来访者寻找自身可以利用的积极资源，以问题解决为目标，在具体目标的指引下，从一点一滴开始改变。尽管如此，短程治疗也不能完全取代长程治疗，如人格障碍、强迫症等仍需要进行长程治疗。

（二）行为治疗的发展趋势

行为治疗尽管仍然存在很多不足，但是其开放性却是不容置疑的。行为治疗在建立之初就呈现出百家争鸣的局面。它不像精神分析疗法，在理论上师承弗洛伊德，而是很多研究者依据各自的研究和观察提出了各自的学说，这些学说共同组成了行为治疗的理论基础，如巴甫洛夫、华生、桑代克、斯金纳等。在心理治疗发展的历史趋势下，行为治疗也取得了迅速发展，它以短程治疗的优势和开放性的姿态，汲取了其他学派的精华，主要体现在行为治疗和认知治疗、辩证哲学等的整合方面。

第一，行为治疗在认知心理学的强大思潮和社会学习理论的冲击下，从理论指导到具体方法都发生了变化。行为治疗家已经放弃了极端的行为主义理论及单一、片面的强化观点，而是重视刺激和反应之间的中介调节因素的作用，如人的认知、情绪、动机和意志等因素。同时，认知疗法也意识到，认知与行为关系密切，认知的变化可导致行为的转变，行为的转变又可引起认知的更新，二者在治疗中的结合越来越紧密，逐渐整合为认知行为治疗。认知行为治疗是行为治疗的进一步发展，是通过改变个体的认知过程来矫正其适应不良的情绪和行为，建立和重构功能良好的认知过程以达到良好的社会适应。

第二，行为治疗的另一整合趋势是行为治疗家对人格障碍的关注。早期的行为治疗只关注患者的症状或问题行为，对其人格结构并不感兴趣，也无意处理其人格障碍问题。现在，行为治疗认识到，人格是否健全是关系到治疗成败的重要因素。因此，在 20 世纪 80 年代末，美国华盛顿州立大学心理学教授莱恩汉（M. Linehan）博士在传统的认知行为疗法基础上创立了辩证行为疗法。辩证行为疗法对行为科学理论、辩证哲学以及禅宗实践理论进行了整合，在实际治疗中汲取不同心理治疗学派之精华，如心理动力学、当事人为中心治疗法以及认知行为治疗等，帮助人们认识自我，调整情绪，建立有效的人际关系，学会忍受生活中不可避免的痛苦，是对目前边缘人格障碍等问题最有效的治疗方法之一。

总之，行为治疗理论和技术是一个稳健的开放体系，不仅与其他治疗方法整合的能力强，且治疗周期短而疗效显著，符合心理治疗发展的潮流。在行为治疗不断发展与完善的过程中，沃尔普以及一些早期行为主义学派的心理学家做出了不可磨灭的贡献。沃尔普在条件反射等理论基础上，提出了交互抑制理论，发展了系统脱敏技术，为心理治疗领域找到了一项建立在人类行为基本规律上的治疗方法，并将此方法应用于临床实践。系统脱敏等技术也在以后的治疗实践中不断获得发展与深化。可以说，正是由于早期行为主义学派心理学家们的努力，推动了心理治疗的发展，以致心理治疗能在今天形成如此生机勃勃、流派纷呈的局面。

第 8 章

路特：
研究态度与研究技能同等重要

　　"三人行，必有我师焉。"路特作为英国著名的发展变态心理学家、"儿童精神病学之父"，同样是站在巨人的肩膀上。对他学术影响最大的导师主要有五位，他们激励了路特通过创造性的实证研究面对极具挑战的问题。奥布里·刘易斯是澳大利亚精神病学家，他向路特展示了流行病学研究策略的价值，以及将生理学和社会学视角整合的必要性。从美国比较与发展心理学家赫伯特·伯奇那里，路特了解了整合发展研究和临床研究方法的影响力，并掌握了实验性的思考方式。新西兰的心理学家杰克·蒂泽德，是智力缺陷和儿童研究的先行者，使路特看到了将社会、家庭以及个体视角整合起来的优势。从英国生物学家罗伯特·亨得那里，路特认识到用生物学观点思考中介机制的价值，同时明白了生物概念和个体概念一样也需要考虑生态性和社会性。列昂·卡那是一位精神病学家、自闭症研究的先行者，路特认为他是一个远距离影响自己的非常重要的导师。当路特反观自己的研究生涯时感叹道："我感觉自己是如此幸运能够与一些非常出色的老师一起工作，……但是，我认为研究态度与研究技能同等重要。"

　　我们选译了路特的一篇论文，该文反映了路特对鲍尔比早年关于母爱剥夺的理论的更新，对其提出的依恋理论的发展和完善做出了重大的贡献，将母爱剥夺重新定位为一个重要但非决定性的因素，为儿童的抚育提供了参考。本章最后对路特的心理健康思想脉络进行了梳理，从关注环境——母爱剥夺对儿童心理发展的影响，到遗传的作用——基因与孤独症的关系，到关注环境与遗传交互作用的具体机制展开了评述。

迈克尔·路特的生平事迹

迈克尔·路特（Michael Rutter, 1933~   ），是一位很有影响力的英国发展变态心理学家，主要从事对自然和教养在个体发展过程中的相互作用的研究，并运用自然实验来检验基因和环境在心理发展中所起的作用。1987 年当选为英国皇家学会成员，1995 年获美国心理学会颁发的"杰出科学贡献奖"。路特被认为是"20 世纪最杰出的 100 名心理学家"之一，排名第 68 位。

路特 1933 年生于黎巴嫩，1936 年随父母回到英国，1940 至 1944 年在美国度过了战乱的年代。他 1955 年毕业于伯明翰大学医学院。在校期间，奥康纳（N. O'Connor）、赫墨林（B. Hermelin）以及杰克·蒂泽德（J. Tizard）等人对他产生了重要影响。他本来没有打算从事儿童精神病学研究，但当时的精神病学泰斗刘易斯（A. Lewis）认为他应该向这个方向发展，于是他接受了这个建议。在获得神经病学、儿科和心脏病学的硕士学位以后，他在伦敦的莫兹利医院接受了精神病学的训练，于 1961 年获得了资格认证，然后去纽约的爱因斯坦医学院进行了为期一年的研究。回国后，他加入了医学研究委员会的社会精神病学分会，1966 年在伦敦被指定为精神病学会的高级讲师。1973 年，他成为儿童精神病学教授，并且成为儿童和青少年精神病学系的系主任。

路特的研究跨度非常广阔，包含了早期在怀特岛和内伦敦地区进行的流行病学研究、长期的纵向研究、学校效能调查、社会心理学的风险调查测验、访谈技术的研究，以及定量研究和分子遗传学研究，涉及 DNA（脱氧核糖核酸）研究、神经影像学、家庭及学校的影响、基因、阅读障碍、生物和社会因素之间的交互作用、压力等方面。他的临床研究的重心包含了孤独症、神经精神障碍、抑郁、反社会行为、阅读困难、剥夺综合征以及多动症等。

到目前为止，他出版了约 40 本专著，并发表了 400 多篇论文。其最有影响力的著作之一是《母爱剥夺再评估》（*Maternal Deprivation Reassessed*，

1972)，在其中，他提出了儿童通常会发展出多重的依恋，而非是对单独某一个人的选择性依恋。该书被评价为"儿童保育领域的经典"。他在书中对鲍尔比提出的母爱剥夺假设进行了评估。鲍尔比提出：婴幼儿应当与其母亲（或母亲的永久替代者）建立一种温暖、亲密和连续的关系，并从中获得满足和愉悦。如果不这样做的话，可能会对儿童的精神和心理健康产生重大且不可逆的影响。这一理论非常具有影响力，但同时也存在争议。路特对于这一理论的发展做出了重大的贡献。他在 1972、1979 和 1981 年发表和出版的论文、专著中给出了决定性的实验证据，更新了鲍尔比早年关于母爱剥夺的理论。

1989 年，路特领导了英国和罗马尼亚被收养者研究小组，跟踪研究了许多在十几岁时被送到西方家庭收养的孤儿，对于影响儿童发展的早期剥夺进行了一系列的研究，包括依恋及新关系的发展，并得到了乐观的结果。他揭示了这一领域里许多社会、心理机制，并且提出鲍尔比的理论只是部分正确的。路特突出了机构抚育当中的剥夺，并且提出反社会行为与家庭不和而非母爱剥夺有关。这些关于母爱剥夺假设的进展的重要性在于将母爱剥夺重新定位为一个重要但非决定性的因素，为儿童的抚育提供了参考。

路特在 1987 年当选为英国皇家学会成员，1992 年被授予爵士爵位，并且是欧洲科学院（Academia Europaea）和医学科学研究院（Academy of Medical Sciences）的创始人之一。他是美国国家科学院医学研究所外籍成员，并且曾任儿童发展研究学会（Society for Research in Child Development）的主席。他多年来获得赞誉无数，并且拥有莱顿大学、卢万大学、伯明翰大学、爱丁堡大学、芝加哥大学、明尼苏达大学、根特大学、沃里克大学、东安格利亚大学、剑桥大学和耶鲁大学等学校的名誉学位。

1984 年，路特创立了医学研究委员会（Medical Research Council）儿童精神病学分会，并且于 1984 年至 1998 年担任该分会的荣誉主席。1994 年，他又创立了精神病学会下的社会、遗传和发展精神病学研究中心（Social, Genetic and Developmental Psychiatry Research Center），并在 1994 年至 1998 年间担任该中心的名誉主席。这一中心的目标在于消除"自然（基因）"和"教养（环境）"之间的隔阂，证明它们在复杂的人类行为如儿童抑郁和多动症等的形成过程中具有交互作用。

路特从 1973 年到 1998 年是伦敦大学精神病学研究所的儿童精神病学教授。路特从 1974 年到 1994 年担任《孤独症和发展障碍》期刊（*Journal of Autism and Developmental Disorders*）的欧洲编辑，从 1999 年到 2004 年担任维康基金会的副主席，而且自 1992 年以来一直担任纳菲尔德基金会的托管人。如今，他在伦敦国王学院精神病学研究所担任发展精神病学教授，同时还是伦敦莫兹利医院的精神病顾问医生。莫兹利医院的迈克尔·路特儿童与青少年研究中心就是以他的名义命名的。

路特被称为"儿童精神病学之父"，也是英国第一个儿童精神病学教授。他在医学和生物心理学领域的研究为儿童精神病学的发展打下了坚实基础，做出了卓越贡献。

链接：生平重大事件

1933 年 8 月 15 日　出生于黎巴嫩的首都贝鲁特城。

1940 年　因二战被父母寄养到美国。

1955 年　毕业于伯明翰大学医学院。

1958 年　到莫兹利医院接受精神病学训练，受到许多重要导师的影响。

1973 年　成为儿童精神病学教授。

1987 年　被选为英国皇家学会成员。

1991 年　被芝加哥大学授予荣誉博士学位。

1995 年　获得美国心理学会颁发的"杰出科学贡献奖"。

2010 年　获得皇家精神病学院颁发的终身成就奖。

《母爱剥夺，1972～1978：新发现、新概念、新取向》①

本文主要总结路特 1972 年提出的模式在多大程度上被证实，以及新近发展出来的概念和观点。

一、综合症状表现

下面开始介绍一下四个主要的症状，以及它们之间的因果机制。

第一个症状是深度忧伤。首先，许多医院或孤儿院养育的孩子表现出深度的忧伤。1972 年，亨得和罗伯逊提出的如下观点受到较多的关注，即症状主要源于对婴儿依恋行为的干扰，而不是分离所致，他们的研究工作也主要集中于该领域。

简单地说，罗伯逊（1971）发现那些与父母分离的孩子，在另外一个家庭（而非机构）被抚养，虽然会受到分离的影响，但其反应并没有在医院或是婴儿看护所里的儿童的悲伤反应强烈。亨得和他的同事（Hinde & McGinnis，1977）考察了猕猴幼崽的分离体验，发现幼崽与母亲分离后重逢的情绪混乱主要源于母子关系的紧张。显然，从以上相关研究中可以得出，尽管分离是深度忧伤的一个非常重要的因素，然而并非导致该症状的主要原因。另一方面，也有许多研究证据（Rutter，1972，1979）表明深度的忧伤与依恋的过程有关系。更可能的是，忧伤与对依恋行为的某种干扰有关，要么是因为分离破坏了已经存在的联结（注意，分离与破坏联结不是同义词），要么是因为分离情境使依恋行为变得困难。

第二个症状即行为紊乱或是反社会问题。路特（1971）早期的研究表示，行为紊乱与父母尚未离婚或分居的家庭冲突强度相关。另外，父母离婚与青少年犯罪相关，而父母去世却没有影响。所以，似乎最关键的因素是困扰的家庭关系，而非分离本身。

---

① 因为本论文是文献综述性质，所以引用文献量约 5000 英文单词的篇幅，考虑到篇幅，本书所保留的参考文献只有鲍尔比和路特两位与本文关系重大的研究者的文献。其他文献详见原文。译者为各节标题添加了序号，有删改。

进一步的研究也证实了这个观点（Rutter，Cox，Tupling，Berger & Yule，1975；West & Farrington 1973，1977）。

有一点似乎很明确，家庭冲突以及分离是强大的破坏性因素。但也要强调家庭冲突只是青少年犯罪的很多影响因素之一（Rutter & Madge，1976；West & Farrington 1973，1977）。

智力迟钝是第三个症状。1972 年路特指出，作为环境因素，知觉和语言经验在智力发展中起着重要的作用。虽然母亲在发展的其他方面有重要影响，但与认知发展却关联不大。

对于母亲抚养和人际关系对儿童智力发展的影响，可以通过对这些人际环境方面偏离常态的儿童进行研究。芭芭拉·蒂泽德[①]（B. Tizard）对在孤儿院被抚养的刚出生到八岁的儿童进行的研究发现，这些儿童拥有正常的智力水平（Tizard & Joseph，1970；Tizard & Rees，1974），他们的韦氏量表智商平均分为 99，来自普通家庭儿童的对照组智商平均分为 110（Tizard & Hodges，1978）。然而，正如下文讨论到的，这些正常家庭环境的缺失对于儿童的心理社会发展有负面影响，但是，对于他们的智力发展却没有什么影响。

显然，缺少母爱、标准智商测验得分达到一般水平的儿童，他们在其他方面的经验却是充足的。这明显意味着家庭关系的连续性并非智力发展的核心因素，但是却对社会发展有重要影响。从某种程度上而言，智力发展和社会发展的主要影响源是不同的。

智力发展受到知觉、语言经验的影响，这一观点，得到很多自然实验或非自然实验的证实。

第四个症状即情感淡漠。在过去的六年中，很少有研究把这一点作为直接主题，所以在路特 1972 年的综述中，针对该主题本身也没有更多相关的研究结果。但针对该症状提供基础的社会关系发展或依恋关系异常方面的认识仍有重要的进展。因此，相关的细节讨论就变得很有必要。

---

① 译者注：芭芭拉·蒂泽德是前文杰克·蒂泽德的妻子。

二、社会关系的发展

鲍尔比（Bowlby，1969，1973）提出了依恋理论，强调儿童与母亲早期情感联结的质量对后期社会关系的发展具有重要预测作用。有充足的证据表明，婴儿在出生后 6~12 月期间，通常与特定的某个抚养人发展出依恋关系。除此之外，还有其他因素影响着依恋关系的发展（Ainsworth，1973；Rutter，1979）。焦虑、恐惧、疾病以及饥饿均会增加婴儿寻找依恋对象的倾向（Bowlby，1969；Maccoby & Masters，1970）。依恋关系可能是针对给其带来安抚的特定抚养人所建立的，然而，父亲对婴儿的反应仍然是很重要的。依恋关系通常与积极主动和婴儿互动以及对其反应非常敏感的人建立（Ainsworth，1973），而且，以上这些类似的养育品质通常形成安全的而非矛盾的依恋关系（Blehar，Lieberman & Ainsworth，1977）。正如安斯沃斯所认为的，反应敏感性在任何安全人际关系中都是一个好的品质。

这些结论可能会被大多数研究者接受，但仍然存在五个具有争议的、不确定的问题：反应敏感性（sensitive responsiveness）；鲍尔比（1969）的单变性概念（notion of monotropy）；各种依恋行为的区分；早期联结与后期社会关系；依恋和联结发展的过程。

反应敏感性。该概念反映了一个观念的根本转变，即从把养育看成对婴儿所做的事情到把养育看成一个与婴儿互动的过程——发生在父母与婴儿之间的积极对话（Lewis & Rosenblum，1974），许多研究都支持了该结论。

大家所公认的养育涉及互动，以及对婴儿的信号的反应的敏感性，但是，如果想要对其进行连续研究则显得很困难。研究（Ainsworth，Bell & Stayton，1974）发现，对婴儿哭声的及时反应可以有效地减少其当时和出生后第一年的啼哭（Bell & Ainsworth，1972）。然而，这些解释遇到了一些问题（Gewirtz & Boyd，1978），有研究发现相反的结果（Etzel & Gewirtz，1967；Sander，1969；Sander，Stechler，Burns & Julia，1970），即对婴儿啼哭的快速反应会增加其随后的啼哭（Dunn，1975）。然而，事实上婴儿的啼哭有好多种，或许养育者区分不同哭声的能力和恰当准确的反应能力才是最重要的因素。

显然，虽然对于反应敏感性没有明确的界定或测量方法，但我们仍可以做些工作。反应敏感性可能不仅指对婴儿不同信号的区别能力，还包括对不同的信号做出适当的反应，同时从婴儿的回馈中得到快乐，以及引发互动的行为等。

单变性。很多研究显示，大多数儿童会发展出多重依恋。然而，这些依恋是否有相同的意义，一直存在争议。鲍尔比（1969）提出，儿童对于某一对象的特殊依恋具有天生的倾向，而这个主要的依恋关系和他们与其他辅助养育者的依恋关系是不同的。然而，该陈述涉及两种相当不同的观点。第一个观点是，几种依恋关系重要性不同，而且是不可以随意互换的，这得到一些研究的支持。研究发现存在一个主要的依恋关系，一直强于其他依恋关系（Ainsworth，1967；Schaffer & Emerson，1964），即使在孤儿院里，儿童通常也拥有其喜欢的成人。第二个观点是，第一个或者主要的依恋关系与其他次级依恋关系是不同的。但很多研究发现，事实并非如此。这个观点是否正确可以通过两种不同方式来验证：第一，即使依恋关系的强度不同，依恋在功能和作用等方面是否一致；第二，考察主要依恋关系与次要依恋关系的强度差异，主要依恋关系的强度是否大于第二与第三级依恋关系的强度。

各种依恋行为的区分。早期著述中对依恋的观点有一个隐含的假设，即依恋是一个一元概念。然而，目前看来，显然并非如此（Coates，Anderson & Hartup，1972；Rosenthal，1973；Stayton & Ainsworth，1973）。依恋不是一种个性品质，而是具有几个不同特征的人格结构（Sroufe & Waters，1977）。首先，依恋行为与长期联结的区别。婴儿有从其他人那里寻求依恋的一般倾向（Robertson & Robertson，1971）。联结的概念暗示着有选择的依恋（Cohen，1974），这种依恋持续的时间长，而且即使依恋对象不在身边时依然在内心有联结。这种区分的重要性体现在两者的过程不一样，或者说依恋对象对婴儿的反应影响着依恋关系的质量和功能，而它们是婴儿后期发展的关联因素。比如婴儿可能向一个柔软的物体寻求依恋，但这与能够对婴儿积极回应的成人之间的依恋对婴儿的影响是不一样的。

其次，是要区分安全联结与不安全联结（Stayton & Ainsworth，1973）。联结的一个特征是使婴儿在陌生情境中因为联结的存在而感到安全。联结的一个显在目标是给儿童提供关系的安全感，减少与依恋对象分离时的黏滞等相关行为。研究（Stayton & Ainsworth，1973）发现，母亲反应敏感的儿童比母亲反应不敏感和无回应的儿童，对母子分离后的重逢有更积极的回应等相关行为，并且在分离时更少哭闹。儿童与反应敏感的双亲的依恋关系是一种较安全的依恋关系。一个安全型的儿童更可能安全地依恋其他人，虽然儿童与其双亲之间的关系受到很多变量的影响，然而在可感知的程度上，安全的品质对于关系是非常重要的（Lamb，in press-b）。

另一个问题是，依恋概念在何种程度上包含儿童所有的积极社会互动。然而，证据显示却并非如此。尤其是，焦虑的作用清楚地将依恋与其他社会互动形式区分开。社会游戏被焦虑所阻止，依恋将得到强化。拉姆（Lamb，1977a）发现，当儿童和父母在一起时，陌生人的出现会阻止社会互动性质的游戏，但是强化了依恋行为。儿童可能喜欢与同伴（Eckerman，Whatley & Kutz，1975）或陌生人（Ross & Goldman，1977）玩耍，但是更喜欢从父母那里寻求安慰。玩耍和依恋有很大程度的重叠，但是它们却显示出不同的特征（Hartup，1979）。儿童玩耍的方式（Heathers，1955）以及与陌生人交往的方式（Ross & Goldman，1977），同其与父母互动的方式非常不同。除非是在父母缺失条件下养育的儿童，否则同伴互动之间是较少看到黏滞与拥抱行为的（Freud & Dann，1951）。这同样适用于猴子与同伴之间的互动（Harlow，1969；Harlow & Harlow，1972）。如果父母缺失，同伴关系将作为依恋关系的替代，但是，儿童充分的心理社会发展的目标可能较难实现（Ruppenthal et al，1976）。

拉姆（in press-a）的研究同样显示，父亲-孩子互动与母亲-孩子互动不同。父亲倾向于在照看上花更少的时间，而更可能与孩子玩存在较多身体接触和不一般的游戏，孩子可能会更喜欢。

总之，这些发现表明，任何一种关系都涉及依恋或游戏双方的互动。总的来说，前者更多是亲子关系的特征，后者更多是同伴关系的特征，不过二者仍有交叉。进一步的研究有必要梳理社会互动的不同维度。

早期联结与后期社会关系。接下来的内容是关于早期联结导致的社会关系发展。通常认为早期联结是后期社会发展的基础（Bowlby，1969；Rutter，1978a），然而，极少数的研究证据质疑了这一结论的正确性，最近由芭芭拉·蒂泽德（Tizard，1977；Tizard & Hodges，1978）和狄克逊（P. Dixon）对英国儿童所做的研究提供了重要的证据，首次填补了这个领域的空白，两个研究均是以孤儿院拥有多个照顾者的儿童为样本。

蒂泽德及同事（Tizard & Rees，1975；Tizard & Tizard，1971）所做的追踪研究中对两岁和四岁儿童的研究结果与先前研究结果基本一致，而对追踪到八岁的儿童的研究（Tizard，1977；Tizard & Hodges，1978）结果与先前结果不一致。不到一半的机构抚养儿童被认为与其照顾者有很好的依恋关系，并比其他儿童更倾向于寻找情感支持，上学后差异更加显著。相对于对照组，机构抚养的儿童更多地寻求注意，而且不安静、不服从以及不受欢迎。

狄克逊也对在机构抚养的儿童的学校行为进行过研究。她的访谈和调查问卷结果与蒂泽德的发现很相似。机构抚养的儿童表现出较多的接近老师和同伴的行为，但是他们的社会交往较少成功，因为他们较多以一种他人无法接受的方式来行动，如在上课时大声喊叫以及忽视老师的指令。除此之外，机构抚养的儿童在教室中还表现出较多逃避任务的行为。

在学校中不当的社会行为可能与儿童在婴儿阶段相对缺少选择性联结（每个儿童成长过程都会经历 50~80 个看护人）有关。另外，也有研究显示，社交困难可能是基因遗传的结果。

蒂泽德的结论揭示了婴儿过度依恋和混乱依恋行为之间的连续性，即从四岁时寻求注意和不加选择的友谊，到儿童中期发展出与成人和同伴之间的破坏性关系。有趣的是，扰乱的关系还与儿童在操作任务时的异常行为有关——意味着作业具有的社会和认知成分。另外，两个研究中的被试儿童均有正常的智商。

虽然失调的关系模式随着儿童的成长而改变，然而，早期的联结与后期的社会发展仍然相关。

依恋和联结发展的过程。争议的第五个地方是依恋和联结发展的过程（Cairns，1977；Gewirtz，1972；Rajecki，Lamb & Obmascher，1978；Rutter，1979）。该内容吸引了很多理论家的注意，并且对于依恋行为有很多完全不同的解释，一些解释尽管在历史上是重要的，但是却有大量的研究不支持，因而逐渐不再受关注（Lorenz，1937，1970；Freud，1946；Schneirla，1965；Scott，1971）。

鲍尔比（1969）和安斯沃斯（1973）均认为婴儿天生就有一种生物倾向性，即以接近母亲的行为方式行动。依据他们的观点，依恋是父母对婴儿敏感期的先天行为进行敏感回应的结果。从这个角度而言，依恋是在质上与依赖不同的一种特殊现象。

相反，格维茨（Gewirtz，1961，1972）在他的文章《依恋、依赖以及对刺激控制的差别》（*Attachment*，*Dependence*，*and a Distinction in Terms of Stimulus Control*）中提到，这两个发展都是不同强化的结果，区别仅仅是在依恋产生的过程中，积极的刺激控制被限定在一个特定的人而不是一系列的物上。另一方面，研究者（Cairns，1966）提出了临近条件的作用过程，该过程并不取决于依恋对象的特点，所以依恋的形成是因为依恋对象与依恋者临近。除此之外，还有研究者（Hoffman & Ratner，1973）提出了一些不同的条件作用模型，有的研究者（Salzen，1978；Sears，1972；Solomon & Corbit，1974）认为儿童的情绪状态起着核心作用。

理论学家在好几个重要的议题上观点均一致。首先，很明显联结的过程涉及婴儿与父母之间的互惠性互动，互动中双方均扮演着积极的角色（Bowlby，1969；Cairns，1977；Gewirtz & Boyd，1976）。其次，成长和环境因素对于联结形成的时间都有着重要的影响（Cairns，1972，1977；Schaffer，1971）。最后，显然依恋关系的发展是某种社会学习的结果，另外，差异强化在儿童形成社会互动模式的过程中起着重要作用（Hinde & Stevenson-Hinde，1976）。

争论主要集中于联结与其他形式的社会学习的质的差别程度有多大，以及后天或者先天倾向的重要性。这里需要解释五个主要的结果，并且也对所有的依恋理论提出了问题。

第一，联结提供安全基地的作用，即依恋对象的存在更可能促使婴儿离开和探索（Cox & Campbell, 1968; Morgan & Ricciuti, 1969; Rheingold & Eckerman, 1973）。

第二，一个一致的观察结果是，即使面对虐待和严重的惩罚，依恋仍然会发展（Harlow & Harlow, 1971; Kovach & Hess, 1963; Seay, Alexander & Harlow, 1964）。行为理论可能准确预测紧张、压力会促进依恋行为，但鲍尔比强调父母恰当回应的重要性似乎并不能用行为理论进行解释。

第三，有研究发现依恋对象可以是非生命物（Harlow & Zimmermann, 1959; Mason & Berkson, 1975; Passman, 1977; Passman & Weisberg, 1975）。例如，对猴子的研究和对人类行为的观察，似乎存在一定程度的冲突。没有社会交往的猴子可能容易发展对布料替代物的依恋，但是，机构抚养的儿童（他们表现出受损的依恋）却并非这样。

第四，有必要说明这样一个结果，即尽管焦虑阻止了玩耍，但却强化了依恋。这点用鲍尔比-安斯沃斯的理论可以预测。婴儿的这两种非常不同的反应，可以用社会学习理论来解释。另外，用强化理论来解释为什么依恋效应可以应用于非生命物体时显然有些困难。

第五，还有一些观察表明，各种依恋形式并非具有相同的效果。尤其有必要解释猴子对布料替代物的依恋并不能和婴儿对父母或同伴的依恋起相同的作用，即促进儿童后期正常的社会关系的发展。安全和不安全的依恋同样需要解释，而依恋对象对婴儿的回应质量是至关重要的。作为大多数理论的主要组成部分，社会学习可为许多研究结果提供适当的解释，然而用印刻论却不行。

显然，没有一个理论可以完全解释所有的现象，仍然需要新理论的发展。正如习性学所提出的，许多物种中出现的依恋现象当然表明依恋具有先天遗传倾向。同样，正如几乎所有理论所表明的那样，社会学习对联结形成过程和亲子关系特点有着重要的影响。除此之外，几个主要的问题仍然需要提供令人更加满意的答案。

三、关键期

下面要讨论的是六年前曾经提出的关键期和早年经验的重要性。最近有关这个主题的一本重要著作中，有研究者（Clarke & Clarke，1976）提出，成长的所有阶段都很重要，相对其他阶段而言，早期阶段的发展只是早期而已。该观点受到强烈的攻击（Pringle，1976）。我们显然需要梳理相关的研究。但是，这个主题包含的内容太多，我打算围绕发展的两个方面，即智力和社会化进行探讨。

在这两个例子中，争论的主要内容是早期经验的决定性作用：（1）很多障碍都可在个体童年早期找到根源；（2）对于长期的疾病，在儿童后期进行治疗干预常常不成功；（3）儿童的智商和人格特征与成年后地位的相关在其人生的前半段增速较快，而在后半段变化很小。

以上三个论点都不能令人满意。首先，关键期只能在环境发生重大变化时才能进行研究。社会心理的不利地位一般是持续的，并且发展的连续性很可能被持续的剥夺所影响。其次，两岁时、两岁后的剥夺引起的环境变化与 12 岁时、12 岁以后的剥夺引起的环境变化，根本不具有可比性。不过，无论如何，这些效应之间的比较提供了一个关键期检测的方法。最后，儿童后期治疗性的干预大部分讨论的是对不利环境的适应——几乎不可能完全改变其外部环境。因此，考虑到以上问题，我们还是需要把焦点集中在对不同年龄段的环境变化进行直接的研究。

（1）智力。有关智力和语言发展的第一个问题是在儿童中后期有利成长的环境变化是否对儿童的发展起到主要作用。大部分证据表明的确如此。在此不再赘述。

第二个问题是良好的早年经历是否可以保护儿童，使其远离后期不利处境的有害影响。证据表明并非如此。如果儿童后来一直处在不利环境中，学前期的教育成果只起到有效或短期的效应。

第三个问题是童年早期的有利环境相比童年后期的有利环境是否有更大的积极作用。关于这点的证据还很有限，但也表明可能是这样的。

这些争论还没有完全结束。然而，清晰的一点是，童年早期和晚期的环境变化对儿童的智力发展同等重要。童年早期是否有更大的影响效应这一点尚无定论，然而，如果事实确实如此，那也只是相对的差异，而并非因为发展的关键期有质的差异。

（2）社会化。以上很多相似的问题同样适用于社会性发展。对较晚被收养的儿童的研究表明，在儿童中期、后期的有利环境同样可以促进社会化及行为的显著提升（Kadushin，1970；Rathbun，Di Virgilio & Waldfogel，1958；Rathbun，McLaughlin，Bennett & Garland，1965；Tizard & Hodges，1978）。

另一点也很清楚，早期的良好家庭环境并不能使个体免受后期心理社会压力所带来的伤害。例如，成年后面临亲人死亡或其他丧失与抑郁的关系（Brown，Bhrolchain & Harris，1975；Parkes，1964）。心理社会性发展受到童年生活任何阶段环境变化的影响。

还有三个关键的问题仍待解决。首先，儿童早期的环境影响是否比后期的影响要大。事实上，这并不是一个特别明智的问题，因为很可能因为不同的应激事件而有不同的答案。

其次，正常的发展过程是否必须要在儿童早期经历一定的事情。对此，研究结果仍然存在矛盾，然而，对于早期最佳社会化存在敏感期这一论点，现有的证据是一致的。

最后，儿童早期激烈、短暂的应激是否会对心理发展造成长期的影响。对研究结果进行回顾，或许可以得出结论，即早年偶尔的应激事件几乎不可能导致长期的问题，而多次激烈的应激事件却可能导致长期的问题。另外，当多次激烈的应激事件发生于长期不利环境的背景下，最有可能对儿童造成长期的损害。

四、代际传递

1972 年我所进行的综述中根本没有提到，但最近作为重要议题被提出来的一个内容是，处境不利在代际间的传递，即这一代的剥夺是否会导致下一代的问题。这是一个很庞大的论题，最近也得到了广泛的综述（Rutter & Madge，1976），在这里就不多讨论。

然而，需要提及一个特殊的问题：个体的童年经历和其成年后的对子女养育行为之间的关联。一些研究（Rutter & Madge，1976）发现，在不快乐或破碎家庭环境成长的个体，以后有私生子、青少年怀孕、拥有不快乐婚姻以及离婚的概率更大。较多研究均支持了上述观点。

此外，许多调查（Spinetta & Rigler，1972）显示，喜欢殴打孩子的父母通常自己有一个相对恶劣的成长环境，诸如与忽视、拒绝或暴力有关的环境。这一点得到了来自许多国家研究结果的支持，包括英国（Gibbens & Walker，1956；Scott，1973；Smith，1975）、爱尔兰（Lukianowicz，1971）以及美国（Parke & Collmer，1975；Steele & Pollock，1968）。尽管对于童年经历与后期养育行为之间的重要关系，还需要进一步研究考察两者相关的强度以及相关心理机制，但二者之间的重要关系是确定无疑的。

谈到二者之间的相关，有三个重要研究需要提及。第一个是考察个体童年经历与其养育婴儿行为模式之间关系的研究（Frommer & O'Shea，1973a，1973b），研究者发现在破碎家庭长大的妇女更可能让其两个月大的婴儿自己喝奶，有过剥夺经历的妈妈更可能在生完孩子后一年内再怀孕。第二个研究（Wolkind，Hall & Pawlby，1977）考察了拥有破碎家庭成长经历的妇女的养育模式，通过访谈法和使用复杂技术观察母婴之间的互动，研究者发现，童年处境不利的妇女更少与其四个月大的婴儿进行互动，也更少把其当作一个有权利的单独个体来看待。

昆顿（Quinton，1978）的研究更多关注可能导致成人后养育问题的童年经历性质。他将两次带孩子到看护中心的父母与相似社会地位的普通人群的成长背景进行了比较，发现童年期有长期不利经历的父母，通常有明显的精神问题，他们在童年期通常不能脱离压力性的环境。有两个至关重要的因素——他们在十几岁时是令人烦忧的孩子，成年后与具有相似成长经历的人结婚或同居。研究提出，需要进一步考察是哪些因素决定了父母怎样养育孩子。

五、父母之道

多年以来，教师们经常鼓励父母以这样或那样的方式与儿童相处，但很少有人关注影响父母行为的因素。这里有五个重要的因素：

第一，正如前文所提到的，父母自己的童年经历是非常重要的因素。

第二，研究（Kennell，Trause & Klaus，1975；Klaus，Jerauld，

Kreger，McAlpine，Steffa & Kennell，1972；Leiderman & Seashore，1975）发现，新生儿阶段的一些事件可能会影响到后期的养育，在新生儿时与孩子分开的母亲在随后几个月的养育中对母亲角色较少胜任和自信，早期的身体接触提升了日后的人际交往能力。然而，长期效应的研究结果并不一致。

第三个对父母养育行为的影响因素是儿童本身（Bell，1968，1971，1974）。相当多的研究表明，父母与儿童谈话的方式，受到儿童自身语言技巧的影响（Pratt，Bumstead & Raynes，1976；Siegel & Harkins，1963；Snow & Ferguson，1977；Spradlin & Rosenberg，1964）。

第四个对父母养育行为的影响因素是养育经验。一些研究（Clausen，1966；Hilton，1967；Lasko，1954；Rothbart，1971）表明，相对于第一个孩子，父母对第二个孩子的反应有所不同。对于第二个孩子，父母通常更放松，养育行为更一致，并且较少采用惩罚方式。

第五个影响因素是相对广泛的社会环境。对普通家庭的十岁儿童进行研究（Rutter & Quinton，1977）后发现，居住在市中心的工人阶级女性，婚姻冲突和母亲抑郁更加常见。低社会地位的妇女养育孩子的特殊压力，已经被布朗以及他的同事（Brown et al，1975）所证实。

六、不易受伤害

本文最后讨论的一个内容是不易受伤害或称免于伤害的能力（invulnerability），或者为什么一些儿童在面临剥夺或不利处境时没有被击垮。

所有对处于剥夺或不利环境的儿童的研究都指出，儿童对环境的反应的差异很大。来自最糟糕家庭或者有过最具压力经历的一些个体，不但没有受伤害，似乎还发展出了稳定、健康的人格（Rutter, 1979）。基于观察和已有的研究，保护因素或许可以从以下五个方面进行讨论：应激多样性、境况的变化、儿童自身的因素、家庭因素以及家庭以外的因素。

（1）应激多样性。第一个惊人的发现是，单一孤立的慢性应激并不会带来可预见的精神疾病风险。对普通家庭的十岁儿童的研究（Rutter，Yule，Quinton，Rowlands，Yule & Berger，1975）确定了六种应激的家庭变量，当这些变量单独出现时，没有一个因素与儿童的紊乱有关。然而，当两个变量同时发生时，风险增加了四倍。当三个或四个变量同时发生时，风险再度增加好几倍。显然，慢性应激的结合不仅仅只是加法效应，而是存在交互效应，因此，几种变量同时出现产生的风险远远大于这些单个变量产生的风险的总和。

一个应激变量的出现增加了其他应激变量带来的损害，例如，研究（Quinton & Rutter，1976）发现，来自长期剥夺体验家庭的儿童更可能受反复去医院的消极影响。这也同样适用于生物和社会因素的交互作用，一个应激事件（生物的或社会的）的发生事实上增加了其他应激事件出现的可能性，因此，经受剥夺体验家庭的儿童反复去医院的可能性增加了两倍（Quinton & Rutter，1976）。一个慢性应激的出现增加了其他多种应激出现的概率，这是一个重要的问题，待后在后文再论。

（2）境况的变化。下一个议题涉及家庭境况变化的影响，即随着家庭中压力性因素的减少或消失，多大程度上可以使儿童好转。改善的家庭环境对处于儿童中后期的个体带来的益处，在考察关键期时已经探讨过。研究（Rutter，1971，1979）已发现，家庭环境的好转与儿童精神风险的显著降低相关联。

（3）儿童自身的因素。儿童自身因素对儿童面对剥夺或者不利处境时的反应很重要，包括儿童的性别、气质以及遗传和环境的交互作用。

儿童的性别。众所周知，比起女性，男性更容易受到身体刺激或伤害的影响（Rutter，1970）。显然，一定程度上，男性的这种弱点同样表现在面对心理社会应激时的反应。不过，明显的脑损伤给男女带来的伤害性是一样的（Rutter，1977a；Rutter，Graham & Yule，1970）。

儿童的气质。采用先前研究者们（Thomas，Birch & Chess，1968；Hertzig & Korn，1963）所使用的访谈法进行研究，人们发现表现出低调节能力、低柔韧性、消极情绪以及过分谦卑的儿童，最有可能发展出精神障碍（Graham，Rutter & George，1973）。

遗传和环境的交互作用。婚姻冲突带来的影响常常表现在父母有长期人格障碍的儿童身上（Rutter，1971）。然而，在有关收养的研究中，常将遗传与非遗传因素分开。例如，有研究者（Hutchings & Mednick, 1974）发现，儿童期有犯罪行为的个体，通常其生父和养父均有犯罪记录；若生父有犯罪记录，其犯罪概率有较低程度的提升；只有养父有犯罪记录的个体，其犯罪概率几乎不受影响。以上意味着遗传因素使儿童面对恶劣环境时更易受影响，但是对于没有相关遗传易感性的儿童几乎没有影响。

（4）家庭因素。直到现在，几乎所有的家庭研究都围绕着家庭什么地方出了问题，而几乎没有关注家庭的积极或保护因素。研究（Rutter, 1971, 1978a）发现，儿童与父母其中一位的良好关系可以保护其在冲突家庭里少受影响。相对于与父母双方关系均不好、成长在冲突家庭环境中的儿童，前者较少出现行为紊乱。

至今，这些发现只是提供了一些零星的线索。无论如何，相关的机制还未解释清楚，也可能差异较大。然而重要的是，最糟糕的家庭环境也似乎有一些好的因素，可以抵消一些严重的非适应性和破坏性影响。

（5）家庭以外的因素。最后要谈的是家庭以外的保护性因素。

首先是学校教育的影响。在伦敦所做的研究发现，在帮助儿童正常发展，并且减少情绪或行为问题方面，一些学校比另外一些学校做得更成功（Rutter, 1977b; Rutter, Maughan, Mortimore, Ouston & Smith, 1979; Rutter, Yule, Quinton, Rowlands, Yule & Berger, 1975）。来自处境不利家庭的儿童如果能够上较好的学校，就可能较少产生各种问题。显然，在某种程度上，在学校的积极经历能够减轻来自家庭的消极经历。

其次，当谈到家庭之外的相关因素时，其中最显著的就是生活或居住的地区环境。生活在城市中心地区的儿童比生活在小城镇和农村的孩子，出现精神问题的概率要高很多（Rutter, Cox, Tupling, Berger & Yule, 1975），该结果也得到了对挪威首都奥斯陆的样本的研究结果的支持（Lavik, 1977）。

总之，关于为什么儿童可以免于剥夺造成的伤害这个问题，有一点需要明确——即使在最糟糕的环境中，也有很多改善或保护因素可以帮助儿童正常发展。迄今为止，这些保护因素方面的知识还非常有限，然而，随着相关领域研究和知识的增加，一定会有非常重要的政策、预防性和治疗性的措施出台。

七、结论

过去的六年，持续积累的证据表明，剥夺和不利处境对儿童心理发展有重要影响。

发展关键期的老话题以及早期经历的重要性也得到重新提及与验证。证据表明，每个年龄阶段的经历都有影响力。然而，最初几年的经历可能对联结的形成和社会化发展有特殊的影响。

过去六年中，还出现了新的议题。非常可能影响到我们的思考和实际政策的有：第一，父母–儿童互动的性质和父母–儿童关系发展的过程；第二，关注童年经历和成年后作为父母的养育行为之间的关系；第三，肯定家庭外因素的重要性（生活环境对家庭功能的影响以及学校生活体验对儿童发展的重要性）；第四，试图研究儿童对伤害的免疫力，以及使儿童在不利环境下依旧正常发展的保护性影响因素。母爱剥夺这一领域将继续成为丰富新发现、新概念和新方法的源泉。

链接：《基因和行为：　自然–养育的交互说明》　简介

该书的主旨在于以通俗的方式解释行为的遗传影响，并展示遗传与环境的交互作用。作者通过全书 11 个章节将这个交叉领域的前沿问题阐述清楚，同时尽量避免使用过于复杂的术语公式，保证可读性。11 个章节按照内容与作用大致可以分为三组，第一组五个章节分别介绍了遗传和环境对精神病影响的研究成果，致力于证明并确定遗传和环境影响的强度以及通过实例说明实验设计是如何实现上述目标的。第二组三个章节从基因的角度出发，讨论了目前已知的特定基因对行为的影响，以及在个体发展中这些基因具体的影响模式。最后作者将遗传学和环境影响结合起来，并带领读者进入该书的核心部分——遗传和环境的交互影响，试图将各章节串起来并总结全书，最后提供了相应的政策与实践建议。

链接：《儿童青少年精神病学》简介

该书是儿童青少年精神病领域相关研究的集大成者，收录了这个领域几乎所有著名人物的最新研究成果，阐述了世界范围内关于儿童和青少年精神病学的想法、观念和实践。该书以论文集的形式展现了儿童青少年精神病学领域的经典研究成果，全书共收录 74 篇论文，涉及概念方法、临床评估、病理学经典、临床症状和治疗方法五个方面。第五版的《儿童青少年精神病学》已成为国外高校图书馆和专家学者书架上的必选书目。

自然和教养视角中的心理健康思想

从迈克尔·路特的生平中我们可以看出，路特所做的研究涉及的领域非常庞大，然而，从宏观而言，其研究的思路主要是解答自然和教养之间的关系这一古老问题。具体到问题和内容虽然非常广泛，但是其中心议题主要围绕儿童的心理健康展开。这里通过梳理其相关思想，主要结合其具有里程碑式的思想和研究，从关注环境——母爱剥夺对儿童心理社会发展的影响，到遗传的作用——基因与孤独症的关系，到关注环境与遗传交互作用的具体机制展开评述。

一、母爱剥夺——关系和依恋

（一）依恋关系的缺失与剥夺

母爱剥夺的相关研究，是路特早期所研究的重要领域，而且由于采用纵向研究范式，其时间跨度也很长，形成了其关于儿童成长的心理环境的重要研究范式和观点。路特于 1972 年出版了著作《母爱剥夺再评估》，这本书后来再版多次，路特也根据最新的研究结果，不断地修正相关的研究和思想。在书中，他指出儿童依恋理论的提出者鲍尔比，或许对母爱剥夺的概念的界定过于简单化了。鲍尔比认为母爱剥夺是指儿童与一个依恋的人分离，失去了依恋对象以及没有发展出对他人的依恋。路特认为，这些依恋的性质，每种都有不同的效应。尤其不同的是，路特在缺失（privation）和剥夺（deprivation）之间做了区分，如果儿童根本未能形成依恋关系，这是依恋的缺失，而剥夺是指依恋关系的失去或受损害，即曾经拥有过以后的失去。相对而言，依恋的缺失是指从未拥有过，通常有以下两种原因，一是儿童有许多不同的养育者（鲍尔比关于青少年偷窃的研究中的被试多是此种类型），二是家庭不和阻碍了儿童和成人建立依恋关系。依恋关系缺失的儿童在与家庭成员分离时不会表现出忧伤。

路特发现一个有趣的结果，对于儿童精神问题的风险因素而言，父母离婚和父母去世看似具有相同的效应，然而，事实是父母离婚对儿童造成的负面影响远远大于父母去世。显然，死亡是永久的分离，但是，死亡一般不涉及家庭冲突与不和，而这一点显然是对儿童影响的重要因素。基于此观点，或许我们可以假设比起让儿童生活在冲突严重的家庭中，父母离婚或许比维持破碎的婚姻对儿童的发展更有益处。我们在对大学生进行心理咨询的过程中，也经常会遇到一些来访者谈到父母不幸福的婚姻时，不希望父母以保护自己为借口，感觉离婚可能更少减轻孩子游走于父母之间冲突的心理压力，甚至有的学生明确向父母表示，希望父母结束不幸福的婚姻选择离婚。这一点，或许可以动摇婚姻不和的父母的养育信念，真正从孩子的心理需要出发，采取相对可行的方法，以减少孩子的精神压力。

路特根据其所做的依恋关系缺失调查，提出了以下观点，儿童期依恋关系的缺失可能导致最初的黏滞、依赖行为，以及寻求注意和不加选择地建立友谊等行为。然后，随着儿童逐渐成长，表现出无法遵守规则、难以建立持久的人际关系，甚至是拥有负罪感。路特还发现了反社会行为的证据，情感障碍，以及语言、智力和体格发育的紊乱。出现上述问题并非如鲍尔比所声称是缺失与母亲的依恋关系所致，而是由于缺少依恋关系通常所能提供的智力刺激和社会经验所致。另外，这些问题可能在儿童后期发展过程中，由于正确的养育方式而得到弥补。

在上面提到的鲍尔比的研究中，44 名偷窃青少年中的许多被试在儿童期有经常搬家的经历，可能从来未能形成依恋关系。这意味着他们正在遭受依恋关系缺失而非剥夺的痛苦，路特认为这种情况对儿童来说更加有害。该思想引发了关于缺失效应的长期研究（Hodges & Tizard，1989），推进了该领域研究的深入。

路特针对以上母爱剥夺的研究思想在 1979 年的综述中总结道：第一，鲍尔比最初强调的分离效应并不准确（Rutter，1971，1972）。反社会行为和破裂的家庭相关，并非因此导致的分离所引起的，而是家庭的不和最终导致了破裂。情感的心理困扰不是因为关系的断裂，而是因为没有形成最初的人际联结。智力低下是因为缺少相应的经验，而不是分离。第二，与鲍尔比赋予母亲特别的重要性不同的是，路特通过研究发现，母婴之间的联结在类型和质量上与儿童和其他人之间的联结并无不同。第三，20 世纪 70 年代所做的文献回顾（Rutter，1979）发现，母爱剥夺领域研究中最重要的发展是儿童对剥夺反应的个体差异（Rutter，1972）。所有的结果都表明，许多儿童并未受到剥夺的影响，对这些儿童拥有如此免疫力的探索可能会是一个尤其富有成效的研究领域。与以上观点相印证，1989 年，路特领导了英国和罗马尼亚被收养者研究小组，跟踪研究了许多十几岁时被送到西方家庭中收养的孤儿，对于影响儿童发展的早期剥夺进行了一系列的研究，包括依恋及新关系的发展，得到了乐观的结果。他揭示了这一领域里许多社会和心理机制。

依恋关系的研究主要围绕环境对儿童发展的影响展开，路特在吸收和理解鲍尔比依恋思想的基础上，对依恋关系进行了更细致入微的研究和描述，尤其是在实验方法上采用了更科学的方法。路特提出，仅仅通过相关或关联不可以进行因果推论，但是，在因果实验的设计上，路特遇到了儿童心理学工作者遇到的共同难题。由于伦理或实际的限制，很多风险变量无法操练，因此，路特将大量的时间投身于与儿童的接触，发现了采用自然实验的方式可以得出因果推论。正因如此，作为一个临床工作者对儿童的了解，与对细节或例外结果的关注，使他在弥补鲍尔比提出的依恋关系理论的基础之上，往前迈进了一大步。

（二）依恋关系的丧失——应对、心理弹性、遗传因素和保护因素

路特在研究依恋关系的形成过程对儿童发展的影响之外，也着力考察

了当面临依恋关系的丧失时，儿童的心理行为反应以及相应的机制。我们现在已经很明确，人类对急性的应激反应和反社会行为可能有两种相当不同的行为机制，因为我们是社会动物，通常用抑郁来应对丧失，这一点对于婴儿和年龄已高的老人均是如此。关系对我们人类是如此重要，以至于当面临所爱的人的拒绝或者死去时，我们感受到强大的压力。除此常识，路特强调人类的某些遗传因素也参与了这个过程。

谈到依恋关系丧失时个体面对压力的反应机制，路特在接受由牛津大学药理学系支持的由理查德·托马斯（R. Thomas）主持的访谈中，总结了其相关研究思想，还用例子生动地进行了解释。第一，个体需要考虑应对，也就是说，我们要么有身体上的应对，要么有心理上的应对。比如有经验的跳伞员和第一次经历跳伞的人在面对跳伞时的神经内分泌反应差异是很大的，有经验的跳伞员已经调整，他们的身体系统也已调整，以使自身在面对与第一次跳伞时同样的压力情境时却不再感到相似的压力。除此之外，还有许多其他的相似例子。路特（1983）认为儿童的应对行为包括问题解决和情绪调整两种。儿童无论出现何种行为或症状，其实都是用来解决困境与调整情绪的方法，虽然这些方法中有许多属于偏差行为或不良适应行为。

第二种机制或者相关机制是指许多心理弹性研究关注的避免压力和逆境，或者用某种方式减少压力所带来的影响，从一般意义上来理解显然上述思路是合理的。然而，如果我们从生物学意义上进行思考，那么上文的思路显然是错误的，如果你想要保护儿童不受病毒的传染，你不会把儿童放置在完全安全的茧中，或者阻止他们接触任何病毒或细菌。相反，你要使儿童接触，只是以一种儿童可以应对的方式使其显露于某种情境中，这样通常会产生自然免疫，当然，你可以通过接种疫苗获得免疫力。因此，相对应的心理层面亦是如此：为了使儿童能够成功地应对生活中出现的各种苦难，我们能做些什么呢？挑战与压力是成长之路上不可避免的，儿童必须学会去应对，我们所能采取的唯一方法是通过暴露，使儿童处于真实的危险中，只不过这种危险控制在儿童可以处理和应对的程度。

第三种机制涉及了遗传因素。已有研究发现，遗传因素在环境对人影响的易感性方面起着重要的作用。因此，需要寻找涉及压力应对时的遗传路径，要么是增加风险，要么是增加保护性。因此，心理弹性是一个实在的现象，然而，考虑这个问题时，必须了解相关的生物学研究。现在，人们了解较少的是神经内分泌因素的调节作用：神经内分泌的效应无疑是很重要的，但是，能否解释相应的行为效应这一点，我们并不十分清楚，这是需要进一步研究的领域。相对于依恋关系的研究，遗传因素在路特关于孤独症的研究中涉及较多，尤其是在遗传与环境交互作用机制方面，他通过实验提出了有见地的思想。

路特提出的儿童面对依恋关系丧失时可能的应对机制的观点，不仅具有重要的理论意义和对儿童教育发展的现实指导意义，更重要的是，还可能会给面对处境不利儿童的工作者带来力量和希望，因为儿童所经历的这些苦难，或许可以被看成儿童成长所经历的磨难，而不只是悲惨的不幸与无力的怜惜，这种信念可能同样会传递给处境不利的儿童，从而提升其自身的心理弹性。以上机制中，尤其是心理弹性的提出，催生了大量相关的研究，而心理弹性也是现代积极心理学的核心概念。

除以上所提到的三种面对压力时可能发生的机制，路特也是较早关注到与一般研究假设不一致的部分——一些处在不利环境的儿童发展得依然较好。这一与通常研究假设相违背的情况，使路特开始关注儿童成长中的保护性因素，即那些使儿童免于受到伤害、减低伤害或者修复所受伤害的因素。

路特（1979）在综述中提出，所有对处于剥夺或不利环境的儿童的研究都指出，儿童对不利环境反应的差异很大。来自最糟糕家庭或者有过最具压力经历的一些个体，不但没有受伤害，似乎还发展出了稳定、健康的人格。基于观察和已有的研究，保护因素或许可以从应激的多样性、儿童生活境况的变化、儿童自身的因素、家庭内因素以及诸如学校等家庭外因素五个方面考察。这些保护性因素的提出，为早期剥夺儿童后来的治疗工作提供了理论上的指导，尤其对研究处境不利的儿童具有重要的现实意义。这一点对于我国经济快速发展过程中所带来的儿童青少年社会问题尤其重要，大量的留守儿童显然处在一个相对不完整的家庭，父母双方或一方不在身边，养育者的变更把留守儿童置于处境不利的地位，而在客观现实无法改变的条件下，考察和研究其成长中的保护因素并应用于实际，对于留守儿童的教育发展可能更现实和可行。

　　不过，路特同时也强调，为了了解并加强心理弹性与保护机制，我们必须考虑到家庭与政治、经济、社会以及种族情境的互动，个人与家庭因此出现的成败（Rutter，1987）。考虑到以上方面，我们在理解这些思想和使用这些概念时也要谨慎，不要把心理弹性和家庭保护因素错用，以免延续社会不公。之所以谈到这一点，是因为在心理学刚刚兴起的中国，我们面临着从过分看重环境到过分看重个人和家庭能力的危险，把失败看成是个人与家庭的能力或缺陷问题。单靠发展处境不利的儿童的心理弹性或家庭保护因素来战胜逆境是不够的，我们必须同时努力改变这些儿童所面临的社会处境。

　　或许是路特在医学和神经病学上的特殊背景，使他关注到了别的研究者可能较少关注的社会行为遗传因素，并且尝试对机制进行研究，这一点尤其反映在其对孤独症儿童的研究上。

二、孤独症的研究和思想

（一）孤独症的发病机理：遗传因素的作用

　　20 世纪 60 年代，人们对孤独症的一个主要观点是，孤独症是儿童期精神疾病的一种，虽未有统一的认识，但基本上认为，孤独症是一种情感性而非躯体性障碍，是较糟糕的父母抚养方式和其他心理因素导致了该疾病的发生。这一描述在当时颇具代表性和影响力。其后果是灾难性地增加了父母们对拥有一个他们无法理解其行为的孩子的不安心情，破坏了他们可能存有的能帮助孩子的任何信心。

　　直到 1977 年路特与其同事（Folstein & Rutter，1977）所发表的研究，使人们开始认识到遗传因素对孤独症的重要性。该研究对象是 21 对英国双生子，其中十对是异卵双生（基因相似性与普通兄弟姐妹一样），并用严格诊断标准确定了每对双生子至少一个是孤独症。通过研究发现，没有一对异卵双生是同时发病的，也就是说，异卵双生同时发病的概率是 0。早期研究也发现了这种兄弟姐妹几乎没有同时发病的现象，而遗传类疾病总是出现在同一个家庭里，这可能也是人们未对孤独症的遗传因素给予重视的原因。

另外，还有一个重要原因是孤独症患者通常不结婚也不育后代，因此直系的遗传证据几乎也没有。其实，就连路特自己在 20 世纪 60 年代中期也曾经引用了当时著名遗传学者的观点，得出了遗传在孤独症中几乎不起什么作用的结论，而推论依据是在兄弟姐妹中同时发病的概率为 5% 以下。这篇论文还曾经公开发表，但发表以后，路特开始质疑自己的观点，这个概率相当低，但是关键在于不应该关注很低的绝对概率，因为相对于当时普通人群万分之四的发病率而言，这是非常高的相对概率，显然，遗传因素非常重要。这一点路特从科学研究中得出了支持证据，1977 年研究中的 11 对是同卵双生（基因基本一样），他们中有四对，即约 36% 被同时诊断为孤独症。

尽管该双生子研究的样本很小，但是两类双生子在发病概率统计学上是具有显著意义的，另外，研究设计非常精细，因此对孤独症领域的研究具有巨大的影响，该研究成为孤独症领域中引用率最高的论文之一。后续的许多研究都支持了遗传因素的影响作用。1995 年，在路特与同事做的双生子追踪研究中，样本量是原来的两倍，其中 1977 年的研究对象也包括在内。只有据 1995 年的研究发表的一篇论文被引用的次数超过了 1977 年的研究，但是，说到具有里程碑意义的研究，还是非 1977 年的研究莫属。

另外，基于路特与其同事的研究工作以及后来的验证性研究，孤独症从被认为是受环境影响的心理问题逐渐被理解为重要的遗传性精神疾病之一。在 20 世纪 80 年代，该发现促进了分子遗传学研究的发展，而孤独症也成为研究者们首先关注的几个领域之一。

另外，该研究也逐渐扭转了大众对孤独症的看法，尤其是对孤独症儿童父母的看法，至少使孤独症儿童的父母尤其是母亲，减轻了养育的心理压力，从而使他们在对自己的养育能力方面减少挫折感，恢复养育孩子的信心。

（二）孤独症的诊断

《中国精神障碍分类与诊断标准》（CCMD-3）中对儿童孤独症的诊断标准简述如下：是一种广泛性发育障碍的亚型，以男孩多见，起病于婴幼儿期，主要为不同程度的人际交往障碍、兴趣狭窄和行为方式刻板。约有四分之三的患儿伴有明显的精神发育迟滞，部分患儿在一般性智力落后的背景下具有某方面较好的能力。症状标准有人际交往存在质的损害、言语交流存在质的损害，主要为语言运用功能的损害；兴趣狭窄和活动刻板、重复，坚持环境和生活方式不变等。

回溯孤独症的诊断史，正如上文所言，由于路特与其同事的研究工作，到 20 世纪 70~80 年代，随着人们对孤独症的社会性关注和宣传，人们对孤独症的注意与研究开始走向繁荣。此时，人们基本上摒弃了孤独症所谓"父母抚养方式不当"的病因假说。无论是孤独症生物学病因探讨还是临床实体的识别与描述，无论是相关症状群的分型还是研究与其他精神障碍的联系，均提示了对孤独症研究的一个全新时代即将到来。孤独症诊断分类的一个重要研究成果就是明确了孤独症与精神分裂症的区别，将孤独症从精神分裂症的框框里解脱出来。

另外，路特 1977 年的双生子研究，一个最重要的发现是涉及孤独症的诊断。他预见了孤独症谱系障碍（Autism Spectrum Disorder，ASD）的概念，其症状是社交及沟通上的广泛性异常、异常局限性的兴趣以及高度重复性的行为，原文中写道，"遗传因素将可能适用于一个广泛性障碍，而不仅仅是孤独症本身"。事实上，路特及其同事对参加实验的 42 名儿童进行了细致的评估，包括社会、情绪、认知以及语言功能。最令人振奋的发现是，遗传因素对孤独症谱系障碍的影响效应比对孤独症的影响效应更大：同卵双生子的相似性竟高达 82%，异卵双生子的相似性仅有 10%。因此，路特与其同事认为，孤独症是与遗传因素相关联的广泛性认知障碍。该发现也在后续的追踪研究中得到证实。路特及其同事的研究工作表明：孤独症的行为如果被认为是从出生到童年早期的发育障碍所致更为合情合理，孤独症是一种躯体性的且与父母抚育方式无任何关联的发育障碍。

路特把家族中孤独症发病概率增加称为广泛表型（broader phenotype），意即与孤独症相似的异常表现，只是要轻得多的类型。广泛表型虽然在多方面均与孤独症相似，但是，在以下两方面有差异：广泛表型与癫痫无关，也与心理发展延迟无关。存在的证据表明，广泛表型是由与孤独症相同的遗传因素导致的。那么问题就是，为什么一些个体表现出严重症状，而另外一些个体却只表现出轻微的症状？路特假设了两种可能性，一是遗传易感水平不同，如果个体有较多种遗传基因，就可能表现得较重，相反就表现得较轻。二是双击（two-hit）机制，易感倾向非常广泛，但是，在发展过程中，其他因素使个体超越了这个极限而表现出严重的孤独症。其实，这不仅仅是孤独症研究的争论，也同样是精神分裂症领域的争论。因为所谓的精神分裂的前期症状比精神分裂本身更普遍，如错觉、幻觉、思维障碍等。然而，是什么刺激使个体表现出严重的症状呢？路特假设一定有某些未被认识的刺激因素在起作用。

然而，令人沮丧的是，至今未识别出一个基因。为什么如此困难？在医学领域有一个规律，称为遗传异型，也就是说，在一个人身上表现出的特殊基因模式与另一个人身上表现出的基因模式不一样。因此，遗传因素一定和环境风险因素具有交互作用，共同影响着基因的表达，而人们却无法轻易操纵这些变量。不过，可喜的是，路特（Rutter，2006）在遗传与环境交互作用研究方面已初步对上述问题进行了解答。这也是路特非常有创造性的研究领域，也是他对科学研究的重要贡献之一。

三、遗传和环境的交互作用

（一）遗传和环境交互作用观点的提出

路特于 2006 年出版了其名为《基因和行为：自然–养育的交互说明》（*Genes and Behavior*：*Nature-nurture Interplay Explained*）的著作。在这部书中集中反映了路特遗传与环境交互作用的观点。该书主要解释了基因是怎样影响行为的，以及基因在理解各种行为特点和精神障碍的因果路径中的重要性。路特对行为遗传学、精神病遗传学以及环境对风险的调节效应研究等许多领域进行了清晰而又易懂的描述，尤其是对基本假设以及方法的优点、不足之处进行了细致考虑，甚至对研究结果进行了谨慎解释。路特解释了基因是如何影响行为的，同时，也指出了纯粹遗传解释的局限。路特论点的核心是基因和环境永远不可能完全分开。

（二）基因和环境交互作用的一般机制

路特认为，几乎没有例外，人的特点和障碍以及体格和精神都是基因和环境多因素影响的结果，一方面，这意味着对所有的行为而言，遗传因素尽管可能不一定是占支配地位的，却是普遍的。这一点不仅对于障碍性行为，而且对于普通人的心理特性，包括气质和认知特点，甚至犯罪或离婚这样的行为也同样适用。另一方面，许多遗传影响效应的例子也通过与环境的各种交互而起作用。因此一些遗传行为会在某种程度上暴露于环境的风险因素之下，即所谓的遗传-环境相关。例如，父母有遗传因素的反社会行为，可能破坏家庭功能，同时，它又把孩子置于形成反社会行为的风险环境中。换句话说，父母的基因通过环境的影响机制增加孩子的风险。还有其他的遗传-环境相互作用形式，个体部分由遗传影响的行为可能直接地影响到环境中的风险因素，或者通过激发风险行为影响诸如家庭成员等其他人。

基因和环境相互接触的主要途径是通过所谓的遗传-环境的交互作用，这说明了基因为什么影响一个人对环境风险的易感性。例如，大量不断增加的证据表明，羟色胺载体基因变异可能会在某种程度上调节诸如生活压力和童年受虐待经历等经验导致的抑郁症的发病情况。路特认为，这种遗传-环境的交互作用非常普遍，我们必须在研究中将其考虑进去。

因此，基因不是决定性的，它们不会以任何直接的方式，导致诸如孤独症和精神分裂症等行为或者精神障碍的产生。基因作用于行为的效应是间接的，很大程度上是通过环境的调节而产生。目前的挑战是更普遍地描绘遗传-环境的交互作用，以及开始确定生化的和认知的因果路径。这无疑是一个科学理解精神障碍的最有希望的途径，但是，实现这样一个目标，需要越来越多学科研究者的共同合作，尤其是遗传学者、社会心理研究者，不仅仅是说着相同的语言，还要共同工作。

（三）未来的机遇与挑战

显然，这是一个很有挑战性的工程，不仅是因为这个问题是如此复杂和目前对此理解的不充分，还是因为在该领域，存在两种非常极端的观点，一种来自遗传的支持者们，一种来自环境的支持者们。大部分研究者已经意识到理解行为障碍易感性个体差异的钥匙，来自于理解遗传变异和环境的交互效应，但是发生在行为遗传学和社会心理学研究者之间的战争依然持续着，即不同学派从不同理论、方法和视角来研究被试，说着不同的语言，明显相同的术语实际上却描述着不同的概念。尽管双方彼此有着许多误解，令人欣慰的是，还有部分研究者希望搭建这个桥梁。所以，需要一位研究者来做这个整合工作，而路特因其丰富的跨学科的研究背景以及强有力的分析方法承担起了这项工作。

遗传与环境的相关与交互作用观点的提出，不仅为理解个体差异的来源迈出了重要的一步，还为简单的遗传和环境的系数提供了新信息，与此同时带动了行为遗传学研究方法的发展。一是研究范式呈现多样化。一方面加强了收养研究的力度，使收养研究与双生子研究在行为遗传学中拥有同样重要的地位；另一方面使这两类研究也成为确定遗传与环境交互作用的重要研究范式。二是由于统计技术的发展与完善，研究开始由双生子研究、收养研究拓展到更为复杂的谱系研究，谱系研究可以为遗传与环境的相互作用过程提供更为完备的信息。

从发展心理学的角度来看，未来或许可以关注这样两个方面的发展问题：一是在发展过程中，遗传与环境的作用是否会发生变化。比如，就认知能力来说，随着发展，遗传的作用不断加强。共同的家庭环境对童年期的个体是非常重要的，但到青春期以后它的影响可能逐渐变小。二是在个体发展的过程中，遗传与环境的作用在每个年龄阶段是如何持续与变迁的。例如，有关研究也发现在认知发展方面，从童年期到成人期的令人吃惊的发展连续性。对这些问题的关注，对发展心理学和儿童精神病学都具有重要的理论意义和实际价值。

第 9 章

詹尼斯：

在危险到来前， 要做好心理准备

　　詹尼斯少年时代酷爱艺术，甚至因为逃学逛图书馆和艺术馆差点被开除。在学术研究道路上，他始终保持着对临床实践与科学实验的双重兴趣。20 世纪 50 年代中期，他通过个案研究的方法系统考察了即将进行手术的病人的心理反应，揭示了"在危险到来前，要做好心理准备，才能让人在真正面临危险时有效地减轻恐惧和焦虑，进而提高自己的决策水平"。50 年代末，詹尼斯已经不再满足于研究参与者动动嘴皮子或填填问卷给出的态度，他要研究现实生活中的真实决策，特别是与健康相关的决策，比如戒烟、节食等。其实验研究的结果是提出了决策的冲突理论，指出重大决策的应对方式是否有效，心理压力在其中起到了至关重要的作用。作为美国著名社会心理学家，詹尼斯以研究"团体思维"而闻名于世。然而，他学术生涯中所做的大量心理健康研究工作却不为国人所知，这些研究主要集中于个体的心理压力及其在压力情境下的决策行为，以及社会支持对个体坚持执行既定决策的影响三个领域。

　　这里首先对詹尼斯的生平、求学和工作经历进行了简单介绍；接着选译了《社会支持在坚持艰难决策中的作用》一文，它深入且全面地探讨了社会支持在帮助个体坚持执行诸如戒烟、减肥等艰难决策中的重要作用；随后介绍了詹尼斯在心理健康领域所做的另一重要贡献——决策冲突模型，这一模型关注个体在压力情境下的决策行为及压力对其心理的影响；最后对詹尼斯的心理健康理论及其在心理健康领域所做的贡献进行了评价。

厄尔文·莱斯特·詹尼斯的生平事迹

厄尔文·莱斯特·詹尼斯（Irving Lester Janis，1918~1990）是美国著名的社会心理学家。1918年5月26日出生于纽约水牛城一个商人家庭。在决定成为一个心理学家前，詹尼斯似乎在向着艺术评论家的方向发展。他的父母是现代艺术品收藏家，而他的叔叔西德尼·詹尼斯（S. Janis）则是纽约一个艺术画廊的所有者，并在美国艺术界小有名气。在家庭氛围的熏陶下，詹尼斯从小就表现出对艺术的热爱，在16岁那年，他因为时常逃学去图书馆、艺术画廊而险些被学校开除——在詹尼斯口若悬河地论证了去奥尔布赖特艺术馆（今奥尔布赖特-诺克斯艺术馆）参观的收获远比在教室听课大之后，学校奇迹般地收回了开除的决定。事后，詹尼斯才知道这是因为他们学校即将迎来年度春季音乐会，而他是交响乐团里不可或缺的大提琴手。

高中毕业后，詹尼斯进入了芝加哥大学，在这里他开始接触心理学，并邂逅格拉汉姆（M. Graham），他们很快结为了夫妻。詹尼斯曾经这样深情地写道：我一生最为重要的事件发生于1939年9月，我和玛娇丽结为夫妻，玛娇丽是我最好的爱人，我最好的朋友，我最好的批评家，也是我所有作品最好的编辑。他们一生相敬如宾，白头偕老，并拥有两个聪慧的女儿。

1939年，詹尼斯顺利获得芝加哥大学的理学学士学位，并留校进行了一年的研究工作。次年，詹尼斯进入了哥伦比亚大学，在克林伯格（O. Klineberg）的影响下开始了心理学研究。二战爆发后，詹尼斯接受了政府的安排，和拉斯维尔（H. Lasswell）一起使用系统内容分析法对法西斯的政治宣传进行深入分析。入伍后，詹尼斯被著名社会心理学家斯托弗（S. Stouffer）、霍夫兰（C. Hovland）招募，成为军队心理学家，进行了一系列关于军队士气影响因素的研究。在斯托弗和霍夫兰的指导下，詹尼斯获得了大量调查与现场研究的经验，为他之后的学术生涯打下了坚实的基础。战后，他和斯托弗等人对这些研究进行了系统的总结，合著了《美国军人》（*The American Soldier*）一书，被认为是行为理论应用到实际中的经典案例。战后，詹尼斯回到了哥伦比亚大学，完成了关于精神病人电休克疗法的认知和情绪效果的论文。

1947 年，詹尼斯被霍夫兰招募到耶鲁大学心理学系，这是他心目中"最为理想的工作场所"，他的同事中有阿贝尔森（R. Abelson）、布莱姆(J. Brehm)、麦圭尔(W. McGuire)、凯利(H. Kelley)、罗森博格（M. Rosenberg）、津巴多(P. Zimbardo)等诸多后来名震美国心理学界的人物。詹尼斯非常享受在耶鲁的工作，并在这里一直工作到 1985 年退休。进入耶鲁之初，詹尼斯和霍夫兰的团队一起，设计实施了一系列最初的关于"态度改变"的实验，考察诸如恐惧对说服的影响、可说服性的个体差异、角色扮演对态度内化的影响等。这些实验影响了该领域随后 30 年的研究。到了 20 世纪 50 年代中期，詹尼斯开始关注心理压力这一领域，他以即将进行外科手术的病人为考察对象，进行了一系列的个案和实验研究，并于 1958 年出版了《心理压力：关于外科手术病人的心理分析和行为研究》（*Psychological Stress：Psychoanalytic and Behavioral Studies of Surgical Patients*）。

随后，詹尼斯开始关注决策行为。最初，他关注的对象是日常行为决策，例如节食、戒烟等。他在这一领域研究了约 20 年，最终的结果在他和曼（L. Mann）合著的《决策：关于冲突、选择和承诺的心理分析》（*Decision Making：A Psychological Analysis of Conflict，Choice，and Commitment*，1977）一书中得到系统的总结。在书中，他们提出了一个决策冲突模型，对个体在压力情境下如何决策进行了描述，期望通过研究增强个体在单独情境和在群体中的理性决策能力。

詹尼斯将决策行为推向群体领域，开始关注政府或是大型组织的决策行为，并发表了一系列具有很高知名度和影响力的成果，如《群体思维的受害者：外交决策与惨败的心理学研究》（*Victims of Groupthink：A Psychological Study of Foreign-policy Decisions and Fiascoes*，1972），1982 年改编并扩写成《群体思维：外交决策与惨败的心理学研究》（*Groupthink：Psychological Studies of Policy Decisions and Fiascoes*）。

1985 年，詹尼斯从耶鲁大学退休，第二年被加州大学伯克利分校聘任为心理学名誉副教授。在随后的日子里，詹尼斯依然笔耕不辍，出版了他最后一部知名著作《关键决策：政策制定和危机管理的领导能力》（*Crucial Decisions*：*Leadership in Policymaking and Crisis Management*，1989）；在去世之前一周，他还完成了和他妻子合著的书《欣赏艺术：从古今大师身上获得愉悦的心理学方法》（*Enjoying Art*：*A Psychological Approach to Gaining Pleasure from Old and Modern Masters*）（暂定名）。

1990 年 11 月 15 日，詹尼斯因肺癌逝世于加利福尼亚的圣罗莎，享年72 岁。

链接：生平重大事件

1918 年 5 月 26 日　出生于纽约水牛城一个商人家庭。

1939 年　芝加哥大学本科毕业，与格拉汉姆结婚。

1940 年　进入哥伦比亚大学开始研究心理学。

1947 年　入职耶鲁大学心理系。

1965 年　开始关注群体决策。

1972 年　发表著作：《群体思维的受害者：外交决策与惨败的心理学研究》。

1982 年　发表《群体思维：外交决策与惨败的心理学研究》。

1983 年　发表《社会支持在执行艰难决策中的作用》。

1985 年　从耶鲁大学退休，第二年被加州大学伯克利分校聘为名誉副教授。

1989 年　出版最后一部著作《关键决策：政策制定和危机管理的领导能力》。

1990 年 11 月 15 日　在加利福尼亚的圣罗莎逝世。

詹尼斯一生中获得了众多荣誉，其中较为突出的有 1967 年美国科学促进协会颁发的"社会心理学奖"、1981 年美国心理学会颁发的"杰出科学贡献奖"、1991 年实验社会心理学学会颁发的"年度杰出科学家奖"等。在《普通心理学评论》杂志 2002 年评选的"20 世纪最杰出的 100 名心理学家"中，詹尼斯排名第 79 位，这也是对他一生学术研究皓首穷经最好的肯定。

《社会支持在坚持艰难决策中的作用》①

尽管目前心理学、社会学以及其他行为科学关于社会影响的研究文献已经汗牛充栋，但对于社会支持发挥作用的时机、机制以及原因，我们仍然所知甚少。社会支持的广泛影响也为健康心理学的研究提出了一系列有趣的问题（Caplan & Killilea，1976；Leigh & Reiser，1980；Rodin & Janis，1982）。在近期对相关文献进行的综述中，罗丹（J. Rodin）总结道：社会支持能够使个体更加从容地应对、适应危机或环境改变带来的潜在负面影响，从而起到缓冲作用。她引用了一系列实证研究说明，和没有社会支持的个体相比，拥有家庭或人际网络中重要他人或是卫生保健系统中专业人士支持的个体，通常斗志更高，身体疾病更少，寿命也更长。一些研究则建议，在促进和维持大范围人群的健康状况方面，加强社会支持的方案比减少暴露于应激源或是病菌前的方案更具可行性。

一、不能坚持遵循医嘱或公众健康建议

和其他领域一样，卫生保健的专家经常会为自己的正确建议被前来寻求帮助的患者束之高阁而郁闷不已（Kasl，1975）。无论是通过"医嘱"还是强烈推荐的方式传达给患者，到了执行环节这些建议往往会大打折扣（Kasl，1975；Kirscht & Rosenstock，1979；Sackett，1976；Stone，1979）。例如，一项对顶级医院病人进行的追踪研究表明，约一半病人没有按照医嘱服药（Sackett，1976）。另一项研究综述则表明，视症状的不同，病人不遵医嘱的比例在 15% 到 93% 之间（Davis，1966；Sackett & Haynes，1976）。

这一医嘱和患者行为存在巨大差距的状况近来随着健康咨询师这一职业的诞生得到了一定程度的改善。医院和诊所开始聘用一些经过专业训练的心理学家、社会工作者和护士作为患者的健康咨询师以解决患者不遵医

---

① 译者为各节标题添加了序号，文中略有删节。

嘱的问题。同时，这些健康咨询师还可以帮助健康人群采取预防措施。和其他医生一样，在患者遭受急慢性疾病的折磨或是存在患病风险时，健康咨询师能够并且时常在发挥职业社会支持提供者的作用。

二、咨询关系的关键期

关于社会影响的基本知识正在逐渐积累。增进人们对提供专业社会支持的原因及效果的理解的时机已经成熟。这有助于将咨询从一门艺术向科学的方向转化。为了填补咨询关系中社会支持领域的一些空白，我在耶鲁大学发起并进行了一项研究。在奎兰（D. Quinlan）和一些研究生的协助下，最近我完成的一部专著，对研究项目的成果进行了报告。研究包含了23 个有控制的现场实验，这些实验有助于理解通过和咨询师的言语交流，人们在何时、如何以及为何能够成功坚持执行艰难决策（如戒烟和坚持节食减肥）。在研究开始之前，我们建立了一个关于咨询关系关键期的基本理论框架，并主要从这些关键期中寻找我们要考察的变量。

这一理论框架的构思部分源于先期社会及临床心理学工作者的工作，同时也源于我们自身的观察。为了了解更多关于职业咨询师对来访者施加影响（无论成功或是失败）的知识，我以专业咨询师的身份参与了许多个诊所的咨询工作，来访者中有寻求婚姻问题帮助的、想做职业生涯规划的、戒烟的、节食的以及正在承受药物治疗的。在咨询期间，我每周见来访者一到二次，一周约 3～12 个小时。在对成功和失败案例进行对照后，我试着结合临床心理学和社会心理学中关于社会影响的研究文献，对临床观察中一些推断的可靠性进行评估。迄今，已有一系列研究系统地考察了重要他人或群体的社会支持是如何促进个体的行为改变的，根据现有的研究结果，我提出了一系列假设。这些假设与咨询关系的典型危机密切相关。在社会支持研究领域，社会心理学一直强调社会权力和积极社会强化的作用，而我假设中的变量可以作为这些理论中相关变量的补充。

表 9-1 呈现了理论分析得出的关键变量。尽管许多变量我们耳熟能详，在实际咨询治疗过程中却常常会被医生、护士、社会工作者、心理学家以及其他咨询执业人士所忽视。这些被忽视的变量很可能会成为决定来访者

能否坚持的关键因素。

表 9-1　决定咨询师影响力的关键阶段以及 12 个关键变量

阶段一： 建立影响力	1. 鼓励来访者进行自我表露；不鼓励自我表露
	2. 对来访者的自我表露给予积极反馈（接受和理解）；给予中性或消极的反馈
	3. 利用来访者的自我表露帮助其进行认知重构；不进行认知重构
阶段二： 使用影响力	4. 直接给予来访者相关的行为建议；避免给予直接建议
	5. 诱发来访者关于坚持推荐行为的承诺；不诱发承诺
	6. 把规范归结为受来访者尊敬的团体的要求；没有这么做
	7. 有选择地给予积极反馈；给予无差别的接受或中性、消极的反馈
	8. 通过交流和训练建立个体责任感；不进行这类交流和训练
阶段三： 在咨询结束后维持影响力并促进内化	9. 保证咨询结束后会继续维持对来访者的积极关注；不给予这种保证
	10. 在面对面咨询结束后安排电话、信件或其他方式的交流，以维持来访者对未来联系的希望；不进行安排
	11. 给予来访者维持个体责任感的提醒；不给予提醒
	12. 使来访者建立在没有咨询师的帮助下仍能成功的自信；不使来访者建立的自信

表 9-1 中一个关键因素是"影响力"，即成为"重要他人"，这也是社会权力的重要基础之一。拥有影响力的个体能够引起他人态度、价值以及决策的改变，并且这种改变是发自内心的。当来访者认为咨询师不仅对他们有所帮助，并且和蔼可亲、令人尊敬、待人宽容时，咨询师就具有了对其行为的影响力。

我们的观察表明，在几乎所有的咨询帮助关系中都有三个关键阶段，包括影响力的获得、使用以及维持。如果这三个阶段的困难都能得到解决，那么来访者最可能从咨询师的帮助中获益。

（一）获得影响力

在第一个关键阶段，咨询师要消除来访者的戒心，并以重要他人的身份获得影响力。首先，咨询师需要克服来访者的不信任，这种不信任源于个体面对意图改变他们行为的人时产生的沉默、怀疑和防御倾向。来访者不仅会对咨询师的能力及可信度进行评估，同时也会评估咨询师给予其肯定、接受社会奖励等的意愿，这种社会奖励能够从根本上提升来访者的自尊（Rogers，1961；Truax & Carkhuff，1967）。通常，来访者会对反映咨询师能否给予他们积极关注并注重来访者利益的言语或非言语线索极为在意。一旦来访者确认咨询师能够为他们提供积极关注，他们的自尊就会得到提升，与此同时，咨询师也获得了可观的影响力。

如果咨询师鼓励来访者对个人情感、遭遇的问题或是个人弱点进行自我表露并对这些表露表示理解和接受时，来访者的自尊得到了提升，这就会导致来访者对咨询师产生依赖。在来访者心目中，咨询师的形象会转变为一个温暖、通情达理的长辈，能够包容他们的缺点和错误。随后，咨询师能够帮助他们重新评估面临的困难，培养对自身积极的认知来对抗自我挫败的想法。

（二）使用影响力

在第二个关键阶段，咨询师开始使用他们获得的影响力。在咨询师开始以规范制定者的身份鼓励、敦促来访者开始困难的行动（如坚持节食）或是完成一项艰难的任务（如在进行职业生涯决策前收集充分的信息）时，在第一阶段所建立的依赖关系受到了损害。任何这一类的要求都表明，自此以后，理解和接纳不再是无条件的，而是以严格遵守条件为前提，这给联系的纽带造成了负面影响，导致刚刚建立起来的关系产生危机。但是，只有咨询师给出建议并引导来访者做出承诺，来访者才会改变行为，不至于从咨询关系中一无所获。如果咨询师没有直接或隐晦地提出要求，他与来访者的关系会在温馨、友好但是低效的情况中持续下去。这是爱心并不能解决问题的又一证明。

如果咨询师能够让来访者意识到，他所提的要求只限于很小的范围，并且，偶尔无心的违反并不会改变他对他们的包容态度，这一危机极有可能被成功克服。如果作为规范制定者的咨询师能够做到对来访者违反规范的言行进行非胁迫式的批评，同时在其余时间，如在来访者承认和当前任务无关的个人缺点或错误时给予积极反馈，他最可能维持对来访者的驱动力。通过在大部分时候表现出一贯的包容，而对任务相关的行为偶尔表示宽容的方式，咨询师能够在来访者心中建立起自尊提升源的形象。这会极大地提高咨询的效率。咨询师也可以把这些规范归结为受来访者尊敬的团体的要求，这能够帮助来访者认同规则并促使其严格遵守。

通过持续提出少量要求，避免施加社会压力，给予来访者真诚的积极反馈，避免欺骗和伪装，咨询师能够维持自尊提升者的身份（Rogers，1961；Rubin，1973）。当来访者决定给予咨询师这种身份时，他们不再是失败主义者。随着建立的自信在咨询师的赞许中不断巩固，来访者看到了广阔的自我提升前景，并发掘出潜在的力量。

（三）咨询结束后维持影响力

在第三个关键阶段，由于直接联系的结束，来访者会对咨询师产生失望和怨恨，这导致咨询师对他们的影响力受到威胁。在咨询即将按期结束时，来访者会希望将关系维持下去，因为他们需要咨询师的帮助来维持自尊水平。通常，来访者会把咨询师拒绝他们维持帮助关系的要求解读为抛弃或是冷漠。如果咨询师的形象发生了这种不利的变化，来访者将不再坚持依照咨询师制定的规范行事，在联系结束后，对规范的内化也将停止。如果咨询师能够保证给予来访者持续关注，并逐步而不是突然地结束联系，这种分离的负面影响能减少到最小。为了预防在联系结束时可能发生的倒退或其他负面效果，来访者必须将咨询师给予的规范内化，从他人导向的动机向自主导向转变。关于这一过程的影响因素，目前还所知甚少，不过通过交流和训练增强个体责任感，进而促进规范的内化的方式似乎是可行的。这一意图可以在第二阶段就开始，来访者会在第三阶段对自己独自前行充满信心。咨询师也可以提醒来访者自主性和控制力的增强可以带来未来的满足感，以此鼓励他们坚持完成艰难的决定。

三、成为一个可靠的提升者

前文所述的三个关键阶段假设，如果来访者能够对咨询师产生信任、尊重以及依恋的特殊态度，咨询工作的有效性就能够得到提升。这种态度远比对陌生人的喜欢复杂（Berscheid & Walster，1978；Byrne，1971）。

当一个健康咨询师成为一个强有力的规范制定者时，来访者会有何反应？在米勒和德沃金（B. Dworkin）进行的生理反馈训练中，我们可以看到一个鲜活的例子。这两位研究者试图通过言语赞扬帮助高血压患者控制自身的血压。一个年轻的妇女进行了为期十周的艰难训练，阶段性地将舒张压从平均97mmHg的危险水平下降到80mmHg左右，她是这样描述她的训练者的：

> 我总是对巴里·德沃金的鼓励和人格充满依赖。我认为他可以成为一个奥林匹克教练。他对我的状况了如指掌，只有我倾尽全力他才能满意，我不能欺骗他。我感觉我们是朋友也是个同盟——事实上仿佛是我们两个人在降低我的血压。（Jonas，1972）

当一个来访者将咨询师比作奥林匹克教练，她在传递这么一个观点：在她心中教练对待她如同对待一个奥林匹克体育明星。并不是每个咨询工作者能够成为所有来访者心中的奥林匹克教练。但是增进对于咨询关系关键成分的理解（如表9-1中的变量），能够让很多咨询师获得建立和维系有效关系的方法。

我们认为，这一理论框架中着重指出的12个变量适用于所有形式的心理治疗。但是，迄今为止能够在日常咨询工作中充分运用这12个影响因素的咨询师屈指可数。在目前出版的各种基于行为理论、认知理论以及心理动力学理论的咨询治疗指南中，这三个关键阶段受到的重视程度各不相同，大多数行为疗法重视阶段二的影响因素而忽略了阶段一和三。罗杰斯人本主义咨询理念则给予阶段一和阶段三的部分内容很大的重视，阶段二往往被忽略掉；理性情绪疗法及其分支，如认知行为改变技术等，给予了阶段一和二中的相关变量极大的注意，然而却忽略了阶段三。

与三个关键阶段以及咨询师作为可靠自尊提升源相关的这些理论观点能够被运用于其他领域。这些概念提供了一个可以被运用到其他二元关系（如学生和教师、下级和领导、同事、朋友、恋人或是配偶）抑或是群体和其领导等关系中的通用框架。我认为，就本质而言，自尊动力（包含表9-1中总结的变量）在内聚型群体决策和日常咨询中的作用并无二致，尤其是在群体面临着巨大压力，迫切需要相互之间的社会支持时。这类群体包括最高等级的政策制定者，这部分在我关于群体思维的研究中有所涉猎（Janis，1982）。

四、通过伙伴关系提供社会支持

无论是对促进新研究的产生，还是对于重新理解以往的干预研究中一些中介变量的作用，表 9-1 所包含的理论框架都具有重要的启发价值。我将举例对后者进行简单的说明。关于"伙伴系统"有效性的研究就是一个很好的例子。

几十年来，嗜酒者互诚协会以及锡南侬戒毒机构的拥护者声称，伙伴系统在坚持改变不良嗜好方面有重要作用（Alcoholics Anonymous，1939；Yablonsky，1965）。我在对戒烟以及减肥群体的观察中同样发现了建立伙伴关系的潜在价值。在咨询结束之前自发建立伙伴关系并每周通话数次的成员所报告的退步行为要少得多。

为了系统地证明伙伴关系的作用，从 1970 年开始，我和霍夫曼（D. Hoffman）以 30 名重度烟瘾患者为对象，进行了十年的跟踪研究，来考察在咨询师的引导下建立伙伴关系并维持每天通话联络是否会对他们的长期戒烟行为带来帮助，其效果令人印象深刻。研究发现，按照咨询师的安排，在五周中保持每周见面一次、每天通话的实验组（高接触组）来访者，其戒烟的成功率远高于低接触组。在咨询结束一年和十年后进行的长期追踪访谈表明，被指派到高接触组的来访者在很长时期内戒烟的成功率都显著高于其他来访者。

高接触伙伴关系满足了建立有效的帮助关系理论框架中的首要条件。戒烟伙伴之间相互表露私人信息，就如同对咨询师表露一样，这些信息大多和阻碍他们戒烟、产生戒断症状以及其他诱惑相关。而伙伴间的相互表露往往伴随着相互的理解，从而满足了获得影响力的第一个条件。在每周例行见面时，咨询师通过鼓励他们坚持戒烟来明确传达行为规范。而在每天的例行通话中，戒烟伙伴也会相互强调戒烟规范。对治疗期间录下的谈话进行的分析表明，相比之下，成功的伙伴更可能为获得的进步相互表扬，为倒退的行为相互批评，并对为没有取得进步找的借口提出质疑。这样，伙伴间相互使用在第一阶段所获得的影响力，第二阶段的条件也得到了满足。

关于第三个阶段，戒烟伙伴在和咨询师的三人群体治疗结束后依然可以保持相互的联系，这也可以降低和咨询师分离带来的破坏性影响。追踪访谈的证据表明，在咨询结束后，戒烟伙伴间确实维持了平均一个月的相互联系。

由于伙伴间的联系在随后的时间里大幅降低，结束治疗一年以及十年后仍然具有极高的戒烟成功率显然不能被直接归因为伙伴间彼此的直接社会支持，而最可能是因为由咨询师引领的三人小组增加了对个体的驱动力，提高了规范被内化的程度。

我和诺威尔（C. Nowell）于 1982 年进行的一项概念验证型研究证实了通过伙伴关系提供社会支持的有效性，这项研究以减肥诊所的 48 名女性为研究对象。被指定到高接触伙伴关系组（每天通话，维持三周）的来访者减去的体重显著较高，在治疗结束九周后进行的追踪访谈中也可以看出，高接触组被试的反弹也明显较晚。

在同期进行的另一项减肥实验中，我们偶然发现，如果不告诉减肥伙伴，在组成小组之前咨询师会对他们的背景和态度进行严格配对，其效果会好很多。这一结果和根据相似性研究得出的期望相反，我们发现，向来访者透露分组依据信息存在负面影响，这似乎是由于相似性信息会诱使来访者产生过度乐观的期望，并最终导致了失望。在随后的研究中，我们逐渐发现通过伙伴关系提供有效社会支持的其他重要条件。我和霍夫曼（1982），以及和诺威尔（1982）合作进行的研究都表明，在治疗过程中，咨询师利用表 9-1 的变量建立高接触组能够带来治疗效果的提升。

五、关于咨询师–来访者关系的现场实验研究

为了考察理论分析推论出来的一些主要假设，我和同事进行了一系列关于短期咨询治疗效果的现场实验研究，获得了系统性的证据。在研究中，我们侧重于选择能有直接行为指标以测量干预效果的任务（如在减肥诊所中，测量被试减去的体重）。在每个实验中，我们谨慎地改变表 9-1 所

列的 12 个变量中的一个，而维持其他可能的影响因素不变。总体而言，研究的结果提供了支持性的证据，表明这 12 个变量对来访者的依从行为存在显著影响。然而，我们也有一些意想不到的发现，需要对原有的假设进行修改或重建。

当然，以咨询情境下自发寻求特定帮助的被试为对象进行总结存在一定的风险。对于其他种类的咨询治疗而言，这些研究的结果未必适用。此外，我们希望能为咨询师建立、使用以及维持其影响力提供一般性的指导方法，然而以自发来到诊所寻求帮助的来访者为样本未必能够代表总体的状况。因此，不管这些发现有多正确，它们只适用于一小类人群。尽管如此，这一小类人所包含的基数可能也非常庞大。

我们大多数的研究关注咨询师-来访者关系中第一个关键阶段的变量，即考察在什么条件下咨询师建立起其对来访者的影响力。我们假定表 9-1 中规定的前两个条件是必需的。首先，我将对积极反馈的效果进行回顾，因为考察积极反馈的影响比考察建立不同程度的自我表露的影响要简单得多。我们在耶鲁减肥诊所进行了两个考察积极反馈效果的现场实验。实验一的被试是 64 名妇女，实验二是验证性质的，被试为 44 名妇女。在两个实验中，我们都使用了标准访谈，能够诱发所有被试中等程度的自我表露。随后，被试被随机分为三个小组，并给予不同的反馈：（1）持续的积极反馈；（2）持续的中性反馈；（3）以积极反馈为主，伴随着一次轻微消极反馈。结果表明，在三种反馈中，给予一贯积极反馈的被试对咨询师的态度最为积极，通过两个月后体重下降程度来看，来访者对其建议的依从程度也最高。（研究有一个意外的发现，即在特定情境下，中性反馈的效果最好，我将在后面对这一问题进行讨论）

张（P. Chang）的博士论文研究（1977）也验证了持续积极反馈的良好效果。这项研究在康纳利（E. Conelley）的指导下，在南加州大学一个模仿耶鲁模式的减肥诊所中进行。

耶鲁减肥诊所另一项以 80 位肥胖妇女为被试的研究为积极反馈能够促进依从性这一假设提供了进一步的支持。这项格林（L. Greene）的博士论文研究率先介绍了身体接近性这一新变量。格林发现，在访谈时，如果来访者的座椅到咨询师的距离为两英尺的正常水平时，积极的反馈能够诱发出理想的效果，五周后来访者的体重显著降低。然而，如果来访者的座椅到咨询师的距离相对较远（五英尺，这显然会被认为是退缩和疏远的标志）时，积极言语反馈的效果消失了。这些结果和耶鲁减肥诊所其他研究的一些发现相一致：只有咨询师在谈话过程中持续使用积极反馈，同时避免有任何让来访者认为是退缩或是批评的言行，其反馈才能收到良好的效果。

耶鲁大学穆里根（W. Mulligan）的博士论文（1982）同样发现积极反馈存在条件限制。在红十字会呼吁大学生参与献血的活动期间，他进行了两项研究。在一个以 40 名男性为被试的实验中，穆里根发现，和给予中性反馈相比，在献血前的访谈中持续给予积极反馈能够促进学生的依从行为，使更多的学生参与献血。然而，这一结果存在一个先决条件：访谈诱发的自我表露和当前决策冲突无关。在第二个实验中，穆里根找了另外 40 名男性作为被试，并且在访谈中增加了询问其是否愿意献血这一额外问题，这给了被试表达他们不情愿的机会，最终导致实验结果完全相反。这些发现表明，尽管对被试的自我表露给予积极反馈通常比中性反馈有效，但是如果它强化了和推荐者建议相左的决策，其效果会适得其反。尽管咨询师会很谨慎地避免这一情况发生，但在咨询过程中，他们还是可能会无意识地对来访者的拒绝行为表现出理解和同情。

在我刚才引用的研究中，积极反馈都是通过对来访者的自我表露表示理解的形式给出的。例如，一个妇女报告了一个案例来表明她缺乏自控能力，咨询师通常会给予理解和接受，如"可以理解在那时你多么自责并希望改变"。另一种给予积极反馈的形式是在来访者开始执行艰难任务时，咨询师可以对来访者的行为表示赞许，并表示他或她相信来访者拥有克服困难所需要的一切品质。史密斯（A. Smith）在他的博士论文实验（1982）中使用了这种提高自尊的手段。

当时的情境是这样的，在纽黑文市小学教师周末工作坊里，40 名算术教师接受指导，学习新的教学方法。在指导过程中，咨询师随机给予一半教师关于他们专业能力的积极反馈。两周后的暗地观察发现，和接受同样多的指导与训练的对照组相比，得到积极反馈的教师使用新教学方法的频率要高得多。

以上七个现场实验基本证明了由表 9-1 第三个关键变量推导出的假设，但是需要进行一些补充：在咨询师诱发来访者中等程度自我表露的情况下，如果他给予来访者的自我表露以持续可信的积极反馈且没有表现对与规范相反的行为的积极态度，来访者的依从性会上升。

关于阶段一的另一个关键变量，我们在实验中试图验证如下问题：在来访者得到持续积极反馈的情况下，其自我表露程度是否与咨询效果成正比？社会语言学家指出，不管谈话的主题有多么微不足道，每次言语交流都必然会导致一定程度的自我表露（Labov & Fanshel，1977）。当然，在最初的谈话中，来访者自我表露的程度会存在明显差别，这主要取决于咨询师所问的问题。

在耶鲁减肥诊所中，我们通常会进行自我表露程度很低的常规访谈。这种访谈只涉及食物偏好、饮食习惯以及与日常生活相关的问题。而在高自我表露访谈中，我们会询问很多私密问题，如当前和过去快乐或悲伤的事件、身体映像、性生活、关于错误行为的内疚感、内心的渴望以及其他通常不会和家人或密友提及的，只有深层心理学才会关注的问题。中等程度的自我表露则介于这两者之间，其问题通常包括关于个人的优缺点、烦恼、抱负等类似问题，对这类问题他们会和好朋友和亲戚坦诚交流，但通常不会告诉陌生人。在一系列研究中，我们通过改变咨询师的问题来诱发不同程度的自我表露，同时保持咨询师的人格、访谈的长度、给出的建议以及其他任何我们认为可能对结果产生影响的因素不变。对来访者回答进行的系统分析表明，我们试图诱发的较低和中等程度自我表露的来访者，与较高程度自我表露的来访者，在自我表露的数量和程度上都存在着显著的差异。

在三个现场实验中，我们考察了从阶段一推导出来的假设：在咨询之初，和诱发较低程度自我表露相比，诱发中等程度的自我表露在增强来访者依从性方面效果更好（在咨询师表现出接纳等积极反馈并且没有表现出冷漠、拒绝或敌意的情况下）。

第一个实验由科尔顿（M. E. Colten）和我在耶鲁减肥诊所进行，被试是 80 名女性。尽管实验的结果并不非常明确，我们倾向于认为结果还是支持了原假设。在咨询师对来访者的言论给予持续积极反馈的情况下，和中等自我表露且填制平衡表（能够诱发被试对减肥可能带来正反两方面后果的自我表露）的被试相比，低自我表露被试表现出的依从行为更少，其体重减轻程度也显著较低。

另外两个实验由奎兰、我和巴尔斯（V. Bales）（1982）在耶鲁减肥诊所进行，被试是 72 名女性。这两个实验为自我表露假设提供了更为明确的证据（同样存在条件限制，下文详谈）。穆里根对男大学生献血行为的研究同样表明，诱发中等程度自我表露比较低程度自我表露更为有效。穆里根的研究排除了关于第一个关键阶段的理论分析只适用于存在自我控制缺陷的人群的可能性，因而其验证性结果令人印象深刻。

另外的现场研究并不支持自我表露越多越好的观点。两个减肥研究——一个由奎兰和我（1982）进行，被试为 54 名妇女；另一个由雷斯金德（J. Riskind）和我（1982）进行，被试为 74 位妇女——表明，诱发了较高自我表露的被试，其依从性显著低于诱发了中等自我表露的被试。在这些研究中，高自我表露访谈涉及一系列私密的信息，比如个体的缺点和弱点，这些信息几乎不会被透露给他人，哪怕是最亲密的朋友。这类似于深层心理学家在治疗暴饮暴食、抽烟、酗酒等行为时所使用的深层访谈技术。研究发现，如果没有后续的心理治疗，这种深层访谈在改变来访者行为方面效果远逊于中度访谈。

一系列研究表明，中度自我表露比低自我表露有效，而另一些研究表明高自我表露效果较中度自我表露低，可以由此推出，自我表露水平与来访者依从性之间并不存在线性关系。可以推测，自我表露水平和依从性的函数曲线应该是倒 U 形的，在这一点上它同很多其他同时具有促进和抑制效果的变量一样。这一结果有待进一步的研究进行系统考察。

是什么导致了高自我表露的不利影响？不同类型自我表露研究中所测量表及小样本追踪研究的结果都给出了一致的答案。在随后的一项研究中，我们在诱发 18 个来访者高度和中度自我表露后随即对其进行访谈。访谈发现了两个不利的影响因素。首先，很多信息表明，在高自我表露情境下，即使咨询师给予了很多积极的评价与理解，来访者仍然有些士气低落。在回顾了所有的个人弱点后，一些来访者报告了对于自身以及治疗过程的不满意，同时他们的自信也开始动摇。在这种情况下，来访者对于自己能够执行困难任务（如坚持低卡路里饮食习惯）的信心降到极低。换言之，在最初访谈中诱发高自我表露会降低来访者的自尊，即使咨询师持续给予积极反馈也于事无补。

第二个不利效应表现得更为间接和隐晦，即来访者对于是否和咨询师建立起依赖关系的心理冲突相对上升。例如，一些来访者似乎显示出过分卷入的倾向，他们希望咨询师能够给予他们更多的时间和更直接的建议，不仅是对于当前问题的，也包括高自我表露中涉及的其他问题（例如婚姻问题）。

而中度或低自我表露的来访者则不同，他们更少将咨询师看作溺爱的父母或是引导他们解决所有问题的救星。在最初阶段的咨询结束后，他们能更平静地接受和咨询师友好且务实的关系，不会为得到的帮助较少而感觉不满。他们认为咨询师能够产生共情，给予他们真诚的帮助，并很好地完成自身的工作；他们也更不期望沉迷于类似父母角色所产生的温情中。

阶段一的第三个变量是帮助来访者深入分析并进行认知重构，这不是建立有效咨询帮助关系的必要条件，但是我们预期它能够通过提高咨询师的影响力最终得到增强依从性的效果。兰格（Langer）、我和沃尔弗（Wolfer）（1975）进行的一项研究为认知重构存在积极作用提供了支持。在研究中，咨询师对即将进行外科手术的病人进行了一个简短的术前访谈，讨论他们的个人感受以及对于即将到来的手术的恐惧。每个病人都被告知一些可以通过接受治疗获得的益处（例如健康状况的改进，医院提供的照料和关注，短暂远离外界压力的假期）。随后，病人被要求想象和自己有关的积极结果。最后，咨询师建议病人每次为手术可能的消极后果而感到不安时就开始回忆想象的积极结果。他们鼓励病人将积极的结果想象得尽可能真实，以强调建议的初衷并非是让他们欺骗自己。设计这一术前访谈的目的是促进病人的乐观情绪并使其意识到所做选择的预期收益要高于损失。

实验结果支持了如下预测：为病人提供认知重构策略能够降低手术前后的心理压力，并减少决策后的后悔感受。进行过重构干预的病人无论是在术前护士对病人的压力评估还是在术后病人抱怨的频率和强度（通过镇痛剂、镇静剂使用程度衡量）上都要低很多。然而，这一结果也存在着一些模糊不清的地方，即认知重构的积极效果到底是由于和心理学家建立起更强有力的支持关系而产生的（变量 3），还是通过改变病人的内在机制，如自信心的上升而产生的（变量 12）。

此后进行的一系列研究也对认知重构策略的有效性进行了支持，但是其解释同样存在模糊不清的地方。其中肯德尔（Kendall）等人通过研究发现，对于不得不进行心脏导管插入手术的病人，进行认知重构能够获得很好的效果。研究通过自评和他评（外科医生和医技人员）对病人手术期间的心理压力进行评定。另一项有控制的现场研究表明，鼓励病人进行积极自我对话能够有效缓解和降低紧张性头痛的发病频率、持续时间和强度（Holroyd，Andrasik & Westbrook，1977）。类似的重评干预措施，包括积极自我谈话已经被认知行为改变技术的支持者应用到慢性焦虑、愤怒、疼痛的治疗中。

接下来让我们关注表 9-1 第二阶段的变量，即支持性的咨询关系对促进个体坚持困难决策的影响。首先是变量 4，对来访者提出明确的建议对其行为的影响，目前我们还只有间接的证据。例如，一项组成伙伴关系的重度烟瘾患者戒烟的研究（以 20 个吸烟者为被试）发现，在咨询师只给来访者指派了伙伴，随后停止直接联系的情况下，伙伴关系只在最初的一个月内有短暂的效果，随后在所有的案例中都出现了倒退。当咨询师主持五次每周例会，并在会上明确给出反对吸烟的建议（表 9-1 变量 4）后，同样类型被试的吸烟行为在一年以及十年后都表现出显著且持续的降低（Janis & Hoffman，1982）。

詹姆斯·米勒（J. C. Miller）和我（1973）在耶鲁大学进行的研究也发现了类似的现象。研究表明，如果没有被给予直接的规范要求，学生组成伙伴的效果可能会适得其反。伙伴关系并没有让学生提供相互支持并降低其选择到耶鲁大学的悔意，反而影响了学生的士气和对大学生活的适应，导致他们倾向于辍学。

关于变量 5（诱发承诺），先前其他研究者的研究反复证明，承诺对坚持执行艰难决定有积极作用。这些研究包括基斯勒（C. Kiesler，1971）和其他社会心理学家的研究，以及临床心理学家关于如何有效引导来访者起草并签署书面合同的研究（Cormier & Cormier，1979）。

关于承诺的研究表明，如果给予一个人机会对不同选择进行深入思考，随后让其对尊敬的人如医生或减肥诊所的健康咨询师宣布他的决定，那么为了避免可预期的咨询师或自身的责难，个体会倾向于坚定执行该决策（Janis & Mann，1977；Kiesler，1971；McFall & Hammen，1971）。有研究者（McFall & Hammen，1971）的研究表明，咨询师的三个简单策略能够有效帮助重度烟瘾患者戒烟——引起关于承诺的声明，提醒戒烟者承诺的内容，以及指导其进行自我监控。这种频繁的提醒使得承诺具有凸显性。实践表明，这三者的简单组合的效果不逊于戒烟诊所精心设计的治疗方案。

关于诱发承诺积极效果的发现改变了现代心理学中关于自我控制的观念。早期的心理学家认为，自我控制，例如坚持戒烟或节食，几乎完全是由个体的特质如自我坚忍性以及冲动控制所决定的，类似于普通人认为的这些行为只和是否具有意志力有关。但是，如同堪福尔和卡洛里（Kanfer & Karoly，1972）所强调的，关于自我控制现象的研究证据表明，自我控制应该是环境变量和个人特质共同作用的结果。情境或环境的决定因素包括能够影响决策者所感知到的承诺明确程度以及选择自主程度（自由选择）的变量，这两者都能通过建立个体责任意识来促进随后的自我控制行为（变量 8 和 11）。

前文的结论和临床研究中让被试签署正式协议能够增强其遵守规范的可能性的结果相一致。例如，斯特克尔和斯维恩（Stekel & Swain，1977）发现，如果能够帮助高度紧张的患者制定每个阶段可行的步骤（如改变饮食结构）并以合同的形式写下来，他们对规范的遵守程度显著较高。

关于表 9-1 的阶段二其余变量以及阶段三的变量的研究工作仍在进行中。对于其中一些变量，目前已经获得了零散的发现，并且为将来系统的考察提供了依据和保证。从现有研究中一些出人意料的发现来看，我们获得了一些新的启示，比如自尊建立在改进来访者自我控制能力过程中的中介作用尤其值得重视。例如，我们减肥诊所的跟踪访谈似乎支持戴维森和瓦林斯（Davison & Valins，1969）研究的结论，即当个体将行为改变的原因归因于自身而不是外界时，他们更可能维持这种改变。我注意到，减肥诊所一些最为成功的来访者通过一系列步骤将他人导向驱动转变为自身导向驱动。首先，他们开始感觉在咨询师的帮助下他们能够坚持节食。在节食的第一周内，他们进入第二个步骤，开始感到"在大多数时候我能自己完成，只要你仍然可以给我一些支持和鼓励"。第三个步骤开始于他们减去一些体重并意识到事实上他们基本是靠自己的力量完成这一任务的。他们就开始感觉"一开始我需要你的帮助，现在我可以自己来完成，只要其他人能给我一点点支持"。最终，当他们意识到自己能够控制饮食时就进入了最后一个步骤，他们会感到"我能够完全依靠自己来完成这一任务，并且我已经证明了我可以"。在克服倒退诱惑最成功的来访者中，最终形成自我信赖态度的占据了绝大多数。

我认为，如果咨询师能够为来访者关于个体责任的自我对话提供逐步的指导，这一从依赖向自我信赖转变的过程能够为很多来访者带来帮助（变量8和11）。在最初的咨询中，咨询师可以就依赖问题做一次坦率的陈述，在描述上述步骤后设定自我信赖的最终目标。随后，在适当的时机鼓励来访者尝试着进入下一个步骤。在来访者成功减去部分体重后，咨询师可以鼓励其进行包含自我依赖这一最终态度的自我对话。关于这一过程的研究最近已经开始进行。

六、总结

上文简述的一系列现场研究，旨在验证就建立有效帮助关系的理论分析所推导出的一些假设，这些研究的发现似乎和大量临床观察不谋而合。在此我不得不提出一个多少有些令人泄气的问题：在追寻我们的最初目标——将咨询的艺术转化为咨询的科学的道路上，我们已经走了多远？我的答案是：一段路，但是并不远。之前我曾经提到，在我们对短期咨询的研究中，我的同事和我试图在构建可靠的理论框架和在临床观察中获得系统性证据支持两条道路上齐头并进。事实表明，我们基于对成功和失败咨询案例的观察总结而得出来的理论模型，对短期咨询研究的变量选择有很好的指导意义。第一阶段即如何建立起有效的咨询师-来访者关系所涉及的关键变量，在一系列现场研究中得到了很好的验证。关于第二阶段，变量5（承诺）已经得到了很多研究者的系统研究，并被证实确实有效。对于第二阶段的其余变量以及第三阶段的所有变量，我们目前还只有零散的证据，但是这些证据足以表明，对这些变量进行系统研究是可行的。在我最近一本专著中，我对这一理论框架下的相关研究进行了详细的介绍，在这里，我认为有必要引用这一专著的总结段作为我对研究现状的最终评论：

志在探索咨询关系的同道们，就如同致力于研究其他人类行为问题的心理学家一样，显然不得不接受进步如同蜗牛爬行般缓慢的事实。我们系统地考察最有希望的假设，使用现有最好的研究方法，意图获得咨询科学的某些进步。让我们扪心自问：我们是否不满足于这个缓慢积累真理的过程，期望获得咨询研究的更快突破呢？如果答案是"是"，我们就需要成为自己的咨询师，怀抱必胜的希望，建立必胜的自信。

链接：《决策：关于冲突、选择和承诺的心理分析》简介

该书出版于 1977 年。全书聚焦于一个问题：在不同情况下人们会产生何种决策应对模式？作者尝试为"人们如何应对重大决策"提供了一个综合性的描述性理论。这一模型认为，人们会表现出五种独特的应对模式，其中四种有缺陷的应对模式包括非冲突惯性型、非冲突改变型、过度警觉型、防御回避型；另一种有效的应对模式则是警觉型。书中为这一理论提供了丰富的例证，这些例证来自于实验室实验、田野研究、自传和传记类资料、对管理决策和外交决策的分析。最后，作者对这一理论模型的不足之处做了讨论，并为涉及冲突、选择和承诺的心理过程的后续研究和如何提高决策质量提供了建议。整体来看，这本著作从更高、更广阔的视角来分析决策模式，提出了一个具有思想启发性的模型。其目的在于：(1)考察个体不同心理状态对其决策行为的影响；(2)探讨在什么心理状态下个体能够做出最优决策。 这是这一领域少有的、文献收集很全面的著作。

链接: 《关键决策: 政策制定和危机管理的领导能力》 简介

该书出版于 20 世纪 80 年代末，但至今仍然不过时。 它包括五部分内容。 第一部分对理论进行介绍，梳理了成功与不成功的政策制定的原因，分析避免糟糕决策的方法，呈现社会科学家的争议，随后提出理论整合的愿景，并使用有力的证据和例证来支持其理论框架。 第二部分描述了各种约束条件诱发的普遍使用的简单策略，具体介绍了三种应用于高层决策的典型的、快速而简易的决策规则，这些简单策略包括：认知式决策规则(第二章)、附属式决策规则(第三章)、自我满足和激励规则(第四章)。 第三部分介绍了高质量的决策程序。 具体来说，第五章详细介绍了警觉型问题解决方式，第六章则指出，高质量的决策方法已是"濒危物种"，需要投入更多精力来培养与维护这些决策方法。 第四部分提出决策过程的约束模型这一新的理论框架(第七章)，并探讨了其优势与不足之处(第八章)。 第五部分对约束模型进行展望，具体来讲，第九章分析了"谁将成为好的决策者，谁将不会?"背后的人格差异；第十章则扩展了约束模型，提出一些关于有效领导实践的新假设。

压力应对与决策冲突模型中的心理健康思想

提起詹尼斯，人们总是冠以"团体思维"创立者的美誉，这是对詹尼斯在团体动力学领域所做贡献的充分肯定。事实上，团体思维研究只是詹尼斯关于心理压力以及决策的理论在团体层面的扩展。在涉足团体动力学研究之前，詹尼斯一直在以临床心理学家的身份进行心理健康研究工作。他的心理健康研究紧紧围绕三个方面进行：第一，心理压力，具体指的是在面临战争或是外科手术等可能带来创伤和疼痛的事件时个体感受到的心理压力；第二，决策冲突的应对，即探讨帮助个体维持适当水平的心理压力，做出最优选择的策略；第三，变化促进者（change agents）的社会影响，即探讨咨询师如何才能有效促进个体的行为改变。他希望通过这些研究帮助个体降低不必要的心理压力，更加从容幸福地生活。最后，詹尼斯还把研究的成果推广到国家外交策略的制定方面，希望通过对高压力下理性决策行为的研究，减少错误决策，促进世界的和平。

一、决策冲突模型提出的背景

决策冲突模型是詹尼斯最重要的贡献之一，也是詹尼斯整个理论体系的基石之一，具有很高的理论价值和实践意义。鉴于国内对其推介不多，下文将对这一理论模型及衍生的咨询干预策略进行系统阐述。

决策冲突模型是詹尼斯和曼在对个体的决策行为进行深入分析的基础上产生的，它主要研究个体在不同的决策情境下的不同应对方式、与应对方式相对应的心理压力状况，以及这种心理压力对其最终决策质量的影响。

在他们提出决策冲突模型之前，个体的决策已经是一个热门领域，涌现了诸如主观期望效用模型、健康信念模型等一系列的理性决策理论。这些理论将"人能够理性地做出决策"作为其理论前提和基础，考察个体在不同情境下如何做出最优决策。

同时，一些心理学家开始关注决策对个体的心理产生的影响。研究者（Gerard，1967；Mann，Janis & Chaplin，1969）发现，需要做出重要决策时，个体的心理压力会激发一系列焦虑反应，使个体产生诸如烦躁、易怒、失眠、食欲不振以及其他症状，如果不能将心理压力维持在一个适当水平，会严重影响个体的身心健康。

詹尼斯在咨询工作中发现，个体这种心理压力往往有两个来源：首先，决策者需要考虑任何一个备选方案可能会带来的物质和社会资源的损失；其次，一旦决策失误，决策者作为"胜任的决策者"的名声以及自尊都会受到威胁。可能造成的损失越大，决策者感受到的心理压力也就越大。这些压力导致了决策者时常会进退维谷。同时，詹尼斯发现，这种心理压力本身又是个体产生非理性决策行为的一个主要原因，尤其是在决策者急切地试图摆脱心理压力时。因此，詹尼斯提出，传统的理性决策理论将个体的心理状况排除在理论视角之外是不适当的，决策的主体是人，脱离人本身的状态谈决策，即使理论本身具有再高的学术价值，其结果距离实际生活以及在咨询工作中应用都差之甚远。

在这一思路的指引下，詹尼斯和曼提出了决策冲突模型，其目的在于：(1) 考察个体不同心理状态对其决策行为存在的影响；(2) 探讨在什么心理状态下个体能够做出最优决策。为了和传统的决策理论进行区分，詹尼斯参照阿贝尔森的"热认知"概念，将决策行为分为"冷决策"和"热决策"。所谓的冷决策，是指不会唤起个体太多情绪反应的决策行为。在冷决策过程中，备选选项的心理效用通常很低，并很容易进行计算，例如个体在午餐吃牛肉还是鱼肉之间做出选择就是冷决策。而决策冲突模型研究的对象——热决策，则是"个体就高自我卷入的事件做出的决策"(Janis & Mann，1977)，热决策的内容往往与决策者自身的健康、发展、安全等方面息息相关，能够唤起个体强烈的情绪反应，导致其在决策时面临着巨大的心理压力。个体在配偶选择、职业生涯规划以及是否接受外科手术等问题上做出的选择通常属于热决策。

二、决策冲突模型的内容

在分析大量相关文献的基础上，结合自身临床观察，詹尼斯提出三个决定决策者行为的重要条件：第一，个体是否意识到做出任一选择都会存在严重风险；第二，是否存在寻找到更优选择的希望；第三，在决策之前是否有足够的时间来调查分析以找出更优选择。詹尼斯认为，根据这三个条件的不同，决策者会产生不同程度的心理压力，并采取不同应对方式，由此，他和曼建立了詹尼斯-曼决策冲突模型（见图9-1）。

这一模型认为，个体在应对风险时主要的行为模式有五种，分别如下。

1. 无冲突坚持。在这种模式下，个体自满于既有的对策，认为继续原有的行为方式不存在大的风险，因而个体选择坚持原有的行为。采用这种应对方式时个体感受到很低的心理压力。

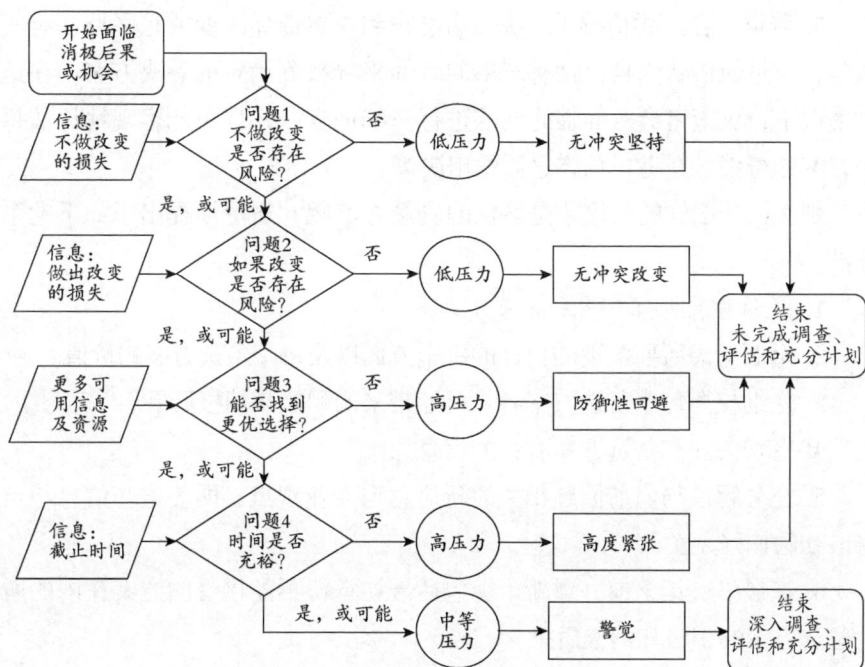

图 9-1 詹尼斯-曼决策冲突模型

2. 无冲突改变。在这种模式下，决策者意识到如果不改变原有的行为会存在较大风险，所以他毫不犹豫地接受最为容易的降低风险的方法，或是他人极力推荐的方法，改变自身原有的行为方式。这种方式带来的心理压力也很低。

3. 防御性回避。在无论选择坚持还是改变都会存在较大风险时，决策者就会感受到冲突，心理压力也骤然增加。他们会评估寻找到更好解决方式的可能性，如果不能，他们通常会采取防御性回避策略。如将决策行为向后拖延，将决策的责任推脱给他人，或是将一厢情愿的想法合理化，而选择性地忽视与风险相关的信息。

4. 高度紧张。在这一阶段，决策者认识到，无论选择坚持还是改变都存在风险，在对问题进行充分调查评估的基础上寻找到更好的解决方式是可能的。然而当剩余的时间不足以完成这个流程时，他们就会进入高度紧张的状态，在极端情况下，高度紧张类似于恐慌。

5. 警觉。在这种情况下，决策者意识到简单选择改变或是坚持都有其风险，但是他们认为自己拥有充裕的时间来寻找到满意的解决方案。在这种情况下，决策者会对面临的问题进行仔细调查，并尽可能客观地评估每个方案的得失，在考虑周详之后做出决策。

那么，什么样的决策才是最优的决策方案呢？詹尼斯提出了如下七个标准。

1. 仔细考虑所有可能的备选方案。

2. 全面考虑所要实现的目标的每个方面以及每个备选方案的价值。

3. 仔细权衡每个备选方案各自可能带来的积极和消极后果。

4. 密切关注和备选方案有关的信息。

5. 充分解读与当前问题相关的新信息与专业观点，即使这些信息与自身最初的偏好无关。

6. 在最终决策之前，重新审视包括最初觉得不能接受的方案在内的所有备选方案的积极和消极后果。

7. 确定执行既定选择的细节条目，并制订各种可能风险发生时的应对计划。

以这七个标准为准绳，詹尼斯和曼对五种应对模式进行了分析，其结果见表 9-2。

表 9-2　五种应对方式的决策前行为特点

应对模式	仔细考虑备选方案	全面评估目标价值	仔细权衡备选方案		全面收集相关信息	客观解读新信息	重新评估所有方案	制订执行方案及风险应对计划
			原有应对方式	新应对方式				
无冲突坚持	-	-	-	-	-	+	-	-
无冲突改变	-	-	+	-	-	+	-	-
防御性回避	-	-	-	-	-	-	-	-
高度紧张	-	-	±	±	±	±	-	-
警觉	+	+	+	+	+	+	+	+

注：+表示决策者能够达到标准

　　-表示决策者不能达到标准

　　±表示决策者的表现波动，时而达到标准，时而不能詹尼斯认为，每种应对模式都有其优缺点，适合不同的决策环境。在五种应对模式中，无冲突坚持和无冲突改变能够节省时间，减少因决策而付出的努力，同时也减少心理折磨，通常适用于常规事件的决策。然而，如果决策者使用这两种方法应对重要决策，其决策结果往往存在很大的缺陷。类似的，防御性回避策略以及高度紧张策略在有些情况下是有适应性的，但是这些策略会减少个体规避严重风险的机会。因此，这四种应对方式都不完美，通常会导致决策之后的悔恨懊恼行为。而第五种应对方式，即警觉，通常能够产生高质量的决策。

三、基于决策冲突模型的干预策略

作为一个临床心理学工作者，如何帮助个体尽可能地做出理性决策，避免其在决策过程中承受不必要的心理压力，并减少决策后后悔的可能性，是詹尼斯最为关注的问题。在与曼共同提出决策冲突模型后，他针对各种应对方式进行了大量有控制的现场研究，尝试各种咨询手段，以寻求行之有效的干预策略。詹尼斯将干预方案分为改变原有决策方式的干预方案以及提升决策质量的干预方案两种，下文简要介绍詹尼斯认为最为实用的几种干预技术。

（一）改变原有决策方式的干预方案

1. 情绪角色扮演技术

情绪角色扮演（emotional role-playing）是詹尼斯运用的一项心理剧技术，即让个体扮演某个角色，通过特定的实验刺激使其经历强烈的情绪唤起，进而改变其决策行为。例如，在 1965 年的一项研究中，詹尼斯以 14 名女性烟瘾患者为被试，使用了情绪角色扮演技术。在实验中，被试被要求扮演刚被医生告知罹患肺癌的病人。结果发现，和控制组相比，由逼真的场景引发的高度恐惧和警觉能够显著改变被试对于吸烟的态度和行为。

詹尼斯认为，决定情绪角色扮演技术成败的关键因素是对个体体验到的情绪唤起强度的控制。一方面，这个刺激要唤起足够的焦虑，促使个体对原有的决策方式进行反思；另一方面，给其造成的心理压力不能过大，否则很容易引发防御性回避或是高度紧张策略。

2. 警惕合理化技术

警惕合理化（awareness of rationalization）技术主要针对采用防御性回避应对方式的个体。在临床实践过程中，詹尼斯发现，通过进行苏格拉底式对话（Socratic dialogue）、提供得失的具体信息、纠正对剩余时间的低估倾向等方式可以有效提升处于无冲突坚持、无冲突改变以及高度紧张状态的来访者的决策质量。而处于防御性回避的个体则不同，为了避免再度唤起冲突产生的心理压力，他们往往会有选择地接受有利的相关信息，将自身的行为合理化。

为了解决这一问题，詹尼斯开发了警惕合理化技术，其具体流程如下：在使用该技术前，咨询师先向来访者强调"坦率地承认自己的想法和感觉"的重要性，随后，给予来访者一系列的陈述，即通常使用的将自身行为合理化的借口（例如"抽烟会导致肺癌的证据还不充分""如果我停止吸烟，我的体重会增长很快"等），询问来访者有没有觉察到自己也存在使用某个借口的倾向。最后，咨询师通过录音和电影对每种合理化的借口进行批驳。研究发现，虽然警惕合理化技术不能直接起到治疗的效果，但是，引导来访者发现自身存在的合理化倾向能够有助于减少其对外界警告信息的抗拒，为进一步的治疗打下基础。

（二）提升决策质量的干预方案

1. 决策平衡表技术

决策平衡表（balance sheeting）技术由来已久，主要是通过让决策者对不同备选方案带来的后果进行客观分析，协助决策者在决策之前全面权衡得失。詹尼斯认为，如果没有系统的分析，哪怕是再细心的人也可能会忽视某些选择的潜在损失，或对某些选择的收益抱有错误的期待。因而，他在临床研究的基础上对原有的平衡表技术进行了改进，将个体需要做出判断的对象分为四类：自身的得失、他人的得失、自我肯定或否定、他人的肯定或否定（见表9-3）。

詹尼斯在一系列研究中考察了平衡表技术的使用效果，发现这一技术能够有效降低决策之后的后悔程度并增强对既定决策的坚持性。

表 9-3　职业选择的决策平衡表

类型	备选			
	选择一		选择二	
	+	-	+	-
自身的得失： 收入 工作难度 升迁机会 空闲时间 其他				
他人的得失： 家庭收入 留给家庭的时间 其他				
自我肯定或否定： 贡献社会带来的自尊 是否是实现人生目标的机会 其他				
他人的肯定或否定： 父母 妻子（或丈夫） 其他				

2. 结局心理剧技术

结局心理剧（outcome psychodrama）技术是詹尼斯在一系列研究中逐步发展起来的一种干预策略。这一技术让来访者将自己投射到未来，来即兴表演做出每项选择之后未来可能发生的事件。为了能够更全面地考察选择潜在的风险和结果，这一过程往往会重复进行许多次。最初，詹尼斯将这项技术使用在遇到婚姻问题的来访者身上，让来访者表演离婚或维持现状的可能后果。结果表明，每个案例中，个体的决策都向着"警觉"的方向发展。同时，结局心理剧能够通过提供更多可能项目的方式提升决策平衡表的使用效果。

此外，詹尼斯还尝试了诸如苏格拉底式对话策略、诱发认知失调（induced cognitive dissonance）策略等，给出了使用一系列针对不同类型患者的干预策略的指导意见。

四、詹尼斯的贡献及对他的评价

"生存还是死亡，这是一个问题。"长久以来，决策一直是一个困扰人类的重要问题。毋庸置疑，决策问题和人类的心理健康息息相关，无论是决策之前的心理压力，还是决策之后的坚持执行，抑或是决策失误的悔恨懊恼，都会对决策者的心理产生重大影响。如何做出高质量决策，不仅是管理学、经济学和运筹学所关注的对象，更是健康心理学家所面临的重要课题之一。在这一方面，詹尼斯的研究是开创性的，他将心理压力与决策行为结合，开拓了心理学研究的一个全新的领域，并为其后30年的相关研究奠定了基础；他的决策冲突模型以及社会支持理论，在40多年后的今天看来仍有其独特的价值，给研究者以启发。他所创立和使用的很多咨询干预方法在当今仍然得到广泛应用，为受决策行为困扰的人们提供帮助；他用实验研究验证了经过专门训练的心理工作者在帮助病人坚持听从医嘱方面所起到的重要作用，给心理健康工作开辟了一个广阔的发展空间。

（一）詹尼斯的主要贡献

1. 临床工作方面

詹尼斯对心理健康领域发展所做的贡献是巨大的。他毕生从事临床咨询工作，切实了解公众的心理健康问题，并有的放矢地寻找对策。他所开发、修订的心理咨询技术，如上文介绍的情绪角色扮演、警惕合理化、决策平衡表、苏格拉底式对话等，集合了诸如精神分析、格式塔、人本主义等学派的理论思想，在长期的实践工作中被证明是切实有效的态度、行为及决策改变方法，时至今日，仍然为世界各地的咨询师，乃至普通民众所广为使用，为帮助人们减少决策冲突的困扰、实现心理健康以及过从容幸福的生活发挥着积极的作用。

2. 理论构建方面

难能可贵的是，作为一个临床工作者，詹尼斯从不忽视理论构建工作。在他看来，心理咨询工作不能只停留在经验积累和传播上，只有上升到理论高度，才能在更大范围内产生影响，为更多的人谋福祉。因而，他一生中从未停止过理论的构建工作。现实生活的需要是詹尼斯所有理论的出发点和落脚点，正如他在《压力、态度和决策：论文精选》（*Stress，Attitudes and Decisions：Selected Papers*）一书前言中所说的：我认为，下面这个问题是对所有心理健康基础理论的一个考核标准，即"这个理论能否促进干预措施的产生，以有效地帮助人们避免心理创伤，实现其目标或是改善他们的生活质量？"在这一思想的指引下，无论是他的决策冲突理论、社会支持理论，还是关于心理创伤的理论体系，一经提出，随即就对临床心理健康工作乃至公众社会生活产生积极而巨大的影响。

以他的主要研究领域，戒烟和减肥为例，在 20 世纪 70 年代，美国心脑血管疾病和癌症的死亡率达到巅峰，政府在医学技术和设备研发上投入了大量的资金却收效甚微，公众对于这类疾病充满了恐慌和无助。随后的研究发现，民众不健康的生活方式，如吸烟、酗酒、不良饮食习惯等与其罹患心脑血管疾病、癌症之间存在着密切的联系。在这一背景下，詹尼斯将初具雏形的决策冲突理论运用到咨询工作中，协助民众做出理性的戒烟、减肥决策，摸索出一整套通过提供社会支持促使其坚持既定决策的干预措施，并卓有成效地进行了推广。到了 20 世纪 70 年代末期，美国心脑血管疾病及癌症的死亡率呈现明显下降的趋势，虽然这不能完全归因于詹尼斯的努力，但是可以肯定，詹尼斯作为一个健康心理学工作者，在这一过程中发挥了其应当发挥的社会作用。这些研究的开展和理论的提出，增进了人们对心理咨询的了解，扩大了咨询工作的社会影响，促进了心理健康职业的飞速发展。

3. 促进学科进步方面

值得注意的是詹尼斯在促进心理健康咨询科学化过程中所起的重要作用。把心理咨询从一门艺术转化为一门科学是他毕生追求的目标。

在具体工作中，詹尼斯着重强调心理健康理论研究必须要和实验研究相结合。他的大部分理论构思来源于临床工作中的观察和思考。然而，詹尼斯对现象学因果分析的可靠性存在深深的质疑。相对于许多同时代的心理学家，詹尼斯提出的理论并不多，他不能容忍将通过几个个案的观察得到的结果草率地归纳成理论的行为。每一个理论构思，他都会设计一系列精巧的实验对其进行严谨的验证、修改。正如他自己所言："我最欣赏的是那些始于理论、终于理论，但两者并不相同的研究。"他一直强调，设计实验不能仅仅为了考察某一理论推导出来的假设的正确性，而要同时考察使这些假设成立的条件限制。毫不夸张地说，詹尼斯为数不多的理论，个个都是"十年磨一剑"的产物。

在具体研究方法的选择上，詹尼斯从不掩饰自己对于有控制的现场实验（controlled field experiment）的偏爱，他认为这种方法如果使用得当，能够集实验室实验、社会调查等多种方法的优点于一身。对于干预方法，詹尼斯同样会设计实验对其进行系统研究，考察其适用的人群以及发生作用的条件。

得益于这种严谨治学之风，詹尼斯的心理健康理论在产生深远影响的同时却很少受到其他学者的质疑和抨击，这在心理学发展史上都是不多见的。

4. 应用方面

詹尼斯指出：在基础研究和应用研究之间不该也不能画一条界线。在严格验证自身理论，确信其蕴含着真理的成分之后，詹尼斯会将其充分运用到各个领域。

以决策冲突理论为例，詹尼斯用这一理论帮助了众多受戒烟、减肥、婚姻冲突、择校、职业生涯规划等问题困扰的人，同时也将其运用在自身的生活与决策中。拉赛特（B. Russett）曾经回忆：在1972年，《冲突解决杂志》（*Journal of Conflict Resolution*）将编辑部搬到了耶鲁大学后，我们随即邀请詹尼斯担任编辑部的主席。我现在还能清晰地回忆起他教科书般的决策过程：詹尼斯拒绝当场给出任何承诺，在随后的几天中，他如同进行一项研究般认真分析了接受或拒绝这一职务的理由，最终做出了接受的决定。

在其生命的最后几年，詹尼斯将决策行为从个体的心理健康领域扩展到外交政策制定领域，考察国家领导集团在古巴导弹危机、核威胁等压力情境下的决策行为。詹尼斯在第二次世界大战中的经历使得他对战争的残酷以及战争对军人、普通民众所造成的心理创伤有着深入的了解，他希望通过对以往错误行为的研究和分析，为之后的决策提供警示和参考，以避免不必要的国家冲突，促进世界和平。

（二）我们的观点

在我们看来，詹尼斯是心理学研究者的典范。在生活中，他谦逊有礼，温文尔雅，深具人格魅力；在学术上，他关注现实问题，注重理论建立，又能做到理论应用于实际。他把毕生精力贡献给所钟爱的心理学研究工作，以全人类健康、幸福、和平为最终目标。如果一定要挑出不足之处的话，我们认为，詹尼斯的心理健康理论建构稍显狭隘，他的理论大都是专门性的，直接针对需要研究的具体问题，并以解决该问题为理论构建的最终目的，较少表现出对人性的深入思考，也没有建立更为宏大的理论体系。这似乎不能称之为缺点，只能算是一种遗憾。

五、结语

最后，让我们用美国心理学会将 1981 年的"杰出科学贡献奖"授予詹尼斯时的评语作为对詹尼斯思想及贡献最为恰如其分的总结：授予这个奖是由于他对于冲突的理解以及解决所做的贡献；无论是在家庭中还是在实验室中，他通过开创性的实验以及细致的观察深入研究了个体间及群体间的冲突；他关于说服以及决策的研究有着里程碑般的贡献；他在压力以及自我调整方面所做的开辟性研究是健康心理学的基石；他关于群体思维的分析剖析了群体决策的误区，并为政策制定提供了参考；他的成就不仅为心理学，也为其他社会科学提供了理论和实证基础。

第 10 章

拉扎鲁斯：
良好的应对代表着弹性

拉扎鲁斯是美国著名的心理学家，是应对研究的翘楚与领导者。他非常善于从有趣的现场实验研究中，捕捉到时常被人们忽视的"灵感"。在一个实验研究中，他给大学生被试播放了一部名为《创伤》（Subincision）的无声影片。该影片描绘了澳大利亚石器时代的原始部落中，男孩在成人典礼中接受生殖器包皮环切手术的情境；共有六例这样的手术，手术原始、简陋，那些男孩显得无比痛苦，电影共持续 17 分钟。他敏锐地发现，如果电影仅以事实的形式描述这一程序，给被试所带来的情绪性反应较少；如果电影强调了主人公的疼痛，则被试的情绪性反应大幅度提高。在一系列研究基础上，拉扎鲁斯提出了情绪与应对的认知-评价理论，并进一步指出，"应对（情绪性反应）是一种力量，是一个过程，良好的应对代表着弹性。"虽然拉扎鲁斯是一个热爱生活的乐观主义者，但是，这位伟大的心理学家依然无法"应对"自然界本身的规律，于 2002 年在美国加州去世，享年 80 岁。

本章选译了拉扎鲁斯的《应对的理论与研究：过去、现在和未来》一文，反映了拉扎鲁斯应对研究的过程观。文中指出了应对研究两种取向的异同，重点阐述了作为过程取向的应对研究的原则、应对的功能，并概括了过程应对的相关研究以及应对测量中存在的一些特定问题。本章最后对拉扎鲁斯的心理健康思想进行了介绍，评述了拉扎鲁斯的应对观和情绪观以及他的其他心理健康思想。

理查德·拉扎鲁斯的生平事迹

理查德·拉扎鲁斯（Richard S. Lazarus，1922~2002）是情绪与应对（coping）理论的代表人物之一，他针对情绪和应对开展了大量研究，明确指出了认知评价的重要性。由于他对心理学的突出贡献，拉扎鲁斯被认为是"20世纪最杰出的100名心理学家"之一，排名第80位。

拉扎鲁斯1922年3月3日出生在美国纽约。他1942年毕业于纽约城市大学，二战期间在美国军队服役三年半的时间。1946年从军队退役之后，他去询问纽约城市大学的知名教授墨菲自己该去哪里读博士。实际上，在战争开始之前，拉扎鲁斯已经进入了哥伦比亚大学，此时他仍可以回到那个学校，但是墨菲教授认为他的兴趣在于心理动力学，因此建议他去克拉克大学。但是，这所大学拒绝了拉扎鲁斯。因为匹兹堡大学的丹尼斯（W. Dennis）正在努力建设一流的心理学系，所以，墨菲教授也推荐他去这所学校。因此，从1946年起，拉扎鲁斯开始在匹兹堡大学读研究生。1948年拉扎鲁斯从该校获得了博士学位，随后在约翰斯·霍普金斯大学（1948年到1953年）和克拉克大学（1953年到1957年）任职。1957年他开始在加州大学伯克利分校任职，领导开展临床心理学的研究项目，1991年成为该校名誉教授。

拉扎鲁斯对心理学的发展有重要贡献。在他职业生涯早期，正当行为主义盛行，人们普遍认为有机体是通过联想、奖励或惩罚来进行简单学习的，但是他当时却认为认知非常重要。他用实验的方法考察了知觉中无意识的作用，就是被他称为"阈下知觉"（subception）的现象。这项研究的引用率很高，并且领先于那个时代很多年。他们的工作在某种程度上证明了情绪的无意识性质，而与此类似的研究直到20世纪80年代才由神经生理学家开展。

拉扎鲁斯最为著名的研究是关于情绪和应对的研究。在约翰斯·霍普金斯大学期间，除了军事领域之外，他对情绪与应对研究几乎没有什么兴趣。但是，到了20世纪70年代的时候，他的专著《心理应激与应对过程》（*Psychological Stress and the Coping Process*）的学术影响力逐渐显露出来，这使他认识到情绪和应激（stress）不仅在军事上重要，对学术界亦有重要贡献。因此，这激发了他对情绪与应对的研究兴趣。1966 年出版的这本书最终成为了行为科学中的经典著作，它对社会学、人类学、生理学和医学等都有深远的影响。

20 世纪 50 年代末期，在加州大学伯克利分校，拉扎鲁斯开展了一系列有影响的研究。这些研究采用动作影片去唤醒应激和情绪，通过改变电影影响被试的方式，让被试的自我防御机制发挥不同的作用。在这些研究中，拉扎鲁斯发现影片的呈现方式影响了被试对电影中事件的评价，而这种评价会影响一个人的情绪和他们对情绪应激的应对。因此，在拉扎鲁斯的概念中，评价是非常重要的。这些实验导致拉扎鲁斯成立了应激和适应项目组，他用评价来解释应激是什么，以及应对包括什么。基于这个项目，他和他的学生福尔克曼（S. Folkman）出版了一本书《应激，评价和应对》（*Stress, Appraisal, and Coping*）（1984），后来，这本书在心理学界被广泛阅读和引用。1999 年，这本书出版了续集《应激和情绪：一种新的结合》（*Stress and Emotion：A New Synthesis*）。在这本书中，他强调应激可以被视为情绪的一部分，日常生活琐事和重大生活事件都可能是应激的来源，两者也是相关的，同时他也强调，无论是哪一种应激，个体的评价是十分重要的，即事件对个体的意义和影响是什么。

虽然拉扎鲁斯 1991 年从加州大学伯克利分校退休了，但是他的著作和研究并没有停止。1991 年，他出版了《情绪与适应》（*Emotion and Adaptation*），这本书被视为近代历史上情绪方面最重要的著作之一。在这本书中，他从理论和实验的角度说明了评价如何导致 18 种情绪的产生。他也说明了评价是怎样解释一个人的情绪和行为的意义的，一个单一的反应如微笑怎样体现在不同的情绪中，以及总体上不同的反应如报复（retaliation）或被动攻击（passive aggressiveness）怎样表现在相同的情绪中。1994 年他与妻子伯尼斯（Bernice）合作出版了《激情和推理：理解我们的情绪》（*Passion and Reason：Making Sense of Our Emotions*）一书。1997 年，他出版了自己的文章汇编《拉扎鲁斯 50 年的研究和理论：历史和长期问题的分析》（*Fifty Years of the Research and Theory of R. S. Lazarus：An Analysis of Historical and Perennial Issues*）。这本书介绍了他自己的思考和 20 世纪后半叶心理学理论和他自己的观点的演变。1998 年，他的自传《杰出心理学家的生活和工作》（*The Life and Work of an Eminent Psychologist*）出版发表。退休后，他也撰写了很多有影响的文章。虽然，他晚年批判性地评论了积极心理学，但是，在他去世之前，他还完成了"感谢"这一积极情绪的专题研究，而这种情绪在心理学中很少被研究或讨论。

拉扎鲁斯也很重视学术交流，他和妻子伯尼斯经常被邀请到国外大学访问。在 1963～1964 年，他获得日本东京的早稻田大学的科研奖金，去该校进行了访问；1965 至 1976 年间，他经常去瑞典斯德哥尔摩的卡罗林斯卡研究所讲学和访问；1980 年他在海德堡大学做客座教授；1984 年，他在珀斯的西澳大利亚大学做客座教授；1991 年和 1997 年在丹麦的奥尔胡斯大学做客座教授；在 1975 年到 1995 年间，他还被邀请去以色列做了多次演讲和报告。

拉扎鲁斯在他的职业生涯中获得了无数荣誉。例如，在 1969～1970 年他被授予古根海姆奖金；1984 年，加州心理学会因其杰出贡献对他授予了特殊认可荣誉；1989 年，美国心理学会给他授予了"杰出科学贡献奖"。拉扎鲁斯还非常荣耀地获得过两个荣誉博士学位，一个是 1988 年德国美因茨约翰尼斯·古腾堡大学授予的，另一个是 1995 年以色列海法大学授予的。在接受海法大学名誉博士学位之际，他提到，他的妻子伯尼斯对他事业的成功有很多帮助。

2002 年，80 岁高龄的拉扎鲁斯在家中不幸摔倒，并于 11 月 24 日在美国加州去世。

链接：生平重大事件

1922 年 3 月 3 日　出生在美国纽约。

1938 年　进入纽约城市大学学习，主修心理学专业，辅修社会学专业。

1945 年　与伯尼斯结为伉俪。

1948 年　获得匹兹堡大学博士学位。

1948 年到 1953 年　在约翰斯·霍普金斯大学任助理教授。

1953 年到 1957 年　在克拉克大学任助理教授和临床训练项目主任。

1957 年到 1991 年　在加州大学伯克利分校任职，领导开展临床心理学的研究项目。

1989 年　获美国心理学会颁发的"杰出科学贡献奖"。

1991 年　从加州大学伯克利分校退休。

2002 年 11 月 24 日　因在家中摔倒而不幸逝世，享年 80 岁。

《应对的理论与研究：过去、现在和未来》[1]

一、前言

在纪念奥肯（D. Oken）的这篇文章中，我重点介绍在适应与健康理论和研究中的应对概念。我将重点比较应对的两种方法，一种是强调风格——也就是说，把应对当作一种人格特征；另外一种强调过程——也就是说，应激会随着时间推移而变化，并且会由产生应激之外的适应性情境所塑造，因此要付出努力去管理应激。

我从介绍风格和过程的取向开始，简要讨论它们的历史，详尽解释过程取向的原则，描述我自己从过程的角度所开展的应对测量、应对定义和应对功能研究方面的工作。接下来是对应对过程研究大量结果的汇总。这篇文章总结部分讨论了应对测量这一特殊问题，特别是应对风格取向和应对过程取向的局限性，以及如何处理这些问题。

二、应对的取向：风格与过程

虽然，对应对兴趣的迅速增长使应对这一概念正式出现在 20 世纪 60~

---

[1]　译者为各节标题添加了序号，略有删改。

70 年代，但是，应对的形式或另外一种应对的概念却伴随我们很长一段时间了。

如果我们认为，应对作为一种一般概念包括处理威胁我们心理健全的自我防御，那么，对防御有兴趣的精神分析很显然是应对的先驱。精神分析对防御的最早兴趣是，精神病理学作为一种管理威胁的典型方式所起的作用。一个强大的精神分析概念就是，精神病理学的每一种形式与特定的防御方式相联系，这极大影响了人格和临床心理学。例如，歇斯底里般的神经症是与压抑相联系的，强迫性神经症是与理智化和解脱相联系的，偏执狂是与投射相联系的，等等。

这种观点源于弗洛伊德理论假设中的三个发展变量：（1）儿童期心灵创伤出现的性心理发展阶段；（2）每一个特定阶段最初冲动和冲突的出现——例如，口唇依赖性，以肛门为中心的斗争是围绕内驱力的社会控制以及生殖器和恋母情结的冲突而展开的；（3）每一阶段儿童的认知特征，这些可能形成了防御方式。

虽然，这个公式很理想化且具有潜力，但是发展阶段、冲动的满足和认知特征之间的密切联系不足以清晰地表明已经对这种观点提供了充足的支持。精神病理学的结构和特定防御之间的联系也有一点简洁以至于不能被广泛应用——它更是一个理想概念而非一个临床现实。在许多地方，性心理理论被假设更强调了其他的认知-动机过程——与精神分析自我心理学相关联——例如能力和控制的发展，当然也包括防御。不管怎么样，性心理攻势已经失去了在临床研究和实践中的影响。

一些知名的学者，如拉帕波特等人（Rapaport et al，1945）正积极追求精神分析这种议题的变式，参见他们颇具影响力的专著《诊断心理测试》。斯切夫（Schafer，1954）、霍尔兹曼和加德纳（Holzman & Gardner，1959）、威特金等人（Witkin et al，1962）、克莱因（Klein，1964）和夏皮罗（Shapiro，1965）等许多自我心理学和发展心理学的学者〔肖贝克（Sjoback，1973）的研究中有更详细的历史回顾〕，也都在这方面做出了很大的努力。

（一）作为具有层级风格的应对

门宁格（Menninger，1954）、哈恩（Haan，1969）与维兰特（Vaillant，

1977）等人根据新精神分析的构想对应对采取了层级的取向。一些防御被认为是更健康的或是更少退化的，而另外一些防御则被假设是应激或创伤所致。例如，哈恩提出了一个三层结构，即应对是最健康和发展得最先进的适应过程，防御是神经质的过程，而自我失调是最严重的退化性的、可能会产生精神病的适应过程。

在迈克尔·里斯医院由戈林克（Grinker，1945）等领导的一个芝加哥的研究队伍——有时也包括奥肯——没有严格按照弗洛伊德精神分析法的要求去关注生命中童年早期的构想，而更强调病人当下的情况。这个研究组也将应对和防御作为核心概念来看待。

分层的这种发展趋向倾向于对应对进行特质测量，例如比较"压抑"（在某些时候被称为"避免"或者"否认"）与"敏感化"（有些时候被称为"警觉""隔离"或"理智化"）。在一篇应对理论和测量的综述中，科恩（Cohen，1987）引用了大量用这种比较方式进行测量的问卷，这种比较要么被认为是一种对立的维度，要么被认为是单一连续的维度。她介绍了拜恩（Byrne，1961）以及爱泼斯坦和梵兹（Epstein & Fenz，1967）发表的问卷，还有戈德斯坦（Goldstein，1959）编制的一个非问卷测量，即应对-避免句子完成测验。她也引用了两个罗夏墨迹测验的索引，一个是被加德纳等人（Gardner et al，1959）使用的，另一个是被莱文和斯皮瓦克（Levine & Spivack，1964）使用的，他们使用了与压抑-孤立相关的语言。最后，她还介绍了两个多维度的问卷：格莱瑟和艾海勒维奇（Gleser & Ihilevich，1969）编制的防御机制调查问卷，以及约菲和纳迪奇（Joffe & Naditch，1977）编制的应对-防御问卷。

不是所有应对方式研究所使用的测验都是标准化的，例如上面引用的这些。许多采用了深度临床访谈的特定程序。也有其他研究者使用了扎根理论，这种方法在研究之前没有使用解释性的标准，但是会在研究中以被试所说所写的内容生成模型和假设。

（二）作为过程的应对

在20世纪70年代后期，应对的理论和研究有了许多新进展，主要表现在，放弃了强调特质或风格的分层观点，而支持以过程观来看待应对的比较取向。按照过程观，应对会随时间和应对出现的情境而改变。

应对策略的层级建立在这样一种先入为主的概念之上，即人们固有的健康或病理的应对存在混淆过程和结果的危险，这已经被维拉特的令人印象深刻的纵向研究所证明。被试对防御类型的诊断在某种未知的程度上依赖于某些先前的观念，即它们作为应对策略的健康程度如何，这可能会影响后来对适应质量的评价。正如我们将看到的，过程取向的一个原则是过程和结果应该独立测量。

我关于应对过程的研究起源于 20 世纪 60 年代在伯克利进行的应激电影和音轨的研究。在 20 世纪 70 年代后期的每一年，都有许多研究者包括我自己在同样的理论框架下编制测验。在这些前期的工作之后，其他问卷也被设计出来，以测量和研究作为过程的应对，并检验它的适应结果。这些版本的问卷与早期的研究也有很大的重复。

（三）过程取向的原则

以下是我的同事和我在过去几年阐明的元理论原则，我相信，这能够代表当前应对的过程取向。

1. 为了独立地检验应对结果的适应性或不适应性，对应激导致应对的想法和行为必须与应对结果进行分别检验。我做出了情境化的假设——考虑到经验的支持——一个应对过程是好是坏，适应性地来说，依赖于特定的人、遇到的问题类型、时间长或短，也依赖于研究结果的形式，例如士气、社会功能或胃部的健康。可能没有一个广泛意义上的好或坏的应对过程，虽然其中一些的确经常比另外一些好。

这样，否认作为自我心理学中引起疾病的应对，可能在某种特定的环境中对适应是有用的，正如我在多年前讨论它的代价和结果时提出的那样。虽然对否认的定义和测量问题还没有全面的分析——如否认在多大程度上与避免和幻觉有所不同——但是否认对胃部和心理健康的影响在最近已经引起了研究者很大的兴趣。这种研究兴趣也涉及与其他健康问题相关的一些内容，如心脏病发作、手术、哮喘和其他疾病。

在这方面，对心脏病发作过程的观察表明，否认已经有不同的结果，这一过程包括：（1）症状刚刚出现并且患者必须解释症状从而决定该做什么；（2）在医院的后冠状动脉期；（3）出院之后。当个体在解释症状的时候出现否认是适得其反的，也是危险的——它通常会导致在最危险的时刻延迟获得帮助——然而，在后冠状动脉期住院治疗阶段否认是有用的，但是如果出院很长一段时间后，持续采用这种应对策略就会增加发生危险的概率。我认为关于这种研究的全面回顾是非常值得做的事情。

研究也表明，否认对于外科手术的几种适应性结果有正面影响，比如在愈合率、轻微并发症和住院的时间等方面。然而，它对于哮喘的作用是不同的。虽然当哮喘症状开始出现时，否认会导致更低水平的解释，但是，它也会使因急性哮喘发作住院治疗的可能性更大。另一方面，警觉性的应对可能带来有效的努力去减少哮喘发作，也就是说，会使用一个吸入器或采取其他的治疗手段，所以采用这种应对方式的病人很少住院。

2. 如果一个人问病人在乳腺癌手术之后她们是怎样应对的，答案是容易被误解的，因为在任何时间，应对策略依赖于她们是否处理了一种或另一种疾病导致的多种危险。那么，一个人应对的对象是什么依赖于疾病出现的情境，而情境将随时间而改变，因为注意什么，以及怎样对待自己都会改变。

在任何时刻都对病人有威胁的是恶性肿瘤再次出现的可能性——当然，这要看是否接近病人按计划进行术后诊断检查的时间。如果是这样的话，复发的危险就可能成为注意的中心。然而，在其他时间，再次出现肿瘤的想法可能就会被避免。或者，对威胁的关注可能使自己不得不告诉配偶、朋友、父母或者孩子正在发生着什么。疾病所处的阶段，也就是说，癌症是早期的还是晚期的，会强烈影响病人的想法。一个癌症晚期患者可能更需要考虑是继续还是停止令人衰弱的治疗，是否处理增长的死亡威胁，等等。

这里的原则是，应对的过程与癌症导致的不同威胁，或者任何一个复杂的心理应激源，无论是否以疾病为基础，都会随着不同适应的重要性和这些威胁的不同要求而变化。因此，在研究病人怎样应对疾病时，有必要详述病人当时关注的特定威胁，并且单独处理它们，而不是将注意焦点扩大到整个疾病上。

3. 研究应对策略最需要的是去描述一个人在应对应激事件时是如何想和做的。关于个体如何应对的推论不是被研究人做出的，而是专业的观察者做的。

这种类型的测量应该也能够随着时间而重复进行，并在研究设计中能够跨越不同的应激事件，这些事件包括个体内的，也包括个体间的。这能使研究者检验个体应对方式上的跨时间和跨应激事件的一致性和不一致性。

个体间和个体内研究设计的综合使我们把应对看成既是状态的又是特质的，状态代表不稳定性（不稳定的状态）或改变，特质代表跨越不同条件的稳定性或一致性。如果我们强调应对跨越时间和事件的一致性，那么我们就采用特质的概念；如果我们强调情境的影响，那么应对具有时间和事件的不一致性，我们就采用状态或过程的概念。同样，一枚硬币有两面，两面通常是相关联的。一致性越多，应对的特质性就越多；不一致性越多，应对的状态性（过程性）就越多。除非在同一个人身上检验了跨时间和跨应激事件的应对策略，否则特质-过程（状态）的议题不能用实验的方法来研究。

在某种程度上，这些考虑导致伯克利应激和应对项目组编制了应对方式问卷，无论是在访谈或者自我报告的研究中，这都是当代最广泛使用的技术。这种设计将应对看成是一个情境化的过程，而不是将其作为一种稳定的倾向来研究。我们的过程应对量表——和其他相似量表——用于测量对特定应激事件时的应对，要求被试去选择是否同意列表中的想法和行为。最复杂的版本是，在心理测量的理论和项目行为基础之上，用因素分析的方法产生了一套不同的应对策略。

应对方式问卷有八个因素。表 10-1 列举了每一个维度的样例项目。虽然其他研究者编制的量表与它不完全相同，但有所重叠，比如在项目和概念标签的定义上有所重叠。

表 10-1　应对方式问卷的样例项目

因素
1. 对抗的应对
46. 站在我的立场，为我想要的东西而奋斗。

（续表）

因素

7. 试着去接近负责的人，去改变他或她的想法。

　17. 我对引发问题的人表达愤怒。

2. 疏离

　44. 轻视问题，拒绝用太严肃的态度来看待问题。

　41. 不让应激接近我；拒绝想得太多。

　21. 试着忘记整个事情。

3. 自我控制

　14. 我试着保留自己的感受。

　43. 使其他人不知道事情有多糟糕。

　35. 我试着不要操之过急或仅凭我的第一直觉行事。

4. 寻求社会支持

　8. 与其他人交流以了解更多的情况。

　31. 与那些可以解决一些具体问题的人交流。

　42. 我向我尊重的亲戚或朋友寻求建议。

5. 承担责任

　9. 批评或责备自己。

　29. 意识到是我自己导致了问题的出现。

　51. 我对自己做出承诺，下次事情会有所不同。

6. 逃避-避免

　58. 希望情况会消失或在某种程度上将要结束了。

　11. 希望奇迹会发生。

　40. 总体来说，避免与别人在一起。

7. 有计划地解决问题

　49. 我知道必须做什么，所以我加倍努力去做事。

　26. 我制订了一个行动计划，并去实施它。

　39. 做些改变，事情会好转。

8. 积极的重新评价

　23. 个人以一种好的方式改变或成长。

　30. 当我从经验中走出来的时候比深陷其中更好一些。

　36. 找到了新的信心。

来自于福尔克曼和拉扎鲁斯，1988。

4. 从过程的视角来看，应对被定义为正在进行的认知和行为的努力，以管理特定的外部或内部要求，这些要求被评价为消耗或超过了个人的资源。这个定义可以被简化——虽然失去了一些信息，仅仅表述为应对是管理心理应激的认知和行为努力。从测量和研究的视角，这种类型的构想强调的是应对努力是独立于结果的，因此可以独立评价影响适应结果的应对作用。

需要注意的是，无论过程是适应性的还是非适应性的，成功的或不成功的，固定的或易变的、不稳定的，应对这一术语都可以使用。适应性指的是在改善适应性结果中应对的有效性，例如，士气、身体健康和社会功能。成功指的是与应对（或防御）相关的再评价被个体所相信的程度。固定意味着在许多不同的情境下，个体已经获得了一种稳定的应对方式或防御。大多数的应对过程，包括防御，都可能是一种易变的、对情境敏感的努力的结果，人们用这种努力去评价正在发生什么，这种评价方式是对现实情境的一种反映，但对正在发生的事情充满希望或保持乐观。例如，一个人可能没有成功否认威胁，但会有这种内部语言："我尝试告诉我自己我不会死，但是我不能坚持下去。"

5. 应对的过程理论强调应对至少有两种主要的功能，集中于问题的和集中于情绪的。这种区别的存在已经被应对研究者广泛赞同。集中于问题解决的应对功能是，通过作用于环境或个人而改变混乱的人与环境的关系。集中于情绪的应对功能是去改变，（1）与环境的应激关系被关注的方式（如警觉或避免）或者（2）事件发生的相对意义，尽管关系的实际情况并没有改变。后者包括一个更良性或威胁性更少的重评，例如，否认和疏离。

改变事件发生的相对意义是非常强有力的——并被广泛使用的——调节应激和情绪的工具。例如，心爱的人做出诽谤性的评价，这将被认为是一种贬低。现在假设挑衅接受者非常希望避免这种感觉，并且避免表现带有潜在消极结果的愤怒。如果接受者能够为所爱的人找借口，例如，他或她病了，筋疲力尽了，或者工作压力太大了——这将需要共情和宽容而不是愤怒——挑衅可以被忽视并且不需要感受和表达愤怒。

在过去的很长时间里我倾向于认为这种应对策略是一种压抑或否认的健康形式。这不是说一种经常出现的威胁性的冲动被我们有意阻断，而是我们对发生的事件进行了重新评价，这会消除威胁。这样威胁性的冲动不再重要，不必再从我们的意识或行动中被阻断，做出这种意义上的改变是应对中一种健康和有力的方法。可能一些被我们称为压抑和否认的策略就是这种类型。

关于应对的两种功能，集中于问题解决的与集中于情绪的，在西方价值观中有一种强烈的倾向——相信前者而不信任后者。采取行动去面对问题而不是去重评关系的意义似乎更受欢迎。然而，有充足的证据表明，在某种条件下——特别是在做什么都不能改变情境的时候——当失败时，理智解决问题的努力达不到目的，甚至可能导致长期的悲痛，那么集中于情绪的努力将提供更好的应对选择。

三、过程应对研究的主要结论

在对应对方式的研究方面，我们和其他使用量表的研究者具有相似观点和方法，且已经得到了许多重要并可以被广泛重复的结论，概括如下。

1. 在每一种应激事件中，人们使用了大部分因素分析产生的应对策略。为什么会这样？因为应激事件是复杂的，也是花费时间的。然而，很难说某种程度上应对策略是与事件的特定因素相连——也就是说威胁的内容、受到威胁的目标、先前的信念——或者与时间因素相连。例如人们可能尝试一种策略但是在考虑后果之后选择另外一种策略。应对策略是否依赖于特定威胁的内容或者是随着时间反复试验，这个深刻问题没有在研究中被强调。为了找到答案需要微观发生法的研究设计。

2. 一些应对策略比另外一些更稳定，或者在不同的应激事件中是更一致的。例如，一项研究中，在五个月的时间里，每个月测量一次，我们发现在同样一些人身上有五种主要的应激事件。采用自相关的方法评估同样的人在不同事件中的应对稳定性情况，我们发现在不同的应激事件中有些应对策略是一致的，但是也有非常不一致的情况。例如，寻求社会支持是非常不一致的，然而积极的重评是中等程度稳定的——但是具有统计上的显著性。在结果上，如果假定个体在某个时间寻求社会支持，那么他们不太可能在另外一些时间里也去寻找社会支持。然而，如果假设一个人在某件事情上使用了积极重评的方法，那么他可能在另外一个事件上也使用这一方法。这样，我们可以推论说，寻求社会支持是高度依赖于社会情境的，而积极重评在某种程度上是稳定的应对倾向。同样，谢尔等人（Scheier et al，1986）已经表明乐观或悲观倾向影响个体应对应激事件的方式，那么这涉及应对过程中的人格特质问题。更多这种类型的研究需要揭示不同应对策略受到社会情境、人格变量或者两者共同影响的程度。

3. 应对在任何一个既定的应激事件中也会随时间而改变。将应对看作过程是有实验证据的。一场大学考试不是一个单一事件，而是包含了一系列复杂阶段，这些阶段与先前老师对考试的特定安排有关。这些阶段包括考试来临之前的通知阶段、考试之后等待分数的阶段以及分数公布之后的阶段。其实还存在学生正在参加考试的阶段，但直接研究这个阶段是不切实际的，因为学生害怕影响考试成绩所以他们不会合作。

在这些不同的阶段，适应性的要求和有价值的信息是十分不同的。在对每一个阶段进行观察的准实验研究中，福尔克曼和拉扎鲁斯（1985）发现在这些阶段学生会显著地改变他们的情绪和应对方式。关于应对，选择信息和社会支持在考试前阶段出现得十分频繁，但是在后期显著减少；疏离在等待分数阶段出现得最为频繁，但是在其他阶段出现得不多。

因此，如果考试已经被认为是一个单一应激事件，那么应对在不同阶段将被累加，我们了解的东西可能有很大程度的失真。所以，把正在发生的事情搞砸会产生最无法解释和最容易被误解的结果。史密斯和埃尔斯沃斯（Smith & Ellsworth，1987）对大学考试中的评价以及应对和情绪做了类似的观察，得到了同样的结果。

令我困惑的是，虽然我们测量应对的方法是受欢迎的，但是，很少有应对研究关注应对一致性背后的理论逻辑，以及因问题改变导致应对随情境和时间改变的充足证据。甚至当我们使用的这些工具和结果之间具有可比较性的时候也是如此。

4. 当应激条件被个人认为很难改变的时候，集中于情绪的应对会占有主要地位；当应激被认为是能被个体行为控制的，集中于问题的应对会占有主要地位。这不断重复的结果与二级评价是相联系的，二级评价必须做出应对的选择，使用应对的策略，同时，这使我们想起了嗜酒者互诫协会明智的警句格言："上帝赐予我勇气去改变那些我可以改变的，平静接受那些不能改变的，并给我智慧以理解二者的差异。"

5. 应对是调节情绪结果的能力，也就是说，它改变了从事件开始到结束时的情绪状态。福尔克曼和拉扎鲁斯评价了被试在许多应激事件开始时和结束时的情绪状态，正如应对策略的作用的研究所报告的，情绪发生了许多直接的改变。我们发现，一些应对策略例如有计划的问题解决和积极重评是与减少消极情绪、产生积极情绪相连的，而其他的应对策略，例如对抗性的应对和疏离会产生相反的情绪改变，也就是说，情绪变得更加痛苦。

另一项研究中，被试对应激事件处理的满意度被体现在一个多项选择量表上：（1）没有解决或者变得更糟糕，（2）没有改变，（3）解决了但是不满意，（4）未解决但是得到了改进，或者（5）解决了并且很满意。满意的结果是那些被归入未解决但是得到了改进或者满意地解决了这两个类别的结果。

每种应对策略和结果的关系见表 10-2。如表所示，一些应对策略，如有计划的问题解决和积极重评是与满意结果显著相关的，然而，其他的策略如对抗性的应对和疏离，虽然在统计上仅是接近显著，但是却与不满意的结果相联系。

在这项研究中，由于研究设计采用的是要求被试在应激事件结束之后重构应激事件和应对策略的方法，因此，虽然这些结果与理论期望是一致的，但是这些结果不能证明应对的因果作用。然而，在一项前瞻性研究中，应对可以在应激事件出现之后、结果出现之前被测量，博尔格（Bolger, 1990）得到的结果强烈支持了这一假设，即应对对情绪具有因果关系的调节作用。

表 10-2　应对和事件结果之间的关系：个体内分析

测量变量	不满意的结果（M）	满意的结果（M）	F	P
应对量表				
1. 对抗性的应对	3.98	3.31	3.34	0.071
2. 疏离	3.35	2.78	3.38	0.069
3. 自我控制	5.98	5.36	2.53	0.115
4. 寻求社会支持	4.71	5.16	1.22	0.281
5. 承担责任	1.92	1.65	1.10	0.298
6. 逃避–避免	2.86	2.64	0.50	0.482
7. 有计划的问题解决	6.33	7.59	8.67	0.004
8. 积极重评	2.70	3.90	9.67	0.003

注：多元方差 $F(8,76) = 4.64$，$P < 0.001$

来自于福尔克曼等人（Folkman et al, 1986）。

关于应对对情绪的调节，我可能会补充与上述条件不同的内容，例如，在考试应激研究中，我们已经讨论了，当学生没有事情可做，等待分数的时候，疏离是一种非常有用的应对策略，这说明，如果不考虑事件的背景，应对策略的适应性价值也可能会受影响。一次又一次，我们发现一种应对策略在一种情境下或一个人身上产生了积极的效果，在另外的情境中或个体身上可能就不会产生积极效果。我们需要研究一些规则即什么样的特定环境使应对策略可能会产生好的或坏的结果。

另外还有对想入非非（wishful thinking）的说明，这种思维包含了一套项目，这些项目属于更广泛的逃避–避免应对因素。我们已经注意到逃避–避免可能有积极的适应价值，但是我们可能从来没有在研究中对其进行检验，也就是想入非非没有包括在逃避–避免的量表当中。最后，我们很容易认为我们已经发现了一个普遍不好的应对策略。毕竟，如果一个人的应对策略是梦想或希望应激会自动消失，那么他一般不会尝试对消极的人与环境之间的关系做什么。

然而，我不愿做这种概括，因为，正如否认一样，如果个体没有做什么，只是想入非非也不会有什么害处。仅仅当否认或想入非非阻止一个人在一个本能得到改进的情境中试图尝试更有建设性的对策时，它们才是会产生有害结果的策略。我们需要更多的观察来解决这一问题。

6. 应对研究倾向于关注两个不同但相互关联的问题，即（1）影响应对策略选择的变量和（2）这些策略对适应结果的效应。关于结果，应对理论与效能相关联，这种效能指的是应对策略以及它的执行情况和应激事件的适应要求三者之间的切合性如何。这种切合性真正依赖于做出的评价，以及应激事件提供的应对选择的可行程度。

虽然使用应对过程量表已经报告了许多适应性结果的显著效应，但是这种对应对的概括有其缺点，因此，我们必须提供适应性效应的实验证据。在这一领域的许多研究中，这些结果倾向于建立在关于情绪伤痛或心理症状的自我报告的基础上（Zautra & Wrabetz, 1991; Folkman et al, 1986; Holohan & Moos, 1991; Solomon et al, 1988）。

在应对研究中适应的结果极大地依赖于自我报告的标准，我在自己的研究（1988）中做过说明，在某种未知的程度上，前因和后果测量上的重叠增加了这种相关被混淆的可能性。这是一个长期困扰应激与健康研究者的问题，如多伦温德等人（Dohrenwend et al, 1984）与我和同事（1985）的争论，也可见我（1990）关于这一问题的进一步探究。

然而，也有一些值得注意的例外。我已经发现最令人印象深刻的前瞻性研究——采用独立观察者判断适应结果——是一本未发表的学位论文，该论文的贡献在于，预测癌症引发喉头切除的病人，在如何快速和有效学习用假体说话过程中的个体差异。这对于许多人来说是一个非常困难、令人沮丧和有压力的过程，但是一些人做得非常好，一些人却很差。不是手术损伤的客观严重性或是事前测量的人格特质预测了这些个体差异，而是个体如何评价和应对学习任务极大地预测了后来恢复的成功情况，这种恢复情况是被临床判断可靠地估计过的。

采用行为和生理标准开展多种方法的研究是非常困难的，这也是自我报告方法被广泛使用的原因之一。我也不愿意通过贬低自我报告的价值来抬高其他的方法，其他方法也有自己的严重问题。然而，多种方法的研究能够说明获得的应对和适应性结果（如自我报告的情绪痛苦与机能失常）之间的关系是否可以被不同研究方法所重复，或者仅仅是反映了方法上的差异。对应对和适应性结果研究的概要回顾是有价值的，因为它强调了进行应对研究的重要原因，即应对在这些结果上的作用。

四、应对测量的一些特定问题

应对测量的风格和过程两种取向，问的问题不同，提供的答案类型也不同。应对风格强调的是人格的气质或特质，某种程度上在应对策略的选择上超出了情境和时间的影响。应对过程强调的是时间和情境对应对的影响，以及它们带来的变化。

风格和过程取向都有许多重要的局限性。我在这里将强调这些局限性的重要意义。我将不会仅从心理测量的视角来讲，因为测量是技术或方法的问题，而不是策略或理论的，并且仅谈论这个问题有点狭隘，一般的读者可能会没有多少兴趣。一些学者已经关注了应用过程测量所带来的心理测量学问题。

（一）应对风格取向的局限性

应对风格的重点是在自我心理学理论视角下产生的，强调内部的心理动力而不是外部环境的因素。在 20 世纪 70 年代，重点从时间转移到环境，特别是环境的变化或生活事件。然而，因为两种因素都是当前的重点所强调的，人与环境被认为存在交互作用，人–环境关系与其意义比起内部心理和外部环境的简单比较是更值得关注的。

例如，研究者关心情绪与应对特质有时在对特定患者的治疗中是无效的，此时，研究者主要的兴趣在于这些患者解释自我和世界的一致性方式，以及他们如何应对应激。可以推测这些患者经常采用的评价和应对过程使得他们出现了适应性的烦恼。因此，导致失调性的评价和应对过程的不良倾向成为了治疗的核心，这种治疗的初衷是去改变个体与世界产生联系的方式（关于心理治疗中的情绪特质和过程可参见我 1989 年做的相关研究）。那么，在临床评价中需要去检验应对倾向或风格。

这种重点的最严重的问题是，个体最终评价与世界的联系的风格是宽泛的，经常是作为一个单一连续体或采用二分的维度，例如压抑-敏感化。风格不能提供给我们否认的描述，以及在特定应激情境下所使用的特定应对策略。例如，当自尊受到威胁时，当人们感到不能胜任一项与社会尊重和自尊有关的任务时，当健康、技能和生存受到威胁时，当有一个不可逆转的丧失时，当目标是获得他人的认可或喜爱但却被拒绝，或者缺少别人的喜爱时，等等，人们所做和所想有何不同？

总体上，广泛的应对方式更不能充分解释或预测在特定情境中处理应激时的个体差异。当面对所有人类都面临的各种形式的危害、威胁和挑战时，复杂的适应性努力在解释和预测中有很大作用，而单维度的类型可能在说明这些问题时作用有限。即使采用多维度的测量，正如某种防御机制的测量，由于注意力集中于一致性的应对风格上，因此，倾向于忽视环境条件引发的应对过程。

过程取向能够识别应对风格吗？这可以运用两种有效的方法。首先，如果我们反复研究了在不同时间和在不同应激情境下的同样一些人，我们有可能获得个人在处理各种不同日常应激事件时选择更一致的应对策略的表面描述。这种类型的描述可以从与应激有关的疾病中获得，例如，在前面提到的关于癌症的一项研究，即门德尔松（Mendelsohn，1979）在过程为中心的方法中，研究了使健康状况恶化的癌症所引发的应对策略问题。

然而，除了一项研究（Folkman et al，1986）之外，几乎没有过程研究使用自下而上或归纳的方法概括在不同种类的应激事件中的应对策略。这种方法总结出来的应对方式，来自于在许多特殊应激事件中采用过程视角测量的许多特定的应对想法和行为。相对于更传统的采用在单一评价情境基础上测量应对的方法而言，由于研究的缺乏，目前不可能知道这种方法是否是一个可行的替代方法。这种自下而上的方法也容许对不同个人的应对模式进行聚类分析，因此，可以将人们按照应对模式进行分类，也可以去检验这种模式随着时间和事件变化的稳定程度。

第二种方法由于易于管理而被广泛使用，它改变措辞，通过询问人们通常的应对方式而不是人们面对特定的威胁或者应激事件时的应对方式，来对应对进行测量。通过改变措辞的方式，应对的过程测量被转换成了一种方式的测量，这样就假设应对模式的报告是针对某些时候通常真发生了的应对，而不是构建一种合理的但幻想比现实更多的应对。我们原来抽取大量实际的特定应激事件的研究，目的是避免被试的虚假回答。我们推测，如果被试必须回忆或者复述一个真实的事件以及他们当时的应对想法和行动，那么很有可能他们真的在实际生活中有过那些报告过的想法或做法。

我认为这可能是一种坏的假设，即当"通常"这个词在测量中被使用时，一个被试在任何一种特定事件中采用的实际应对方式就是"通常"暗示的方式，而这是一种典型的特质或风格的测量程序。被试除了给出关于他们倾向于如何应对的模糊描述外无法提供别的信息，而他们的描述可能会受社会赞许或者完美想法的影响，而不是受他们自己实际如何想和如何做的影响。这个问题也出现在主观幸福感的测量上，主观幸福感通常是一个较长时间范围内的，而不是一个特定的时刻或者环境下的，这导致被试估计整体幸福感的时候，仍或多或少不清楚其操作模式。

大量的研究者使用了以特质为中心的应对方式问卷，有时通过改变措辞去使它变成一种特质测量，并且有时甚至没有改变措辞，但是遵循了更有疑问的假设，即在任何一个单一事件下的想法和做法是一个人在不同事件下的典型特征。

我也发现了一个有趣的研究案例，在这个研究中，作者通过安排反应形式，让被试评定赞同每一个的想法或行动的程度，将一个过程应对方式问卷改编成了一个特质测量表。在其他例子中，研究者似乎已经误解了素质或特质取向与过程取向应对测量方面的差异。如有研究（Endler & Parker，1990）批判了过程测量，说它不是特质测量，但过程测量本来就不是特质测量。

（二）应对过程取向的局限性

虽然过程取向可能更好地包括了在各种需要应对的应激情境下特定的应对想法和行为，但是也有其局限性。最重要的一点就是测量中通常没有构想将整个人的各个方面联系起来，而一个人有着特定的目标等级、情境目的、信念系统、计划的生活方式以及社会联系。如果我们对于一个人在我们研究的特定情境下的应对想法和行动知道得更多，应对过程测量将更有意义和作用。

以上问题也出现在人格研究中最普遍的取向上，不论是实验的还是相关的研究，人格研究中也经常是得出许多人格变量的各自独立分数，而不是对整个人的整体描述。卡尔森（Carlson，1971）在很多年前就提出了这个问题，但是这并没有成功地使人格评估远离将个人分割成若干独立特质的模式。这些特质不能相加，或者也不能综合起来，使我们看到一个活生生的以某种方式努力去适应世界和生活的人。

我上面所说的已经被布洛克（Block，1991）在批评米契尔（Mischel，1968）时雄辩地指出过，米契尔的观点是人格特质没有跨情境的广泛一致性。请允许我引用布洛克的说法（9~10页）：

"……我们相信确实有一个基本的连贯性，人格功能和人格发展都具有一个深层结构。当然，认识到即时的环境背景影响行为的方式是至关重要的，正如人格心理学家墨里（Murray，1938）、勒温（Lewin，1946）、怀特（White，1959）和其他学者所观察到的。但是，我们认为刺激情境不能单独提供理解行为的充分基础。人类不是受他们遇到的情境支配的线性反应系统。"

实际上，我所主张的不是应对研究需要极端情境化，而是努力去检验个人和环境间受情境影响的和稳定的关系，这是人们有可能会注意和选择的，或者在不能选择的时候必须处理的问题。我相信我们必须试图将过程应对的测量放入更大的个人生命以及与世界相关的框架内。如果一种取向并不能将应对的情境测量整合到整个个体中，那么这种取向一定非常有局限性。也就是说，我认为这是应对过程取向的最严重缺陷。

在这种取向中，人格方面最易于忽视的是动机，它包括总体目标和情境下的目的，后者调动和指导应对策略的选择。在一般和特定应激事件下，应对过程的动机是一个有趣且重要的议题，但在目前的理论和研究中却几乎全被忽略了。我将在下面的部分做更多的介绍。

五、关于应对研究的结论

把应对作为方式和过程进行研究的取向都是必要的，因为它们强调了问题的不同方面。这些观点相互补充，正如我前面所说的，特质和状态就好比同样一枚硬币的两面一样。在应对测量中，不论哪种观点，其本身的进展足以为我们提供关于情绪和适应的充分理解，或者有利于针对有效和无效的应对或应对者的临床研究。结合两种取向而不排斥其中任何一个可能是一件有价值的事情。

以充分的次数去研究应对随时间和不同的应激源在同一个人身上的表现，并强调它的过程和特质方面，同时用这些结果去评定整个人，需要复杂的纵向研究设计。当前的体制和研究基金的条件不利于研究者按照自己的意愿，接受有关应激、应对和情绪的大胆理论和元理论所提供的激动人心的挑战。人作为世界上最复杂的生物体，面临着比任何其他生物曾遇到过的都要复杂的适应性环境，这使得我们的经验主义的努力就像是我们关于自身的所谓正确认识的苍白的影子。

从我的观点来看，关于应对我最后试图说明进一步研究的一些可能性。虽然具有多种可能性，但有两个对我来说似乎特别重要和最有希望。它们与以下两方面相关：（1）在重大生活应激和危机中，人们必须应对的特定的、有威胁性的个人价值；（2）应激和情绪的联系，以及后者测量的效用。

（一）威胁个人意义的事件

一种关于应激的以评价为中心的取向要求我们不仅要关注环境性的应激源，而且也要关注这些应激源是如何被个人所解释的。我确信威胁对个人的意义是个人必须应对的心理应激中最重要的方面，它指导了应对策略的选择。无论这种取向是以深度访谈还是用一种标准化问卷调查的方式来测量应对，为真正理解应对，我们要瞄准一个特定应激情境的威胁性意义，以及它们如何随着时间和情境而变化。对于怀疑者，我仅需要将其变成一个关于个人意义和应对之间联系的问题来看待，而不当成是一种假设。

考虑到衰弱艾滋病患者的照顾者们所承担的可怕任务，正在对此进行研究的福尔克曼和切斯尼（Folkman & Chesney，1992）的发现作为许多潜在的例证之一澄清了这个问题。他们注意到，通常最明显的应激源，例如，不得不清理临终病人的呕吐或尿失禁产生的污物，这种必须承担的繁重任务不是最严重的应激。此外，优雅和快活地做这些事情可能不仅容易缓解病人的痛苦，也能够强化照顾者的控制感——这是他急需的——否则就会出现失控的局面。这些和其他的应激源也不一定是照顾者最为关注的。看着心爱的人病情日益恶化和即将逝去的前景倾向于更具有威胁性。

但是对于照顾者来说，在这种情境下，也可能有更糟糕的个人意义，也就是说，发生在心爱的人身上的事情，提供了一种照顾者本人将来命运可能会有的悲惨模式。例如，如果照顾者是 HIV（人类免疫缺陷病毒，即艾滋病病毒）阳性，那么他每天看到的悲惨场景似乎在大声地向他传达着，当他病了或者向着他自己的悲惨死亡不断接近的时候，即将发生在他身上的事情。当然，对那些 HIV 阴性照顾者而言，他们尽管不能确定是否被这种病永久地放过了，但是威胁性就小多了。

我们更喜欢将威胁定义为明显的环境应激破坏了更重要的任务，即去获得一种对威胁的正确观点，这种威胁是人们正在面对和必须以某种方式进行管理的。这些威胁——虽然有时可能与别人分享——可能也是十分私人的。它们产生于总的心理状况，这些心理状况包括个人在世界上的社会和工作角色，以及重要生活目标和信念状况。问题是怎样识别个人必须应对的事情所具有的威胁意义以及应对过程中的个人和集体角色。同样的观点适用于对任何个人生活危机的应对，这些危机通常是复杂和多变的。

我所说的指出了关键是需要一个评估威胁的全面量表，因为我们总是应对一些特定事情——正如我在前面讨论中所说的，将应对的情境作为一种过程——并且从一件事情到另外一件，我们应对的方式也有所不同。如果应对不仅在口头上被认为是一种过程，那么为了了解一个人的应对方式的意义，应该更多地考虑到威胁评估的工作。

在艾滋病患者的照顾者的例子中，一个相关的议题是一个经常没有被说出的问题，即持续忠诚地照顾他们伴侣的大多数照顾者经常坚持住了，而不是被这些重大而持续不断的应激击溃。坚持到伴侣情况最坏的时候的那些忠诚的照顾者可能是一个选定组，是什么使他们能够保持心理健康？知道这些非常有用。

回答这个问题不仅要看大多数不可改变的社会和人格特质——例如一个支持的家庭、朋友、经济支持、自我力量、智力和技能——这些减缓了个人的脆弱性，帮助人们度过危机。因为我们通常对这些特质不能做什么，如果我们想学习如何帮助别人更好地应对，那么我们必须检验他们实际是如何做的，告诉他们自己努力去应对。

首要的是，我们必须检验短期或长期的应对中，应对模式是成功的还是失败的，以及是以何种方式应对的。如果可以看得出来的话，我们也应该检查这些策略是如何汇集起来并且综合成个人总体应对方式的。我猜测，能够对将发生的事情保持有用的意义，无论它们具体是什么，都是这种综合的最重要的关键所在，这也适用于成功地应对哀伤。

(二) 应激、情绪和应对

我最近提出，最好将心理应激看作情绪的一个子集。实际上，生气、焦虑、内疚、羞愧、难过、嫉妒和厌恶都是由冲突引起的，也通常被认为是应激的情绪。情绪能够为人们如何看待那些适应性事件以及全部生活提供更丰富的信息资源，那么应激是一个多维的概念。也就是说，了解到一个人在适应性事件中会愤怒而不是焦虑，会内疚而不是羞愧，会骄傲而不是嫉妒等，比只知道此人在承受应激，会获得更多的信息。

这是因为应激理论通常只根据心理动力学提供两个分析类别，高和低；即使我们考虑到我所指出的关于伤害、威胁和挑战之间的区别，仍有至少三个类别可以用来分析应对的心理动力。另一方面，有15种或者更多种类的情绪，每一个都有自己的特点，有自己的相关主题，它们为理解个人和情境提供了一种更为丰富的可能性。我们从要处理的每种情绪，甚至环境本身——如果我们有多种情绪事件的信息——以及接触的人中学习了不同的东西，这些情绪是我们与环境的交互作用产生的。实际上，我正在建议在应对和心理应激的研究中也要测量情绪。

有良好的理论和研究的基础使我们相信，应对过程与我们在适应性事件中产生的某种情绪和引发它的条件有特定联系。例如，在夫妻吵架时，丈夫和妻子在应对时可能会攻击对方以弥补他们受伤的自尊。愤怒升级的目的是自我提升和自我防御（保护自我映像）。然而，在夫妻共同面对的焦虑情境中，丈夫和妻子为了处理他们面对的威胁更可能会压制他们的愤怒。比起愤怒的事件，在焦虑中，丈夫和妻子更可能相互支持和建立信心。

当夫妻双方总体目标和情境意图不同时，这种应对的差异也会出现。双方主要关心修补自尊的伤害则可能会通过攻击和辩解使愤怒升级；相比较而言，双方主要在意保持关系，则倾向于隐藏他们的愤怒，为对方的发怒找借口，因此会将事件重新评价为不会引起愤怒的事件。

除了前面这些观察到的情绪和应对之外，我们不知道其他的情绪是什么，以及这些情绪塑造了何种应对。每一种情绪以及提供这种情绪的情境，导致不同应对模式出现的可能性都很大。比起研究情绪和应对之间的函数关系，我不能想象应对研究的其他领域更有希望超过我们的理解。

在过去，应对被认为属于决策的研究领域，重点仅关注了它的认知过程。然而，它也同样属于动机和情绪的研究领域。人们可以很容易将应对视为一种目标，这种目标可以用垂直的手段-目的关系策略来完成，即用有限的手段去完成宽泛的目标。我相信，在应激事件中实现目标时，考虑具体的情绪、总体的目标（或目的）和情境意图（或手段），会有利于我们理解应对策略选择和使用的基础。

困扰我的是，那么多过于简单的针对具体事件的应对研究结论将要发表，而此时实际上需要完成更多的研究设计。对于当前的研究氛围，我不能乐观地认为应对研究领域中的挑战性工作——相对高成本的纵向研究——已经被充分强调了。

热点总是在变，但重要的问题没有被充分和深入研究，只是表面问题被再次重复。我希望我对此的观点是错误的，希望对于这样一个有前景的理论和研究领域的努力——这对于研究适应的成功和失败非常重要——不会失去活力或被放弃掉。

链接：《感性与理性》 简介

该书共分为 14 章内容。 第一章为绪论，开篇首先澄清了人们对情绪的两个错误认识：情绪是非理性的；情绪会妨碍我们的适应。 第二章到第六章为第一篇，详细介绍了 15 种具体情绪，总结和归纳了情绪的基本要素及其内涵。 第七章到第十章为第二篇，重点介绍了如何理解情绪。其中分析了生物和文化因素对情绪产生的影响，以及如何应对和管理我们的情绪，重点阐述了情绪的逻辑，提出了 "情绪是理性的" 这一核心观点。 第十一章到第十四章为第三篇，介绍了与情绪有关的具体应用，包括压力与情绪、情绪与健康，以及当我们应对情绪失败时心理治疗所起的作用。 该书的写作方式打破了传统学术著作的风格，跨越了临床心理学与生活心理学的界限，采用通俗易懂的语言介绍了情绪的唤起、加工处理，以及我们如何理解情绪、情绪在我们生活中的应用等。

链接：《心理应激与应对过程》 简介

该书出版于 1966 年。 全书侧重于理论导向而非方法导向，尝试将 "应激" 这一心理学主题置于更广阔的研究背景下来论述，这些背景包括焦虑理论，弗洛伊德的防御机制，对极端情境的探讨，治疗的实验方法，攻击的实验分析，情绪导向的社会心理学研究，社会心理学药理作用，这些作用过程的物理和生理基础，对唤醒、压力和适应的心理和生理以及社会性作用过程。 该书第一、二章描述了有关应激的一般主题和它在生理学、心理学以及其他社会科学中的发展历史。 在第三、四章中，作者介绍了对评估威胁起决定作用的刺激因素和人格因素。 第五章关注次级评估过程，在这一过程中，威胁程度和刺激构成中的因素将决定产生哪种应对反应。 第六章则关注刺激评估和应对方式选择过程中涉及的人格因素，包括动机模式、自我资源、应对倾向、对环境和个人可用资源的一般信念。 第七章对应对反应模式进行分类并评估，形成了系统的分类模式，包括四种主要的应对模式：旨在增强应对危害的个人资源的行为；攻击；回避；防御。 第八章和第九章关注了测量心理应激的方法学问题，涉及口头报告的情感、动作行为反应和生理反应。 第十章给出了关于心理应激和生理应激作用的清晰的流程图。 该书通俗易懂，对所有章节都做了精确的总结，对于重要的区别和一般性的原理都用斜体标出，清晰简明，非常实用。

应对观和情绪观中的心理健康思想

在人们适应应激的过程中应对起着关键的作用。拉扎鲁斯及其合作者开拓性地对应对开展了系统性的研究。正如上述译文所述，拉扎鲁斯认为，应对不仅可以作为特质来看待，更应该关注应对的过程研究取向。在系统研究基础上，拉扎鲁斯提出了认知评价理论。这一理论着重强调了认知评价在应对和情绪产生中的作用。因此，在情绪研究领域，拉扎鲁斯的理论也得到了较多心理学家的关注和支持，他的理论也被认为是关于情绪产生的认知理论的代表之一。

一、拉扎鲁斯的应对观

（一）过程取向的应激和应对概念

我们每个人都会遇到来自外界环境或个人内部的多种干扰，这种干扰有时超过了我们的负荷或者我们没有足够的资源和能量去适应的时候，就使我们处在一种应激的状态中。对于应激的概念有三种取向。一种取向将应激视为挑战性的事件或环境，第二种取向将应激视为反应，第三种则将应激视为一个过程。过程取向主要以拉扎鲁斯为代表，他认为应激是一个过程，人是一个积极的行动者，能够通过行为、认知和情绪状态来改变应激物的影响。在这一概念中，拉扎鲁斯认为应激的两个基本要素是需要和适应能力。其中需要又分为环境需要和内部需要。环境需要是指需要适应的外部环境；内部需要是指个体的计划、任务、目标、价值观和信念。如果这两种需要未得到满足，就会产生消极的结果。适应能力是指可以满足需要，避免因失败而带来消极后果的潜在能力。需要与适应能力之间的平衡与否，决定了人们是否会产生应激。可见，拉扎鲁斯认为，心理应激与人和环境之间的特殊关系有关。

按照拉扎鲁斯的观点，与应激相对应，应对是指个体不断改变着的认知和行为的努力，这种努力控制着（包括容忍、降低、回避等）那些被评价为超出个体适应能力的内部的或外部的需要。这个定义同样将应对也视为一个过程，强调在应激事件中人们的认知和行为随时间和事件的发展而变化。同时，"控制"这个词在应对的定义中非常重要。它表明应对的结果可能是各种各样的，不一定必然导致问题的解决。应对的结果可能会，也应该力求做到纠正或控制发生的问题。但是，它们也可能仅仅是帮助个体改变了人们对威胁情境的认知，使人们容忍或接受带来的伤害或威胁，或者逃避这一应激性情境。应对过程不是一个单一的事件，因此，拉扎鲁斯将其视为一个不断地评价和再评价以转变个体和环境之间关系的动态的连续过程。

（二）应对过程中的认知评价

在应对过程中，拉扎鲁斯认为认知评价是一个重要的核心概念。认知评价主要是针对两个方面的因素：需要是否威胁个体身体或心理健康；资源对满足个体需要的有效性。这种评价是不断进行着的，有初级评价和次级评价之分。

1. 初级评价

当我们面临一个应激性事件时，我们首先要评估事件对个体的意义，这一过程被拉扎鲁斯称作初级评价。初级评价有三种结果。

（1）无关。刺激事件被评价为与个人的利害得失无关。这一评价过程立即结束。

（2）有益。情境被解释为对个人有保护的价值。这类评价表征为愉快、舒畅、兴奋、安宁等情绪。

（3）紧张（或应激）。情境被解释为会使人受伤害，产生失落、威胁或挑战的感觉。严重的紧张性评价表征为应激。它们可以是实际上的，包含着直接行动，如回避或攻击行为；也可以是观念上的。人为了改变与环境之间的关系，用这样的方法去接近或延续现存的良好条件，或去减少或排除存在的威胁。它们带来的冲动以及伴随而来的生理唤醒，形成情绪的基本方面。评价的背景包括个体的生物成分和文化成分，以及个体的生活史和心理个性结构等诸多制约因素。

2. 次级评价

次级评价是初级评价的继续，当初级评价结果为紧张（或应激）时，个体会认为需要去处理这些威胁或挑战，那么，再评价过程就出现了。再评价会估计采取行动的后果，考虑适宜的应对策略，选择有效的应对手段。

初级评价和次级评价是相互依存的，不可分割。例如，如果人们经过次级评价的过程，确信有某种应对策略能够成功地控制威胁，经受挑战，那么把事件评价为威胁的初级评价本身就会被改变。也就是说，如果一个人意识到潜在的威胁可以轻易地避免，那么这种威胁就不再是威胁了。相反，如果次级评价所获的信息使人确认自己刚刚选择的应对策略不能解决面临的问题，那么威胁的严重性就会被极大地增强。

（三）过程应对的研究方法

拉扎鲁斯等人多次在不同文章中，对应激与应对的研究方法提出了自己的见解。综合来看，他们主要强调了如下四个方面的问题（莫文彬，1991）。

1. 强调自然性。他们认为，实验室研究有很大局限性。首先，实验室研究不可能研究完整的应对过程，只能研究一个或几个阶段。其次，适应的结果需要经过一定的时间才能出现，如对身体健康和精神状态的影响，就需要相隔一段时间，才能显现出来，但是，在实验室中可以支配被试的时间没有那么长。再者，由于道德方面的原因，也不能让被试经受日常生活中同样内容和强度的紧张刺激。

2. 强调过程。即强调在应激性事件中实际发生些什么，以及发生的事情是如何变化的。

3. 强调多水平的分析。即从社会、心理、生理这三个有关联的因素着手，进行研究。

4. 强调个体内与个体间相结合的研究方法。所谓个体内就是一个人的不同侧面，或同一个人在不同场合与环境下是如何活动的。而个体间的研究方法是指研究许多人的一般规律，即寻找适合于任何人的共同规律。

拉扎鲁斯在后来的研究中也谈了自己对采用问卷法来研究应对的看法，他认为问卷法是理解应对的一种最初方法，不能用它来揭开应对表象去识别目标和情境意图，特别是那些个体未知的部分。其学生福尔克曼深知导师的这些观点，因此，她在对应对的研究中就采用了其他的方法，比如深度访谈法和观察法，也运用了纵向研究设计（Folkman，2000）。这得到了拉扎鲁斯的好评。实际上，拉扎鲁斯在研究设计上也多次强调，要研究应对的过程，应多采用纵向研究、前瞻性设计研究以及微观分析的方法。

二、拉扎鲁斯的情绪观

拉扎鲁斯的研究不仅为应对的研究提供了新的视角，而且，对情绪的研究有重要的影响。拉扎鲁斯曾说过："我难以相信，在研究心理现象或人与动物的适应行为时，能够避而不谈情绪的重要作用。那些忽视了这一点的理论和实践心理学是落伍的，应该被淘汰。"在早年行为主义盛行的时候，拉扎鲁斯就能够认识到情绪的重要性，这是十分难能可贵的。

（一）拉扎鲁斯对情绪的基本看法

首先，拉扎鲁斯认为情绪是一种反应综合征（response syndrome），不能将情绪单纯地归结为生理激活这个单一变量。情绪应该包括生理、认知和行为的成分，每种情绪都有它自身所独有的反应模式。

其次，拉扎鲁斯认为，情绪也不是一种动机或驱力。他认为，如果把情绪看作是动机，将只会引导人们从动机去推测行为的适应性或不适应性的情绪模式，而不去注意情绪反应的独特性质。与对应对的观点相一致，拉扎鲁斯认为个体对自身的遭遇或生活本身的评价是情绪体验的基础。可见，他同样强调了认知评价在情绪产生中的重要作用。

（二）拉扎鲁斯的情绪定义

拉扎鲁斯认为情绪是对意义的反应，这个反应是通过认知评价决定和完成的（孟昭兰，2005）。他指出：

1. 情绪的发展来自环境信息；

2. 情绪依赖于短时的或持续的评价；

3. 情绪是一种生理、心理反应的组织。

拉扎鲁斯也考虑到了生物因素和文化因素对情绪的重要意义。他指出文化可以通过如下四条途径影响情绪（Strongman，2006）：

1. 通过我们知觉情绪刺激的方式；

2. 通过直接改变情绪表达；

3. 通过决定社会关系和判断；

4. 通过高度仪式化的行为（如悲痛）。

同时，拉扎鲁斯也强调，我们在对情绪进行解释时，完全可以从个体认知的角度来解决问题，不必去强调情绪是受了生物因素的影响还是文化因素的影响。按照情绪的定义，拉扎鲁斯（1993）列出了 15 种具体情绪及其核心相关主题（表 10-3）（彭聃龄，2004）。

表 10-3　情绪与其核心相关主题

情绪	核心相关主题
发怒	对我及我的所有物的贬低或攻击
焦虑	面对不确定的存在条件
害怕	一种直接的、真实的、巨大的危险
内疚	道德上的违反
害羞	过错归结到自己身上
悲伤	体验到不可挽回的丧失
羡慕	想要别人所拥有的东西
嫉妒	憎恨他人得到别人的爱，希望他失去它
厌恶	接近令人讨厌的物体、人或思想
高兴	向着一个真正的目标进步
骄傲	由于自己的成就得到别人承认或认同而使自尊增强
放松	令人沮丧的情境得到改善

（续表）

情绪	核心相关主题
希望	怕坏的结果，想要更好的结果
爱	经常渴望的情感而不要回报
同情	被他人的遭遇所感动而愿帮助他

三、结语

作为心理学界著名的学者，拉扎鲁斯在其职业生涯中有超过 50 年的时间都是围绕应激、情绪和应对过程开展研究的。早期的传统心理学和哲学把情绪和认知看作是绝对对立和互相排斥的，但是拉扎鲁斯的认知评价理论纠正了这一错误观念。拉扎鲁斯认为情绪与认知是互倚与整合的关系，近年来这得到了情绪神经科学研究的有力支持。例如，前额皮层（PFC）长期被认为是产生认知使心理活动得以表征的神经回路的重要组成部分。戈瑞（Gray，2002）等人使用功能性磁共振成像证明，有些情绪信息加工与一些我们已知的特殊认知加工发生在前额皮层的相同区域，前额皮层可能是一个认知信息加工与情绪信息加工的重要集中地。因此，拉扎鲁斯的理论对心理学的发展产生了重要影响，他本人也被认为是应对这一研究领域的领导者。

无论是对应对领域还是情绪领域来说，拉扎鲁斯的认知评价理论都是迄今为止最为著名的认知理论之一。这一理论框架强调个体差异，强调与认知 - 动机相关的评价概念，以及以过程为中心的整体观（Lazarus，2000）。拉扎鲁斯以过程的取向来看待应对和情绪，将环境事件、认知、评价、情绪、应对看作人的社会行为的连续过程，实际上这更能充分体现心理发展的变化性和动态性。拉扎鲁斯认为自己研究取向的底线是关系的意义，即个体在人与环境中建构的关系的意义。这种关系是对社会影响、物理环境和个人目标、有关自我和世界的信念以及资源进行评价的结果。从这一观点，我们可以看出，拉扎鲁斯虽然强调认知评价，但是他也强调了其他因素的影响。这与他对待应对的整体观是一致的。

除了上面介绍的拉扎鲁斯的主要理论观点外，他在晚年提出的一些其他观点也值得我们关注和深思。

首先，他在一些文章中，提到了应对效能的评价问题。他认为，除了目前常用的主观幸福感标准之外，还应有其他的标准来衡量应对的效能，如行为指标、生理指标以及客观的健康检查的结果等。

其次，如前所述，拉扎鲁斯早年对心理动力学比较感兴趣，也接触过这方面的心理学家，如荣格等。因此，他在研究应对时，一直都很重视自我防御的概念，认为仅从意识层面研究应对是不充分的，在研究应激、应对和情绪时必须强调无意识加工和自我防御。这一观点后来得到了情绪研究者的重视，目前已有无意识情绪的相关研究。

最后，拉扎鲁斯晚年的时候，正是积极心理学兴起之时，他对积极心理学也做了较为中肯的评价。相对积极心理学来说，应对研究似乎多针对消极的心理现象，因此，拉扎鲁斯似乎成了研究"消极心理学"的代表人物之一。在拉扎鲁斯逝世之前，《心理学研究》（*Psychological Inquiry*）杂志试图在积极心理学与应对等消极心理现象研究之间建立一次沟通和对话，该杂志曾邀请他撰写了一篇有关积极心理学的评价性的文章，作为靶子文章，其他学者对他的文章进行了评价，最后，他又对这些评价进行了回应。拉扎鲁斯去世后，这些文章发表在该杂志 2003 年第二期上。总体上，拉扎鲁斯认为积极心理学正如其他心理学研究思潮一样，总是会有些影响，但是也总是会被其他研究思潮所替代。积极心理或者积极情绪其实是与消极情绪不可分割的，不能把它们严格分割开来。他指出，积极情绪与消极情绪经常是相伴而生。比如所谓的积极情绪"爱"与"希望"，有时在现实生活中也会经常伴随有消极的体验，而"愤怒"有时则会有积极的体验。例如，当一个人表达了愤怒的时候，他的自我或者社会自尊可能会得到修补。

虽然如此，拉扎鲁斯的理论也并不是完美无缺的。比如，拉扎鲁斯把情绪看作认知评价的功能或结果，情绪是由认知决定的。这是正确的，但又不可避免地忽略了情绪对认知和行动的意义和作用而走向了副现象论（孟昭兰，2005）。此外，"评价"这一概念过于广泛而且太含糊，因此要评定个体的"评价"就显得困难（Strongman，2006）。

附录 1　参考文献

[1] 弗洛伊德. 精神分析引论[M]. 高觉敷, 译. 北京: 商务印书馆, 1984: 362-375.

[2] HAGGBLOOM S J, et al. The 100 Most Eminent Psychologists of the 20th Century [J]. Review of General Psychology, 2002, 6 (2): 139-152.

[3] ROGERS C R. Significant Aspects of Client-centered Therapy [J]. American Psychologist, 1946, 1 (10): 415-422.

[4] SNYDER W U. An Investigation of the Nature of Non-directive Psychotherapy [J]. The Journal of General Psychology, 1945 (33): 193-223.

[5] ALEXANDER F, FRENCH T M. Psychoanalytic Therapy [M]. New York: Ronald Press, 1946.

[6] ROGERS C R. The Implications of Nondirective Therapy for the Handling of Social Conflicts [R]. Paper given to a seminar of the Bureau of Intercultural Education, New York City, Feb. 18, 1946.

[7] CANTOR N. Dynamics of Learning [J]. Journal of Higher Education, 1946.

[8] ERIKSON E H. The Life Cycle Completed: A Review (Extended Version) [M]. New York: W. W. Norton & Company, 1997 (3): 55-82.

[9] ERIKSON E H. Elements of a Psychoanalytic Theory of Psychosocial Development [M] //GREENSPAN S I, POLLOCK G H. The Course of Life: Psychoanalytic Contributions Toward Understanding Personality Development. Washington, D. C.: U. S. Government Printing Office, 1980 (a).

[10] KING P. The Life Cycle as Indicated by the Nature of the Transference in the Psychoanalysis of the Middle-aged and Elderly [J]. The International Journal of Psychoanalysis, 1980 (61): 153-159.

[11] BLOS P. The Second Individuation Process of Adolescence [J]. Psychoanalytic Study of the Child, 1967 (22): 162-186.

[12] ERIKSON E H. On the Generational Cycle: An Address [J]. The International Journal of Psychoanalysis, 1980 (b), 61: 213-222.

[13] HARTMANN H. Ego Psychology and the Problem of Adaptation [M]. Translated by David Rapaport. New York: International Universities Press, 1958.

[14] GREENSPAN S I. An Integrated Approach to Intelligence and Adaptation: A Synthesis of Psychoanalytic and Piagetian Developmental Psychology [M]. Psychological Issues:

Vols. 3 and 4. New York: International Universities Press, 1979.

[15] PIAGET J. The General Problems of the Psychobiological Development of the Child [M] //TANNER JR, INHELDER B. Discussions on Child Development. New York: International Universities Press, 1960, Vol. IV: 3-27.

[16] LIFTON R J. History and Human Survival [M]. New York: Random House, 1970.

[17] CATTELL R B. MORONY J H. The Use of the 16PF in Distinguishing Homosexuals, Normals, and General Criminals [J]. Journal of Consulting Psychology, 1962, 26 (6): 531-540.

[18] HORN J L. Significance Tests for Use with r_p and Related Profile Statistics [J]. Educational & Psychological Measurement, 1962 (21): 363-370.

[19] CATTELL R B. Personality and Motivation Structure and Measurement [M]. New York: World Book, 1957.

[20] CATTELL R B, SAUNDERS D R, STICE G F. Handbook to the Sixteen Personality Factor Questionnaire [Z]. 3rd ed. Champaign, 111. Institute of Personality and Ability Testing, 1957.

[21] CATTELL R B, SCHEIER I A. The Meaning and Measurement of Neuroticism and Anxiety [M]. New York: Ronald Press, 1961.

[22] CATTELL R B. r_p and Other Coefficients of Pattern Similarity [J]. Psychometrika, 1949 (14): 279-298.

[23] PENNINGTON L A, BERG I A. An Introduction to Clinical Psychology [M]. New York: Ronald Press, 1954.

[24] BERGLER E. Homosexuality: Disease or Way of Life? [M]. New York: Hill and Wang, 1956.

[25] ELLIS A. Are Homosexuals Necessarily Neurotic? [J]. One, 1955 (3): 8-12.

[26] FREEMAN T. Clinical and Theoretical Observations on Male Homosexuality [J]. The International Journal of Psychoanalysis, 1955 (35): 335-347.

[27] GRAUER D. Homosexuality and the Paranoid Psychoses as Related to the Concept of Narcissism [J]. Psychoanalytic Quarterly, 1955 (24): 516-526.

[28] KOLB L C, JOHNSON A M. Etiology and Therapy of Overt Homosexuality [J]. Psychoanalytic Quarterly, 1955 (24): 506-515.

[29] CATTELL R B, BLEWETT D B, BELOFF J R. The Inheritance of Personality: A Multiple Variance Analysis Determination of Approximate Nature-nurture Ratios for Primary Personality Factors in Q-data [J]. American Journal of Human Genetics, 1955 (7): 122-146.

[30] RAO C R. Advanced Statistical Methods in Biometric Research [M]. New York: Wiley, 1952.

[31] 荣格: 寻求灵魂的现代人 [M]. 苏克, 译. 贵阳: 贵州人民出版社, 1987:

31-61.

［32］SCHWARTZ J. Cassandra's Daughter: A History of Psychoanalysis ［M］. New York: Viking/Allen Lane, 1999: 225.

［33］BOWLBY J. Maternal Care and Mental Health ［R］. Geneva: World Health Organization, 1951.

［34］HOPKIRK H W. Institutions Serving Children ［M］. New York: Russell Sage Foundation, 1944.

［35］The Report of the Care of Children Committee (Training in Child Care) ［R］. Presented by the Secretary of State for the Home Department, the Minister of Health and the Minister of Education. London: 1946.

［36］STERN E M, HOPKIRK H W. The Housemother's Guide ［M］. New York: The Commonwealth Fund, 1946.

［37］The Advisory Committee of the League of Nations. The Placing of Children in Families ［R］. Geneva: 1938.

［38］BRETHERTON I. The Origins of Attachment Theory: John Bowlby and Mary Ainsworth ［J］. Developmental Psychology, 1992 (28): 759-775.

［39］杨慧，熊哲宏. 如何成为心理咨询师 ［M］. 北京: 中国社会科学出版社, 2009: 102-103.

［40］WOLPE J. Psychotherapy by Reciprocal Inhibition ［J］. Integrative Psychological and Behavioral Science, 1968, 3 (4): 234-240.

［41］SALTER A. Conditioned Reflex Therapy ［M］. New York: Creative Age Press, 1949.

［42］WOLPE J. Psychotherapy by Reciprocal Inhibition ［M］. Stanford, California: Stanford University Press, 1958.

［43］WOLPE J, LAZARUS A A. Behavior Therapy Techniques ［M］. Oxford and New York: Pergamon Press, 1966.

［44］JACOBSON E. Progressive Relaxation ［M］. Chicago: University of Chicago Press, 1938.

［45］SCHULTZ J H, LUTHE W. Autogenic Training ［M］. New York: Grune and Stratton, 1959.

［46］WOLPE J. Reciprocal Inhibition as the Main Basis of Psychotherapeutic Effects ［J］. AMA Archives of Neurology & Psychiatry, 1954 (72): 205-226.

［47］WOLPE J. The Systematic Desensitization Treatment of Neuroses ［J］. The Journal of Nervous and Mental Disease, 1961 (132): 189-203.

［48］LAZARUS A A, ABRAMOVITZ A. The Use of "Emotive Imagery" in the Treatment of Children's Phobias ［J］. The British Journal of Psychiatry, 1962 (108): 191-195.

［49］BRODY M W. Prognosis and Results of Psychoanalysis ［M］ //NODINE J H, MOYER J H. (Eds.). Psychosomatic Medicine. Philadelphia: Lea & Febiger, 1962.

[50] RUTTER M. Maternal Deprivation, 1972～1978: New Findings, New Concepts, New Approaches [J]. Child Development, 1979 (50): 283-305.

[51] RUTTER M. Protective Factors in Children's Responses to Stress and Disadvantage [M]//KENT M W, ROLF J E (Eds.). Primary Prevention of Psychopathology: Vol. 3. Promoting Social Competence and Coping in Children. Hanover, N. H.: University Press of New England, 1979.

[52] RUTTER M, COX A, TUPLING C, BERGER M, YULE W. Attainment and Adjustment in Two Geographical Areas. I. The Prevalence of Psychiatric Disorder [J]. British Journal of Psychiatry, 1975 (126): 493-509.

[53] RUTTER M, MADGE N. Cycles of Disadvantage: A Review of Research [M]. London: Heinemann, 1976.

[54] BOWLBY J. Attachment and Loss. Vol. 1. Attachment [M]. London: Hogarth Press, 1969.

[55] BOWLBY J. Attachment and Loss. Vol. 2. Separation, Anxiety and Anger [M]. London: Hogarth Press, 1973.

[56] RUTTER M. Attachment and the Development of Social Relationships [M] // RUTTER M (Ed.). Scientific Foundations of Developmental Psychiatry. London: Heinemann Medical Books, 1979.

[57] RUTTER M. Early Sources of Security and Competence [M] //BRUNER J S, GARTON A (Eds.). Human Growth and Development. London: Oxford University Press, 1978. (a)

[58] RUTTER M, QUINTON D. Psychiatric Disorder: Ecological Factors and Concepts of Causation [M] //MCGURK H (Ed.). Ecological Factors in Human Development. Amsterdam: North-Holland, 1977.

[59] RUTTER M, YULE B, QUINTON D, ROWLANDS O, YULE W, BERGER M. Attainment and Adjustment in Two Geographical Areas. III: Some Factors Accounting for Area Differences [J]. British Journal of Psychiatry, 1975 (126): 520-533.

[60] RUTTER M. Sex Differences in Children's Responses to Family Stress [M] //ANTHONY E J, KOUPERNIK C (Eds.). The Child in His Family. New York: Wiley, 1970.

[61] RUTTER M. Brain Damage Syndromes in Childhood: Concepts and Findings [J]. Journal of Child Psychology and Psychiatry, 1977 (18): 1-21. (a)

[62] RUTTER M, GRAHAM P, YULE W. A Neuropsychiatric Study in Childhood [M]. (Clinics in Developmental Medicine, Nos. 35-36.) London: Spastics International Medical Publications/Heinemann, 1970.

[63] RUTTER M. Prospective Studies to Investigate Behavioral Change [M] // STRAUSS J S, BABIGIAN H M, ROFF M (Eds.). The Origins and Course of Psychopathology. New York: Plenum, 1977. (b)

[64] JANIS I L. The Role of Social Support in Adherence to Stressful Decisions [J]. A-

merican Psychologist, 1983 (38): 143-160.

[65] CAPLAN G, KILLILEA M. Support Systems and Mutual Help: Multidisciplinary Explorations [M]. New York: Grune & Stratton, 1976.

[66] LEIGH H, REISER M F. The Patient: Biological, Psychological, and Social Dimensions of Medical Practice [M]. New York: Plenum, 1980.

[67] RODIN J, JANIS I L. The Social Influence of Physicians and Other Health Care Practitioners as Agents of Change [M] //FRIEDMAN H S, DIMATTEO M R (Eds.). Interpersonal Issues in Health Care. New York: Academic Press, 1982.

[68] KASL S V. Issues in Patient Adherence to Health Care Regimens [J]. Journal of Human Stress, 1975 (1): 5-18.

[69] KIRSCHT J P, ROSENSTOCK I M. Patients' Problems in Following Recommendations of Health Experts [M] //STONE G C, COHEN F, ADLER N E (Eds.). Health Psychology. San Francisco: Jossey-Bass, 1979.

[70] SACKETT D L. The Magnitude of Compliance and Noncompliance [M] //SACKETT D L, HAYNES R B (Eds.). Compliance with Therapeutic Regimens. Baltimore: Johns Hopkins University Press, 1976.

[71] STONE G C. Patient Compliance and the Role of the Expert [J]. Journal of Social Issues, 1979 (55): 34-59.

[72] DAVIS M S. Variations in Patients' Compliance with Doctor's Orders: Analysis of Congruence Between Survey Responses and Results of Empirical Investigations [J]. Journal of Medical Education, 1966 (41): 1037-1048.

[73] ROGERS C R. On Becoming a Person [M]. Boston: Houghton Mifflin, 1961.

[74] TRUAX C B, CARKHUFF R R. Toward Effective Counseling and Psychotherapy [M]. Chicago: Aldine, 1967.

[75] RUBIN Z. Liking and Loving: An Invitation to Social Psychology [M]. New York: Holt, Rinehart & Winston, 1973.

[76] BERSCHEID E, WALSTER E. Interpersonal Attraction [M]. 2nd ed. Reading, MA: Addison-Wesley, 1978.

[77] BYRNE D. The Attraction Paradigm [M]. New York: Academic Press, 1971.

[78] JONAS G. Profiles: Visceral Learning I: Dr. Neal E. Miller [J]. New Yorker, 1972 (45): 34-57.

[79] JANIS I L. Groupthink: Psychological Studies of Policy Decisions and Fiascoes [M]. Boston: Houghton Mifflin, 1982.

[80] YABLONSKY L. The Tunnel Back: Synanon [M]. New York: Macmillan, 1965.

[81] JANIS I L, HOFFMAN D. Facilitating Effects of Daily Contact Between Partners Who Make a Decision to Cut Down on Smoking [J]. Journal of Personality and Social Psychology, 1971 (17): 25-35.

[82] JANIS I L, HOFFMAN D. Effective Partnerships in a Clinic for Smokers [M] //

JANIS I L（Ed.）. Counseling on Personal Decisions: Theory and Research on Short-term Helping Relationships. New Haven, Conn.: Yale University Press, 1982.

[83] NOWELL C, JANIS I L. Effective and Ineffective Partnerships in a Weight-reduction Clinic [M] //JANIS I L（Ed.）. Counseling on Personal Decisions: Theory and Research on Short-term Helping Relationships. New Haven, Conn.: Yale University Press, 1982.

[84] CHANG P. The Effects of Quality of Self-disclosure on Reactions to Interviewer Feedback [D]. Unpublished doctoral dissertation, University of Southern California, 1977.

[85] GREENE L R. Effects of the Counselor's Verbal Feedback, Interpersonal Distance and Client's Field Dependence [M] //JANIS I L（Ed.）. Counseling on Personal Decisions: Theory and Research on Short-term Helping Relationships. New Haven, Conn.: Yale University Press, 1982.

[86] MULLIGAN W. Effects of Self-disclosure and Interviewer Feedback: A Field Experiment During a Red Cross Blood Donation Campaign [M] // JANIS I L（Ed.）. Counseling on Personal Decisions: Theory and Research on Short-term Helping Relationships. New Haven, Conn.: Yale University Press, 1982.

[87] SMITH A D. Effects of Self-esteem Enhancement on Teachers' Acceptance of Innovation in a Classroom Setting [M] //JANIS I L（Ed.）. Counseling on Personal Decisions: Theory and Research on Short-term Helping Relationships. New Haven, Conn.: Yale University Press, 1982.

[88] LABOV W, FANSHEL D. Therapeutic Discourse: Psychotherapy as Conversation [M]. New York: Academic Press, 1977.

[89] COLTEN M E, JANIS I L. Effects of Moderate Self-disclosure and the Balance-sheet Procedure [M] //JANIS I L（Ed.）. Counseling on Personal Decisions: Theory and Research on Short-term Helping Relationships. New Haven, Conn.: Yale University Press, 1982.

[90] QUINLAN D M, JANIS I L, BALES V. Effects of Moderate Self-disclosure and Amount of Contact with the Counselor [M] //JANIS I L（Ed.）. Counseling on Personal Decisions: Theory and Research on Short-term Helping Relationships. New Haven, Conn.: Yale University Press, 1982.

[91] QUINLAN D M, JANIS I L. Unfavorable Effects of High Levels of Self-disclosure [M] //JANIS I L（Ed.）. Counseling on Personal Decisions: Theory and Research on Short-term Helping Relationships. New Haven, Conn.: Yale University Press, 1982.

[92] RISKIND J H, JANIS I L. Effects of High Self-disclosure and Approval Training Procedures [M] //JANIS I L（Ed.）. Counseling on Personal Decisions: Theory and Research on Short-term Helping Relationships. New Haven, Conn.: Yale University Press.

[93] LANGER E J, JANIS I L, WOLFER J. Reduction of Psychological Stress in Surgical Patients [J]. Journal of Experimental Social Psychology, 1975: 155-165.

[94] HOLROYD K A, ANDRASIK F, WESTBROOK T. Cognitive Control of Tension

Headache [J]. Cognitive Therapy & Research, 1977 (1): 121-133.

[95] MILLER J C, JANIS I L. Dyadic Interaction and Adaptation to the Stresses of College Life [J]. Journal of Counseling Psychology, 1972 (3): 258-264.

[96] KIESLER C A. The Psychology of Commitment [M]. New York: Academic Press, 1971.

[97] CORMIER W H, CORMIER L S. Interviewing Strategies for Helpers: A Guide to Assessment, Treatment and Evaluation [M]. Monterey, CA: Brooks/Cole Publishing Co., 1979.

[98] JANIS I L, MANN L. Decision Making: A Psychological Analysis of Conflict, Choice, and Commitment [M]. New York: Free Press, 1977.

[99] MCFALL R M, HAMMEN L. Motivation, Structure, and Self-monitoring: Role of Nonspecific Factors in Smoking Reduction [J]. Journal of Consulting and Clinical Psychology, 1971 (37): 80-86.

[100] KANFER F H, KAROLY P. Self-control: A Behavioristic Excursion into the Lion's Den [J]. Behavior Therapy, 1972 (3): 398-416.

[101] STEKEL S, SWAIN M. The Use of Written Contracts to Increase Adherence [J]. Hospitals, 1977 (51): 81-84.

[102] DAVISON G C, VALINS S. Maintenance of Self-attributed and Drug-attributed Behavior Change [J]. Journal of Personality and Social Psychology, 1969 (11): 25-33.

[103] LAZARUS R S. Coping Theory and Research: Past, Present, and Future [J]. Psychosomatic Medicine, 1993 (55): 234-247.

[104] RAPAPORT D, GILL M, SCHAFER R. Diagnostic Psychological Testing [M]. Chicago: Year Book Publishers, 1945.

[105] SCHAFER R. Psychoanalytic Interpretation in Rorschach Testing [M]. New York: Grune & Stratton, 1954.

[106] HOLZMAN P S, GARDNER R W. Leveling and Repression [J]. Journal of Abnormal & Social Psychology, 1959 (59): 151-155.

[107] WITKIN H A, DYK R B, FATERSON H F, et al. Psychological Differentiation [M]. New York: Wiley, 1962.

[108] KLEIN G. Need and Regulation [M] //JONES M R (Ed.). Nebraska Symposium on Motivation. Lincoln, NB: University of Nebraska Press, 1964.

[109] SHAPIRO D. Neurotic Styles [M]. New York: Basic Books, 1965.

[110] SJOBACK H. The Psychoanalytic Theory of Defensive Processes [M]. New York: Wiley, 1973.

[111] MENNINGER K. Regulatory Devices of the Ego Under Major Stress [J]. International Journal of Psychoanalysis, 1954 (35): 412-420.

[112] HAAN N. A Tripartite Model of Ego Functioning Values and Clinical and Research Applications [J]. The Journal of Nervous and Mental Disease, 1969 (148): 14-30.

[113] VAILLANT G E. Adaptation to Life [M]. Boston: Little Brown and Co., 1977.

[114] GRINKER R R, SPIEGEL J P. Men Under Stress [M]. New York: McGraw-Hill, 1945.

[115] COHEN F. Measurement of Coping [M] //COOPER C L, KASL S V (Eds.). Stress and Health: Issues in Research Methodology. Chichester: Wiley, 1987: 283-305.

[116] BYRNE D. The Repression-sensitization Scale: Rationale, Reliability, and Validity [J]. Journal of Personality, 1961: 334-349.

[117] EPSTEIN S, FENZ W D. The Detection of Areas of Emotional Stress Through Variations in Perceptual Threshold and Physiological Arousal [J]. Journal of Experimental Research in Personality, 1967: 191-199.

[118] GOLDSTEIN M J. The Relationship Between Coping and Avoiding Behavior and Response to Fear-arousing Propaganda [J]. Journal of Abnormal Psychology, 1959 (58): 247-252.

[119] GARDNER R W, HOLZMAN P S, KLEIN G S, et al. Cognitive Control: A Study of Individual Consistencies in Cognitive Behavior [J]. Psychological Issues, 1959 (1): 1-185.

[120] LEVINE M, SPIVACK G. The Rorschach Index of Repressive Style [M]. Springfield: Charles C. Thomas, 1964.

[121] GLESER G, IHILEVICH D. An Objective Instrument for Measuring Defense Mechanisms [J]. Journal of Consulting & Clinical Psychology, 1969 (33): 51-60.

[122] JOFFE P, NADITCH M. Paper and Pencil Measures of Coping and Defense Processes [M] //HAAN N (Ed.). Coping and Defending: Processes of Self-environment Organization. New York: Academic Press, 1977: 280-297.

[123] OATES J M. Acquisition of Esophageal Speech Following Laryngectomy [D]. Dissertation, La Trobe University, Bundoora, Australia, 1988.

[124] HERBERT T B, SILVER R C, ELLARD J H. Coping with an Abusive Relationship: I. How and Why Do Women Stay? [J]. Journal of Marriage and Family, 1991.

[125] ZAUTRA A J, WRABETZ A B. Coping Success and Its Relationship to Psychological Distress for Older Adults [J]. Journal of Personality & Social Psychology, 1991 (61): 801-810.

[126] GLASER B, STRAUSS A. The Discovery of Grounded Theory [M]. Chicago: Aldine, 1967.

[127] HALLBERG L R, CARLSSON S G. A Qualitative Study of Strategies for Managing a Hearing Impairment [J]. British Journal of Audiology, 1991 (25): 201-211.

[128] LAZARUS R S. Psychological Stress and the Coping Process [M]. New York: McGraw-Hill, 1966.

[129] LAZARUS R S. Emotions and Adaptation: Conceptual and Empirical Relations [M] //ARNOLD W J (Ed.). Nebraska Symposium on Motivation. Lincoln, NB: University of

Nebraska Press, 1968: 175-266.

[130] LAZARUS R S. The Stress and Coping Paradigm [M] //EISDORFER C, COHEN D, KLEINMAN A, MAXIM P (Eds.). Models for Clinical Psychopathology. New York: Spectrum, 1981: 177-214.

[131] LAZARUS R S, LAUNIER R. Stress-related Transactions Between Person and Environment [M] //PERVIN L A, LEWIS M (Eds.). Perspectives in Interactional Psychology. New York: Plenum, 1978: 287-327.

[132] LAZARUS R S, FOLKMAN S. Stress, Appraisal, and Coping [M]. New York: Springer, 1984.

[133] LAUX L, WEBER H. Presentation of Self in Coping with Anger and Anxiety: An Intentional Approach [J]. Anxiety Research, 1991 (3): 233-255.

[134] BILLINGS A G, MOOS R H. The Role of Coping Responses and Social Resources in Attenuating the Stress of Life Events [J]. Journal of Behavioral Medicine, 1981 (4): 139-157.

[135] FOLKMAN S, LAZARUS R S. An Analysis of Coping in a Middle-aged Community Sample [J]. Journal of Health & Social Behavior, 1980 (21): 219-239.

[136] LAZARUS R S, FOLKMAN S. Transactional Theory and Research on Emotions and Coping [J]. European Journal of Personality, 1987 (1): 141-169.

[137] PEARLIN L I, SCHOOLER C. The Structure of Coping [J]. Journal of Health and Social Behavior, 1978 (19): 2-21.

[138] PEARLIN L I, LIEBERMAN M A, MENAGHAN E G, MULLAN J T. The Stress Process [J]. Journal of Health and Social Behavior, 1981 (22): 337-356.

[139] STONE A A, NEALE J M. New Measure of Daily Coping: Development and Preliminary Results [J]. Journal of Personality and Social Psychology, 1984 (46): 892-906.

[140] KAHANA E, KAHANA B, YOUNG R. Strategies of Coping and Postinstitutional Outcomes [J]. Research on Aging, 1987 (9): 182-199.

[141] SCHEIER M F, WEINTRAUB J K, CARVER C S. Coping with Stress: Divergent Strategies of Optimists and Pessimists [J]. Journal of Personality and Social Psychology, 1986 (51): 1257-1264.

[142] LAZARUS R S. The Costs and Benefits of Denial [M] //BREZNITZ S (Ed.). The Denial of Stress. New York: International Universities Press, 1983: 1-30.

[143] LEVENSON J L, KAY R, MONTEFERRANTE J, HERMAN M V. Denial Predicts Favorable Outcome in Unstable Angina Pectoris [J]. Psychosomatic Medicine, 1984 (46): 109-117.

[144] LEVINE J, WARRENBURG S, KERNS R, et al. The Role of Denial in Recovery from Coronary Heart Disease [J]. Psychosomatic Medicine, 1987 (49): 109-117.

[145] COHEN F, LAZARUS R S. Active Coping Processes, Coping Dispositions, and Recovery from Surgery [J]. Psychosomatic Medicine, 1973 (35): 375-389.

［146］STAUDENMAYER H, KINSMAN R A, DIRKS J F, et al. Medical Outcome in Asthmatic Patients: Effects of Airways Hyperreactivity and Symptom-focused Anxiety ［J］. Psychosomatic Medicine, 1979 （41）: 109-118.

［147］FOLKMAN S, LAZARUS R S. If It Changes It Must Be a Process: Study of Emotion and Coping During Three Stages of a College Examination ［J］. Journal of Personality and Social Psychology, 1985 （48）: 150-170.

［148］FOLKMAN S, LAZARUS R S, DUNKEL-SCHETTER C, et al. Dynamics of a Stressful Encounter: Cognitive Appraisal, Coping, and Encounter Outcomes ［J］. Journal of Personality and Social Psychology, 1986 （50）: 992-1003.

［149］FOLKMAN S, LAZARUS R S, GRUEN R, DELONGIS A. Appraisal, Coping, Health Status and Psychological Symptoms ［J］. Journal of Personality and Social Psychology, 1986 （50）: 571-579.

［150］MENDELSOHN G A. The Psychological Consequences of Cancer: A Study of Adaptation to Somatic Illness ［J］. Cahiers d'Anthropologie, 1979 （2）: 53-92.

［151］FOLKMAN S, LAZARUS R S. Manual for the Ways of Coping Questionnaire ［M］. Palo Alto, CA: Consulting Psychologists Press, 1988.

［152］FOLKMAN S, LAZARUS R S. Coping and Emotion ［M］ //STEIN N, LEVENTHAL B, TRABASSO T （Eds.）. Psychological and Biological Approaches to Emotion. Hillsdale, NJ: Erlbaum, 1990: 313-332.

［153］COLLINS D L, BAUM A, SINGER J E. Coping with Chronic Stress at Three Mile Island: Psychological and Biochemical Evidence ［J］. Health Psychology, 1983 （2）: 149-166.

［154］SMITH S, ELLSWORTH P C. Patterns of Appraisal and Emotion Related to Taking an Exam ［J］. Journal of Personality and Social Psychology, 1987 （52）: 475-488.

［155］FOLKMAN S, LAZARUS R S. Coping as a Mediator of Emotion ［J］. Journal of Personality and Social Psychology, 1988 （54）: 466-475.

［156］BOLGER N. Coping as a Personality Process: A Prospective Study ［J］. Journal of Personality and Social Psychology, 1990 （59）: 525-537.

［157］HOLOHAN C, MOOS R H. Life Stressors, Personal and Social Resources, and Depression: A 4-year Structural Model ［J］. Journal of Abnormal Psychology, 1991 （100）: 31-38.

［158］SOLOMON Z, MIKULINCER M, AVITZUR E. Coping, Locus of Control, Social Support, and Combat-related Posttraumatic Stress Disorder: A Prospective Study ［J］. Journal of Personality and Social Psychology, 1988 （55）: 279-285.

［159］DOHRENWEND B S, DOHRENWEND B P, DODSON M, SHROUT P E. Symptoms, Hassles, Social Supports and Life Events: The Problem of Confounded Measures ［J］. Journal of Abnormal Psychology, 1984 （93）: 222-230.

［160］LAZARUS R S. Theory-based Stress Measurement ［J］. Psychological Inquiry,

1990 (1): 3-51.

[161] LAZARUS R S. Cognition and Emotion from the RET Viewpoint [M] //BER-NARD M E, DIGIUSEPPE R (Eds.). Inside Rational-emotive Therapy. San Diego: Academic Press, 1989: 47-68.

[162] LAZARUS R S. Constructs of the Mind in Mental Health and Psychotherapy [M] //FREEMAN A, SIMON K, BEUTLER L E, ARKOWITZ H (Eds.). Comprehensive Handbook of Cognitive Therapy. New York: Plenum, 1989: 99-121.

[163] STRACK F, ARGYLE M, SCHWARZ N (Eds.). Subjective Well-being: An Interdisciplinary Perspective [M]. Oxford: Pergamon Press, 1991.

[164] LAZARUS R S. From Psychological Stress to the Emotions: A History of Changing Outlooks [M] //ROSENZWEIG M R, PORTER L W (Eds.). Annual Review of Psychology. Vol. 44. Palo Alto, CA: Annual Reviews Inc., 1993.

[165] ENDLER N S, PARKER J D. The Multidimensional Assessment of Coping: A Critical Evaluation [J]. Journal of Personality and Social Psychology, 1990 (58): 844-854.

[166] CARLSON R. Where Is the Person in Personality Research? [J]. Psychological Bulletin, 1971 (75): 203-219.

[167] MISCHEL W. Personality and Assessment [M]. New York: Wiley, 1968.

[168] BLOCK J. Studying Personality the Long Way [R]. In American Psychological Association Annual Meeting, San Francisco, August 17, 1991.

[169] MURRAY H A. Explorations in Personality [M]. New York: Oxford University Press, 1938.

[170] LEWIN K. Behavior and Development as a Function of the Total Situation [M] //CARMICHAEL L (Ed.). Manual of Child Psychology. 2nd ed. New York: Wiley, 1946: 918-970.

[171] WHITE R W. Motivation Reconsidered: The Concept of Competence [J]. Psychological Review, 1959 (66): 297-333.

[172] KLEINMAN A. The Illness Narratives: Suffering, Healing and the Human Condition [M]. New York: Basic Books, 1988.

[173] FOLKMAN S, CHESNEY M A. Coping with Caregiving and Bereavement in the Context of AIDS [R]. Paper presented at the American Psychological Association Centennial Meeting, August 16, 1992.

[174] MARRIS P. Loss and Change [M]. Garden City, NY: Anchor Books, 1975.

[175] LAZARUS R S. Emotion and Adaptation [M]. New York: Oxford University Press, 1991.

[176] LAUX L, WEBER H. Presentation of Self in Coping with Anger and Anxiety: An Intentional Approach [J]. Anxiety Research, 1991 (3): 233-255.

附录2 作者心理健康教育著译一览

（2000 年至今）

[1] 俞国良（主编）. 心理自测文库（十册）[M]. 台北：台湾国际少年村出版社，2000.

[2] 俞国良，陈虹（主编）. 小学心理健康教育教师指导手册（上、下册）[M]. 北京：开明出版社，2001.

[3] 俞国良，陈虹（主编）. 中学心理健康教育教师指导手册（上、下册）[M]. 北京：开明出版社，2001.

[4] 林崇德，俞国良（主编）. 课外心理（六册）[M]. 沈阳：辽宁人民出版社，2001.

[5] 俞国良（主编）. 心理健康教育材料（24 册）[M]. 北京：中国和平出版社，2002.

[6] 俞国良（副主编）. 心理健康教育教程（上、下册）[M]. 北京：人民教育出版社，2004.

[7] 俞国良（主编）. 心理健康教育（学生用书，教师用书）[M]. 北京：高等教育出版社，2005.

[8] 俞国良（主编）. 现代心理健康教育 [M]. 北京：人民教育出版社，2007.

[9] 俞国良（主编）. 心理健康教育读本（24 册）[M]. 北京：北京师范大学出版社，2008.

[10] 俞国良，宋振韶. 现代教师心理健康教育 [M]. 北京：教育科学出版社，2008.

[11] 俞国良（主编）. 心理健康（中等职业教育课程改革国家规划新教材）[M]. 北京：高等教育出版社，2009.

[12] 俞国良，李媛（主编）. 心理健康教学参考书 [M]. 北京：高等教育出版社，2009.

[13] 俞国良（主编）. 心理健康自测与指导 [M]. 北京：高等教育出版社，2009.

[14] 俞国良，文书锋（主编）. 心理健康教育案例集 [M]. 北京：高等教育出版社，2009.

[15] 俞国良（主编）. 生涯自测与指导 [M]. 北京：高等教育出版社，2009.

[16] 文书锋，胡邓，俞国良（主编）. 大学生心理健康通识 [M]. 北京：中国人民大学出版社，2010.

[17] 俞国良，雷雳（主编）. 心理健康经典导读（上、下册）[M]. 北京：开明出版社，2012.

［18］米克斯，等. 健康与幸福（12 册）［M］. 俞国良，雷雳，等，译校. 杭州：浙江教育出版社，2012.

［19］林崇德，俞国良（主编）.《中小学心理健康教育指导纲要（2012 年修订）》解读［M］. 北京：北京师范大学出版社，2013.

［20］俞国良（主编）. 心理健康（24 册，国家纲要课程教材)［M］. 北京：北京师范大学出版社，2013.

［21］米克斯，等. 健康与幸福（高中三册)［M］. 俞国良，雷雳，等，译校. 杭州：浙江教育出版社，2013.

［22］俞国良（主编）. 心理学大师心理健康经典论著通识丛书（17 册)［M］. 杭州：浙江教育出版社，2013.

［23］俞国良（主编）. 心理健康（中等职业教育课程改革国家规划新教材)［M］. 修订版. 北京：高等教育出版社，2013.

［24］俞国良（主编）. 心理健康自测与指导［M］. 修订版. 北京：高等教育出版社，2013.

［25］文书锋，胡邓，俞国良（主编）. 大学生心理健康通识［M］. 2 版. 北京：中国人民大学出版社，2013.

［26］俞国良（主编）. 心理健康教育（24 册）［M］. 合肥：安徽大学出版社，2013.

［27］俞国良，李媛（主编）. 心理健康教学参考书［M］. 修订版. 北京：高等教育出版社，2014.

［28］俞国良（主编）. 心理健康教学设计选［M］. 北京：高等教育出版社，2014.

［29］范德赞登，等. 成长不困惑［M］. 俞国良，等，译校. 北京：中国人民大学出版社，2014.

［30］俞国良（主编）. 心理健康教育（"十二五"职业教育国家规划教材)［M］. 北京：人民教育出版社，2014.

［31］俞国良（主编）. 中等职业学校心理健康教育培训教程［M］. 北京：高等教育出版社，2016.

［32］俞国良（主编）. 心理健康教育教学参考（小学)［M］. 北京：北京师范大学出版社，2017.

［33］俞国良（主编）. 心理健康教育教学参考（初中)［M］. 北京：北京师范大学出版社，2018.

［34］俞国良（主编）. 心理健康教育教学参考（高中)［M］. 北京：北京师范大学出版社，2017.

［35］俞国良. 20 世纪最具影响的心理健康大师：从弗洛伊德到塞利格曼［M］. 北京：商务印书馆，2017.

［36］俞国良. 社会转型：心理健康教育报告［M］. 北京：北京师范大学出版社，2017.

［37］俞国良（主编）. 心理健康（中等职业教育课程改革国家规划新教材)［M］. 3 版. 北京：高等教育出版社，2018.

［38］俞国良. 高等学校心理健康教育研究［M］. 北京：北京师范大学出版社，2019.

［39］俞国良. 中小学校心理健康教育研究［M］. 北京：北京师范大学出版社，2019.

［40］俞国良. 心理健康教育理论政策研究［M］. 北京：北京师范大学出版社，2019.